HONG KONG

EPILOGUE TO AN EMPIRE

獻給——

一九八六年出生的魯本・普洛夫斯葛德・莫里斯

目次
CONTENTS

第一章

序幕

PROLOGUE

旅人在中國可以目睹許多令人嘆為觀止的奇景。從位於嚴寒北方的哈爾濱到地處新疆沙漠的烏魯木齊，由中蘇邊境到爭議不斷的中印接壤，一路行來，處處可見奇觀與異景。大地景觀有清幽有壯闊，氣候隨地域不同而有各種變化：有令人訝嘆的城鎮，也有滾滾大江長河；有亭台樓閣、華美橋梁、浩大水壩，也有雜耍、駱駝、火紅橫幅；有難以想像的黯淡小荒村，也有富麗炫目的觀光大飯店。古董般的中國帆船悠然航過，蒸氣引擎在火車站噴著氣，通行無阻的黑色高級禮賓車經過森嚴門禁、朝向大權所在的辦公室駛去。然而，中國最驚人的奇景卻位於廣大國土的南方邊緣，剛好就在北回歸線下方，也就是流經廣東省的珠江匯入南海之處。

每天晚上十點鐘，一艘名為「星湖號」的大船就會從廣州順著河口而下。對我來說，這趟行程宛如到戲院消磨一晚：從停靠的碼頭就可看到「白天鵝賓館」，那是一棟時髦的觀光大飯店，方便你在看表演之前用餐；碼頭入口處的官員漫不經心地打手勢，就像劇場走道上的領位員，示意你通過；通關過程很簡短，幾乎才剛辦好登船，入住到有著棕色鑲板裝潢的客艙裡（鋪位旁邊還擺了印花熱水瓶，裝滿了熱茶），就已經感覺到船隻引擎的震動，往舷窗外望出去，廣州的燈光正迅速往遠方滑去。

你很可能是船上唯一的歐洲旅客，那些與你同船的中國人看來都有相似的面容——身穿高領黑服頤指氣使的老太太、精靈地睜大雙眼的孩童、一臉倦容的媽媽、身形強壯而神情焦慮的爸爸，全都扛著類似且凌亂的行李，整齊畫一地小跑步。他們看起來不大像真人，比較像走動中的人口統計資料。這些中國人大多待在甲板底下說長道短、賭紙牌、吃東西、睡覺，要是你趁著船隻順流航行時到甲板上，會發現自己幾乎是獨處在黑暗中。甲板上沒有什麼聲音，只聽見颼颼風聲，以及船底下遠遠傳來的渦輪機震動聲；但是周圍卻有說不清的光線浮游而過——來自舢舨或者貨船的燈光、漁夫的燈光、不知來自何處的手電筒光線、林立於河口兩岸城鎮村落散發出的四十瓦燈泡光芒……越近大海，河面越寬廣，燈光也就越來越微弱。

此情此景，就像劇院裡演奏過序曲後隨之而來的靜默。夜色越來越暗，不時可以見到幾個模糊身影沿著甲板憑欄而立，這時你大概會有一種因期待而產生的顫慄，那種感覺就像坐在劇院前排座位等著看另一段表演一樣。或許你會忍不住想回到艙房睡覺，但要是你剛好想寫本書，那麼就會情願待在寒冷的甲板上，蜷縮著身子撐到微曦出現。

當然，你免不了會打瞌睡，彷彿才過了一兩下工夫，你突然驚覺引擎已經熄火，船隻靜止在白茫茫的濃霧中。霧笛不時響起。什麼也看不到了——除了昏暗中突然出現一艘孤零零的舢舨，發出嘎擦聲，或者你勉強可以辨認出一艘貨船航過的依稀形狀。「星湖號」一片沉寂，水面依然平靜，霧氣裊裊——有如舞台乾冰效果，就像電視錄影帶裡見到的那樣——你可以說自己置身在任何一個地方，也可以說哪裡都不是。

之後，就像劇幕升起一樣，霧氣也開始逐漸升起，緩緩從海面上散去；而你終於恍然大悟，原來船已經抵達另一個港口停泊。視線恢復後，首先顯現的是船隻：一艘又一艘，數量成百、有著各種大小與形狀的船隻，到處有駁船發出嘈雜聲，而且顯然是從霧裡浮現，而不是見到它們從水上浮來。接著，你會見到岸邊逐漸出現建築物，它們以混凝土和鋼筋建成，大樓玻璃幕牆裡仍然亮著前一晚的點點燈光，那燈光不像在珠江河口所見到的慘澹，而是光影明亮、鋪張奢華。建築物外牆還有巨幅廣告以及如林密布的電視天線。

霧氣飛升，建築也隨之越露越高，一座高過一座般睥睨相視；這些龐然明淨的建築或白色、或銀色、甚至金色，有大量舷窗般的圓窗、或巨大的十字梁，有參差形的、也有豎立尖塔的屋頂——層疊而上到此城高處，直到露出後方的青山。青山到處可見白色別墅、蜿蜒道路，還有山頂上的白色圓頂。旭日東升之後，明亮的陽光映入高處山脊上一棟公寓大廈的窗裡，宛如整棟建築都著了火，在海面上燃燒著紅白光芒。

就像開場的前奏般，隨著霧氣消散，中國最後的奇觀出現在你眼前；這是個極其先進的大都會，宛如出於另一個時代或另一種鑑賞力，建築層疊，環繞著擠滿船隻的港口——它是全中國最繁忙、最富有，也最不同凡響的城市，漢語拼音的新寫法是「Xianggang」（香港）。

事實上，它不只是一座城市，還是包括了大約二百三十五座礁石和島嶼的列島，並伴同一座多丘的半島。西面和南面是列島，沿著中國的朦朧藍色海岸靜靜坐落在煙靄中，或隆或平；北面矗立著一道大

陸山脈，宛如壁壘，這就是九龍的山巒。如果天時湊巧霧氣散盡，海面會是一片浩瀚翠綠，要是能別具慧眼觀看，不難想像這地方一百五十年前首次出現在世界歷史上的情景。

當年這些「海盜島」連同附近的半島都屬廣東省新安縣（今寶安）轄下。那時滿清帝國以天朝自居，自認高於世上所有王國；帝國定都北京，遠在香港一千五百哩之外，最快的信差也得趕兩星期路才能抵達，因此並不看重這個邊陲角落。這地區最早的先民恐怕還不是華夏族，而是稱為「傜族」的原住民——傳說是一隻狗和一位公主結合生出的後代[01]。列島和半島上的先民聚落遺址僅如一個小集鎮或審慎設防的村落般大小，留下了零零星星、令人費解的石刻。

此地只有少數資源，而且無論是島嶼或大陸的土地，百分之八十都因為多山而不宜耕種。亞熱帶氣候很苦人——最好的時候，冷熱適中，特別是在秋季；但也有非常悶熱潮濕的時候，有時連續幾星期都是多雲陰天的日子；不但經常有颱風，而且都還特別強烈；除了瘧疾、霍亂、傷寒和鼠疫之外，人們最怕的就屬皮膚會長出像豬毛般刺毛的「豬毛風」（有時還有明顯魚鱗狀）。

山丘和水域有固定的野生動物出沒：包括豹、虎、貛、水獺、穿山甲、野貓和野豬，此外還有食蟹獴、一種罕見的蠑螈、二百種蝴蝶、三十二種蛇（包括鉤盲蛇、白唇竹葉青，和可長到十六呎、足以生吞一隻狗的緬甸蟒等）；魚類則有金線魚、鯔魚、木棉魚、大黃魚，還有幾種有毒的海蛇；鳥類生態豐富多樣，黑白腳的魚狗更是別處見不到的；野生花卉包括許多種蘭花，山上的灌木之間生長有罕見的值錢香樹。

自古以來，這地帶只發生過兩宗不算很重大的歷史事件。一是十七世紀的大疏散，在一場對台灣戰爭中，滿清發布「禁海令」，將新安沿海地區一萬六千名左右的居民遷徙到內地，並勒令毀掉海岸所有農作物和資產，當地人民過了很多代之後依然記得這個首開先例的「焦土政策」[02]。另一宗是發生在一二七七年，宋末幼主端宗遭到篡奪政權的蒙古人窮追不捨，往南逃到九龍半島，端宗與流亡的孤臣孽子以及餓得半死的軍隊在這裡逗留了一年之後，於困頓流離中駕崩，得年方僅九歲。後人便在九龍灣旁的小山上築了石台[03]，以此紀念他的悲慘遭遇。

雖然香港地處偏遠又微不足道，但是到了十九世紀上半葉，列島以及半島上的肥沃平地已經散布社群，有種稻農夫、鹽民、漁夫、採石工、採香民等。大多數的海盜也發現，這些星羅棋布、位於大河口的島嶼是最便利的藏身之處（這些島嶼被稱為「Ladrones」，即葡萄牙文「海盜」之意），而其武裝勢力之強大，從一八一〇年張保仔帶了二百七十艘中國帆船和一千二百尊大砲接受招安便可見一斑。

居民包括四種中國族群：除了本地人（亦即廣府人）、福建人、客家人，還有一種被視為無家無業的人，稱為「蛋家」[04]（其名或許來自所居船頂形狀如卵之故）。這些居民大都各自群居，各說各自的語言，而且通常彼此懷有反感。擁有土地勢力的則是人稱「新界五大族」的鄧、文、廖、侯、彭，各族各統其村，保有其所繼承的土地。

香港地區當時屬於南頭管轄[05]，南頭位於香港西北面深圳灣海濱，該地有知縣（地方父母官）和衙門。知縣屬廣東總督所管，雖然得透過幾層級別才能呈報到總督那裡，但仍有軍隊和水師為後盾——靠近半島南面尖端的九龍城就設立過九龍巡檢司，築有城寨，離島也有幾座小砲台和海軍基地，形成珠江三角洲的部分海防；砲台的大砲下方停泊著作戰用的中國帆船，隨軍商販、雜役則在砲台內搭起陋屋住了下來。這些前哨緊貼著有草無樹的青山，被毛毛細雨淋得濕灑灑的，儼然就是廣闊幅員上的標誌，孤寂地坐落在半已轉讓的列島之間。

事實上，昔日照片裡所見到的九龍城寨就像個四面楚歌的要塞，矗立在小丘上，有條逃路般的克難街道通往近旁的碼頭。看來滿清政府不過是聊備一格，底下的官員不但很少視察較為偏遠的駐防點，而且出了名的貪污腐敗。村子之間經常發生宗族械鬥，世仇宿怨甚深，有的村子甚至編有自己的軍隊，軍服、大砲一應俱全。但話說回來，雖然這地方常有動亂，加上天高皇帝遠，在中國的統治集團眼中是個鳥不生蛋的地方，但是從當地的標準來看，人們卻似乎總能隨遇而安。

千百年來，縉紳階層一直是儒家文化的中堅分子，但是他們在這裡為數不多，當地也沒有什麼教育可言；相對來說，村長和老一輩的人卻很有影響力，居民社團活躍，在地的傳統精神濃厚。當地人除了信奉佛、道兩教，對於無數的神靈和崇拜物也兼容並蓄，且都尊崇儒家倫理；寺廟和祠堂裡刻有石碑，留下家系承傳的記錄。當地人同時實施一套精心設定的土地保有權規矩，很謹慎地遵守風水學；此外，還有戲班子在各村巡迴演出。誠如有位縣官在一七四四年訝然記載的那樣：「教化乃遠播至此濱海偏遠之地，黎明即聞頌詩經之聲……。」

許多人民住在船上（尤其是飽受鄙視的蛋家），更多的則是整個宗族群居在十幾座圍村裡。圍村是當地特色，當地的廣東方言亦因此被稱為「圍村方言」。青瓦屋頂、壕溝環繞，有時還建了角樓，對稱的窄道環繞村內寺廟和祠堂，所有這一切，顯然只靠族長和村中社團就能管理得很好，因此只要他們納稅，朝廷通常都不加以干預。更夫在夜裡每半小時就敲出令人安心的鑼聲，天亮時則以喚人起床的連綿鑼聲作為巡守任務的結束。白天，做活的人都出村子去，他們幾乎都有土地，就在村子周圍的土地上耕作。山丘上的祖墳居高臨下，墓穴是風水師精心算過所挑選，還有方位正確的樹木當作庇蔭。

因此，當這地區在十九世紀上半葉首次為外界所知，就不是處於原始或荒涼狀態。它並不乏人涉足，而且正好相反，川流不息的船隻或航經列島、或下錨停泊於半島下端壯闊的深水港。船篷破爛的舢舨、旗幟飄揚的朝廷船艦、鬼鬼祟祟的海盜船、載貨的船樓……日復一日，全都在這些水道上移動著，珠江河口的商貿大多經此途去到中國北方省分、台灣或日本。到了一八三〇年代，當地人都已十分熟悉各種異國船舶：雙桅縱帆船、雙桅橫帆船以及高聳的全帆裝備式船隻，它們為當地載來了另一種工業技術、另一種文化——有如西方世界命定般的徵兆。

當時北京天朝將所有外國人一律列為「蠻夷」——事實上，是「外夷」，所有外國不過都是番邦，因此中國和其他強國之間並無外交關係，也很少往來。滿洲人本身原來也不是中國人，而是十七世紀時從滿洲興起的，卻也沒因此而抑制了他們的恐外症，反而還以說不出的輕蔑兼家長作風來對待所有的非中國人。

而廣州儘管地處南方，卻是中國對外聯繫的首要港口，幾世紀來已經跟東南亞國家、印度和阿拉伯人有往來；自從十六世紀葡萄牙人獲准在珠江河口西岸的澳門建立貿易殖民地之後，廣州也開始跟歐洲有了接觸。西方諸國全都夢想著來中國分一杯羹，取得傳說中的中國資源。其中有些已經獲准在廣州珠江邊營運「商館」或貨棧——因為廣州是當時唯一准許外國人居住的城市；這些外商出售毛料、棉料、毛皮以及少數幾項工業品，他們收購絲料、藝品、有催吐作用的大黃，以及數量龐大的茶葉。冬季貿易期裡，他們住在城牆外河邊範圍狹隘的夷館區之內——恰巧就是今天白天鵝賓館附近一帶；到了夏天，這些人就撤離此地，改去葡萄牙人所在的澳門，找比較舒適的住處避暑。皇帝的官員對待外商的態度，好則屈尊俯就，壞則傲慢無禮稱之為「番鬼」或「鬼子」。

到了一八三〇年代末期，英、美、法、荷四大外強的商人都在廣州擁有商館，其中為數最眾、氣焰最高、生意也最興隆的是英國人。以純商業角度而言，他們似乎認定中國是他們那個牟利最豐的印度帝國的延伸，因此他們信心十足，既有新的工業技術做後盾，且正處於無往不利的時期——尤其在拿破崙戰爭獲勝之後，更讓英國獨霸東方——因為來自法國和荷蘭的競爭大多消除了，加上取得新加坡作為英國東印度公司的前哨，要把整個東海和南海納入商貿與勢力之下似乎指日可待。

東印度公司不久之前才放棄了英中貿易的官方壟斷權，此際廣州珠江邊已經有三十幾家英國公司在營運了。理論上，這些商人起碼是由英政府指派的商務監督來管理的，中國人稱之為「夷目」。然而這時貿易模式已經轉變，英商主要是靠印度鴉片的非法交易來牟利，中國人稱之為「洋土」，儘管中國官方禁鴉片，但中國人卻渴望點燃鴉片煙筒，因此市場需求非常龐大。

鴉片市場的營運模式是這樣的：先在英屬印度由官方來組織種植、出售鴉片，再由貿易商大量運到珠江去，轉賣給華人鴉片販子，藉此獲得可觀利潤。實際上，英商也真的沒有什麼「可以」賣給中國人的，因為中國人自給自足，幾乎樣樣不缺，加上對西方的新發明又看不上眼，因此英商見利忘義而極力發展起鴉片貿易。走私鴉片到中國的獲利，比其他所有合法貨物加起來的所獲利潤還多一倍，如果沒有了這些利潤，英國進口中國茶葉就只能照付銀兩。於是乎，鴉片不僅成了印度帝國的主要外銷，事實上也成了世界上每個地方的最大宗國際商品。

由於廣州也同樣禁鴉片，因此這種貿易不免涉及許多欺詐行為；然而不管有鴉片還是沒鴉片，總之，中國人和外國人的關係——尤其是跟英國人，一直是兩廂互不情願的曖昧不明，販毒只不過是症狀而已。早期這些年裡所形成的重大衝突，其實是東方與西方、帝國之間、文化之間的衝突，雙方都因對方非我族類的作風而引發反感、敵意。西方人意圖擴張，無論是商業上、政治上，甚至是精神上的；中國人則決心閉關自守。一方激進又具侵略性，一方極度保守而蒙昧。

瑣碎惱事、挫折以及種種反常現象，都會讓雙方關係積累成疾。一方面，這些貿易商受到清廷嚴格管制，例如禁止他們學習任何中國語言、不得攜妻到廣州、不得攜帶武器、不得進廣州城內、不得乘轎、不得自行與任何華商交易而須經公行、沒有特許不得在內河閒遊。另一方面，雙方也交相貪污，因此中方通常不僅對洋商違反居住管制規定視而不見，也對公然販毒恍若未睹；洋商不斷鼓動爭取更大的經商自由，中方則反覆重申乃純粹出於寬容才准外夷在此、外夷應該為此謙卑感恩——「戰兢遵旨」，一如皇帝詔書常說的，「不得違旨」！英方意圖打開外交關係，在全中國建立起正常的商貿運作，結果都遭到斷然拒絕。然而雙方都發了大財，敵友皆然。

雖然期間也有過一兩次危機，但大致上就這樣過了半個世紀。然而中方眼見鴉片造成人民虛弱，對於此種影響日益憂心。一八三九年，天朝的欽差大臣林則徐抵達廣州，這位滿清官員是個異乎尋常的君子，他奉旨杜絕鴉片貿易，於是原本內外交相賊的均勢開始動搖。林則徐除了取締鴉片進口，還迫使外商繳出庫存的二萬零二百九十一箱鴉片。

他怎麼也不會料到此舉竟然引起歷史上的大戰。當英國駐華商務總監——海軍上將義律，不顧外商對他的蔑視，還是決定交出鴉片並任其公開焚毀，原以為事件就此落幕，實際上並未了結，這些狂怒的商人從廣州撤退到緊急據點去，也就是停泊在珠江口、中國人稱之為「鬼船」的戰艦上。林則徐嚴禁國民供應清水糧食給英人，義律則勒令皇家海軍對三艘中國水師帆船開砲還以顏色，戰端因此而起。

對倫敦方面來說，雙方衝突簡直是求之不得的事。當時英政府是由輝格黨的梅爾本爵士（Lord Melbourne）主政，其外相巴麥尊（Palmerston）看待世上其他地方的態度就跟中國人有異曲同工之妙，而他的主要政治目標就是：無論英國人想在哪裡發展貿易，他就推而進之。廣州兩大英商——蘇格蘭人渣甸（William Jardine）和馬地臣（James Matheson）老早就催逼他採取行動以迫使中國禮讓通商——按照當時的行話來說，叫做「進展政策」，也就是以軍事武力威脅作為後盾。這時的渣甸已經回到英國，還當選了國會議員，抓住這次繳交鴉片箱事件的機會，替巴麥尊擬定了作戰計畫，打算好好羞辱遠在東方的天朝上國。

巴麥尊樂得順水推舟，因此砲艦外交[06]就此授權了。在野黨的格萊斯頓[07]提出警告，說是師出無名，對中國發動戰爭將令大英帝國永遠蒙羞——「我們……是在追求與正義和宗教皆不符的目標」——但他孤掌難鳴，自己所屬的自由黨都不響應他。於是英國海軍遠征軍直搗通往廣州的珠江口布防，同時又攻陷遠在北方長江口的舟山群島。中國人不得已只好議和，義律就在沒有得到倫敦授權的情況下，自作主張擬成停戰協議。

義律的主要目的是從中國實質占領一塊土地——位於英國治下的根據地——以便英商遠離北京乖戾專制的束縛與廣州陽奉陰違的處境，而能在此安排他們從中國牟獲的利潤。其實這不是新起的打算，英國人老早就利用澳門達成目的。有鑑於澳門早成為外國人在中國沿海唯一的立腳處，英國人也很渴望為自己弄到類似的飛地[08]。有人主張：若英軍永久駐留，能使中國人的腦筋清醒過來，讓中國開放自由貿易，並接受基督教世界帶來的好處。巴麥尊本人就曾提出要求，在中國沿海取得「一個或以上夠大、地理位置合適的島嶼」——建議取得台灣，或者舟山，而少數激進者則看中廣州。

相較於巴麥尊，義律的想法沒有那麼過分。在星羅棋布的海盜列島之中，有個多丘、無樹的花崗岩小島，也就是英國人所知的「香港島」。此名有各種不同的詮釋：香料港口、芬芳海港、香姑港（紀念一位傳說中的女海盜）；英國人對此島的念法和拼寫據說是根據蛋家的發音，蛋家是最早認定香港島屬於他們的——而其他的中國人念這個島名的發音，聽在西方人耳中則更近似「洪爾康」甚至「香康」。英國海員很熟這個地方，因為此島西南岸有個急流瀑布，從海上很易見到，是很有用的淡水水源。商務總監義律現在就要求索取這座位於東經一一四度十分、北緯二十二度十六分的島嶼，而蒙恥的中國人則同意割讓。

此島面積二十六平方哩，跟九龍大陸區只隔著一哩寬的海峽，形狀像個多爪的螃蟹。島上的地主都是鄧氏家族，而且只能容納六、七千居民，許多還住在船上。這個島離廣州不到一百哩，九龍海灣使它成為絕佳的深水港。義律認為，大英帝國及其商人可以從這裡安然跟中華帝國往來所有生意，服務並監督中國沿海的貿易，在遠東建立起英國當局的永久前哨。就在一八四一年一月二十六日，一團英國海軍在此島西北岸登陸，升起了英國米字旗。不久，渣甸、馬地臣和其他幾個廣州商行隨之而來，島上舉行了土地拍賣，並宣布這個新占領地為自由港。所有英國和外國臣民都受英國法律保護；中國人則依中國法律和風俗習慣而治，「但廢除各種酷刑」。

出乎意外的是，巴麥尊對此並不滿意，認為義律應該趁勝追擊，要求更多、或甚至打開整個中國，以便讓西方從事各種活動。誰聽說過香港呢？那只不過是個荒涼岩島，幾乎連一棟房子都沒有。維多利亞女王及其夫君雖然對於「義律莫名其妙的怪舉」很感驚訝，但也覺得取得此地將讓他們的女兒「除了皇家公主的頭銜之外，還能加上香港公主的稱號」。但是皇家海軍不這麼想，他們認為白白糟蹋了戰爭的勝利。在華英商除了痛惜錯失取得全中國貿易特權的良機，也對這到手的領土很不屑；他們的報紙《廣州報》（Canton Press）就譏諷說：「已經大有進展，有了一條很大規模的馬路，可以從預定的政府機關用地通往預期中的通衢大道；現在我們只需要有房舍、居民還有商業活動，好讓新拓居地成為我們最有價值的領地之一。」義律很不光彩地離開了中國海，被派往全新的德州共和國去當英方代辦[09]。

然而木已成舟。事實上，沒過多久中英雙方都拒不從約而再度開戰。第一場中英戰爭的結局是一八四二年簽訂了《南京條約》，以更符合巴麥尊之意的方式承認了香港的割讓。條約除了為英商索得在五個中國港口（所謂條約口岸）的通商權和特權之外，還要求賠款、賠償損失的鴉片，至於日後販毒之事，英政府則故作不知，擺出事不關己的姿態；總之，最終也建立起兩國官方平等往來的關係——除了上述種種，條約確定了中華帝國將香港割讓給英國：

因大英商船遠路涉洋，往往有損壞需修補者，自應給予沿海一處，以便修船及存守所用物料。今大皇帝准將香港一島給予大英國君主暨嗣後世襲主位者常遠據守主掌，以便立法主理。

澳門從來不曾正式割讓給葡萄牙，北方偏遠地帶則是有邊疆土地轉讓給俄國，除此之外，香港可以說是中國破天荒第一塊移交給外夷的國土。據說道光皇帝在批文之前，侍臣見到他夜裡在宮中踱步，難以置信地頻呼「奈何，奈何」，不停嘆息。

格萊斯頓所稱的這場「無恥、不義」的戰爭打通了中國幾處門戶，又在其邊緣設立了一個英國殖民地。香港於一八四三年六月二十六日正式歸屬英國，首任港督璞鼎查爵士（Sir Henry Pottinger）[10]宣布：他相信此島會很快成為「商業和財富的中心」。在華英商也很快看到這個可能性，他們所辦的報紙社論這回又歡欣鼓舞了：「香港，永遠的深水港兼自由港！」

二十年之後，英國跟滿清又打了一場更激烈的勝仗，擴大了領域。一八六〇年第二場中英戰爭結束之後，所簽訂的《北京條約》讓英國人進入了九龍半島南端——他們向來愛在這裡打木球——及附近名為「昂船洲」[11]的小島。儘管占領面積才三平方哩，卻使得英人能夠穩穩控制整個海港及其通往海面的出口。照《北京條約》的內容，九龍半島南端從長期租借變成了割讓——但有一點中方要求英國人同意，那就是不得損壞或移動位於海邊山丘上、紀念可憐宋朝小皇帝的大石。

過了四十年，英國人又有了進一步的索求。這時期帝國主義如日中天，列強都在瓜分中國。法國人租借了南方的廣州灣、德國人在靠近北京的海岸膠洲灣建立起保護領地、俄國人攫取了北方的旅順並重新命名為「亞瑟港」、日本人取得台灣。英國宣稱唯恐這些對手會發動攻擊，於是在一八九八年又索得兩處新租界：租下北方的威海衛區，租期就跟俄國人占領亞瑟港時間一樣長；至於香港這邊，則把九龍半島其餘部分以及後方內陸，連同附近海面、包括礁岩和島嶼的整個列島，全都租下。這些擴張到殖民地的部分，起初稱為「新區域」，後來稱為「新界」。

這次英國人並沒有要求割讓，雙方同意由中華帝國將新界租借給英國，租期九十九年，由一八九八年開始，一九九七年結束。如此一來，香港的歷史也就註定了。事實證明，隨著二十世紀的進展，香港這個殖民地要是沒有了新界，根本不可能生存下去。香港也就這樣成了唯一一個有「條件限制」的大英帝國殖民地——一開始就定好了結束日期。一如末任印度總督蒙巴頓（Louis Mountbatten）勛爵倒數著英印統治剩餘的日子般，一八九八年英治下的香港也是如此，早知如此的話，當初真該把年限廢除掉。

然而新界畢竟鞏固了這個殖民地，使得香港總面積增加到三百九十平方哩——比馬德拉島[12]大，比法羅群島[13]小。即便有著鄧氏、彭氏、廖氏等宗親村民以及蛋家成為人口主力，但香港歷經多年仍未應驗璞鼎查的預言，似乎還比較像巴麥尊當初說的——這個殖民地緩慢而吃力地邁進著。儘管廢除鴉片買賣之後，中國不再豐饒如昔，但是長江口的條約口岸上海仍然比香港富裕繁榮；一九二〇和三〇年代的外來客就發現香港這個殖民地發展沉滯，二次大戰期間占領香港的日本人也沒在此地有所作為，最終，反倒是因為一九四九年的中國共產黨革命，香港才開始繁盛起來。

一九四九年的這場革命造成大批逃難工商業主湧進香港，翌年中共政府投入韓戰與聯合國對抗，所有西方與中國的貿易隨之中斷，促使香港轉型。在此之前，香港的定位便如前幾任總督所預期的，基本上就只是個出入中國便捷有效、方便商業往來的貨物集散地。這使得香港雖然號稱是全球最繁忙的自由港之一，但本身卻沒有什麼生產品——儘管香港屬於英皇直轄的殖民地，被光榮地列於皇家清單上（我們最東方的領地），本質上卻附生於中國。

等到一九五〇年西方杯葛所有中國產品，香港不得不另謀出路時，它卻做出了驚人的成績，在其後幾十年裡成為龐大的製造業和金融中心。本書前幾頁就提到當筆者從廣州抵達香港時，高樓大廈、船隻、燈光是如此令人驚嘆。中國大陸不斷逃出的難民提供了本地廉價又積極幹活的勞工，加上歐洲、中國和美國的企業結合，創造出了另一種新香港——一個生產力驚人的城邦。雖然它實際上不過就是英國殖民地，但是資本主義的資金從世界各個角落湧入這裡的銀行和投資公司，它的海港也川流不息輸出製成品到各地去，而且都是在狹小、擁擠又荒謬可笑的環境裡製造的。一九五五年這個殖民地的人口是二百四十萬，到了一九八八年是五百六十萬，人口組成的百分之九十八是華人，其他人口的分布讓這裡像個種族和語言的萬花筒，這實在是史上難得一見的奇景。

十二世紀有位叫做白岳山（音譯）的術士詩人，就曾經神秘地預見香港：「深夜繁星一片燦爛，萬千船隻往來其港」；到了一九八〇年代末，「星湖號」上的旅客便見證了這成真的預言。

一八九八年簽訂香港前途時，正是大英帝國輝煌鼎盛的時期。英人幾乎統治了地球上四分之一的版圖，管轄四分之一的人口，並在所有海上稱霸，版圖之遼闊堪稱空前未有，因此不免自負過了頭。前一年維多利亞女王登基六十周年慶時，還曾大事慶祝王權遠及各大洲。要再過了一年之後，英帝國的穩固局面才被英布戰爭[14]所帶來的重挫給粉碎。

正因如此，在目空一切、自信十足的時期，英人看待新界租約並不覺得時效存在，一九九七還早得很，而且中國人一般來說又是如此昏庸愚蠢，大英帝國可「沒有對擁有的東西放手」的習慣——誠如維多利亞女王眼見海姑蘭島[15]被割讓給德國時的一針見血之語。英帝國在香港創出的局面，似乎讓中國人想不透——並非是個英國人而是個中國人想不透——那就是發起革命的孫逸仙。他滿腹狐疑，英國人怎麼可能在七十年之中就在這岩石海島上有此成就，而中國人千百年來都做不到！

英帝國後來轉型，但是從未將自治概念放在香港實踐，因此直到我們這時代，香港還一直停留在最早期的殖民地狀態，完全沒有任何民主機構。然而隨著歲月流逝，中國經過革命、改革，斷續走向重生，又對外國介入所造成的諸般不義深思反省，而英國人卻勢力漸弱，於是隨著九七將近，這個原本就已經夠無常又矛盾的地方也就更加矛盾又難料了。

到了一九八〇年代，籠統地說來，大英帝國已成明日黃花，而香港是碩果僅存的奇蹟，它的人口是英國其他海外領地人口總合的三十五倍，因此九七倒數想當然爾別具象徵性，宛如跟時間賽跑般，在資本主義西方移交給向來難以預測的中國人之前，香港或許可以完成某種最後壯舉，來為這個命定的結局證明點什麼。也許，香港可以驗證資本主義本身，或者為英帝國消逝的意義提供告白遺言。

我在書寫此書之際，香港已經邁入了作為英國領地的最後一年，眼看它在定位和拼法上就要逐漸變形成為「香港」（Xianggang）。一九八四年，大不列顛和中華人民共和國達成新協議，發表《中英聯合聲明》，將於一九九七這年把整個香港交回給中國政府：

一、中華人民共和國政府聲明：收回香港地區（包括香港島、九龍和新界，以下稱香港）是全中國人民的共同願望，中華人民共和國政府決定於一九九七年七月一日對香港恢復行使主權。

二、聯合王國政府聲明：聯合王國政府於一九九七年七月一日將香港交還給中華人民共和國。

英方不僅同意撤出新界（這原本就沒得選擇），而且也同樣撤出理論上已經割讓給英國的香港島和九龍半島。中方同意設立香港特別行政區，並賦予半自治權，准予在回歸祖國之後繼續走資本主義路線五十年——「一國兩制」，以他們喜用數字表徵的方式來說。同時也將制定新憲法，也就是《基本法》，此法於一九九七年開始生效，兩國也會定期共同商討，順利過渡九七交接。這項協議很明確僅由倫敦和北京達成，港人完全沒有置喙餘地，就跟在此之前操縱他們命運的帝國之間所訂的條約一樣，完全沒有他們插手的份。

結局將近，香港緊張等待著，不知會有什麼後果。不管做什麼，都脫離不了考慮九七，也脫離不了中國人民共和國的檢驗。算起來，香港作為英國殖民地的身分也存在有一百五十六年之久了。老早就有人說過，維多利亞時代的人取得香港，如同在中國開了個凹口——猶如樵夫在即將砍倒的大櫟樹樹身砍出個凹口一樣。但這棵大櫟樹卻一直沒倒下，事實上香港也不再像個位於中國海岸的異國標誌了——這個凹口已經在那裡太久，本身太過中國化，跟中國太過息息相關；而今回歸到中國的勢力之下，不管情況多不樂觀、或者讓人無法預測，都是最自然不過的事。

我斷斷續續寫香港也寫了三十年，如今又回到香港，基本上是以一個英帝國主義研究者的身分回來的。香港是大英帝國最驚心動魄的終曲，最夠刺激的是，香港的回歸中國竟然發生在慶祝維多利亞女王登基六十年——一八九七年六月二十二日，英帝國鼎盛時期——差不多整整一個世紀之後。在本書裡，我會盡力描繪出這個大英帝國最後殖民地將近尾聲時的面貌，藉著每章不同主題或歷史篇章的評析，試圖將香港與英帝國的關聯完整呈現出來；重現香港的過去，描繪出香港的現況，並探討這樣一個帝國之下的異形怎會生存地如此之久。

然而這地方所代表的象徵意義以及眼前此刻的形象，還不僅限於英國強權之下的世界和平而已——香港向來就不具有英國領地的特色。從香港形勢所反映出來的，不僅是一種歷史類型的沒落——它也是最後一個歐洲殖民地——而且也反映出了共產主義和資本主義追求方向的移轉，以及新亞洲的復甦、科技力量的興起。就在香港即將從英國主權下退出之際，它像極了一面反映世界的鏡子，或者更該說是風水師的羅盤吧！

不管香港未來生什麼事，就現階段來說，的確到了結束的時刻，但是也像先人離去一樣，留下了某些長存不去、曖昧不清的疑問。後續又將如何？有證明了什麼嗎？風水會怎麼轉呢？預言中的繁星和船隻的景象，是英屬香港留給歷史的？還是它們別具其他訊息？

---

01 一般說法指香港原住民為「百越族」，即古稱「南蠻」的南方民族。傜族、蜑族皆為其中一種。

02 焦土政策：清康熙元年至二十三年，清政府企圖斷絕閩粵沿海人民與鄭成功的聯繫，實行沿海遷界三十里至五十里的政策。香港地區的人民也被迫內遷，造成當地香業的凋零。

03 後人為紀念宋端宗殉國，便在相傳其曾歇息的大石刻上「宋王臺」三個字。此碑石所在的「聖山」位於九龍灣旁，後因啟德機場擴建而剷平聖山、遷移宋王臺。

04 蛋家：正寫為「蜑」，蜑族原為我國南方少數民族之一。居住於廣東、福建沿海一帶。終年舟居，以捕魚或行船為業。俗寫為「蛋」。

05 南頭：當時新安縣城，位於今日深圳市南頭。

06 砲艦外交（Gunboat diplomacy）：國際政治用語，指強權通過展示自身武力，迫使他國接受其要求的外交政策。

07 格萊斯頓（William Ewart Gladstone，1809-1989）：英國自由黨領袖，曾任首相。

08 飛地：意指在某個地理區劃境內有一塊隸屬於他地的區域。根據地區與國家之間的相對關係，飛地又可以分為「外飛地」（某國家擁有一塊與本國分離開來的領土，該領土被其他國家包圍，則該領土稱為某國的外飛地）與「內飛地」（意指某個國家境內有塊土地，其主權屬於另外一個國家）兩種概念。

09 雖然義律後來先後出任百慕達、千里達和聖赫勒拿島總督，去世時（一八七五年）身為海軍上將，但他建立的這個殖民地始終不紀念他，連《國家名人錄》裡他的小傳也沒提到香港。

10 璞鼎查爵士（Sir Henry Pottinger）：後來在港譯為「砵甸乍」。

11 昂船洲：英人稱為「石匠島」（Stonecutters Island），但香港人向稱「昂船洲」。

12 馬德拉島（Madeira）：面積三百二十平方哩，葡萄牙屬地，位於非洲西海岸，北大西洋上，葡萄牙首都里斯本西南方約一千公里處。

13 法羅群島（Faeroe）：面積五百四十平方哩，丹麥屬地，位於蘇格蘭和冰島之間的北大西洋海域，由十八個小島組成。

14 英布戰爭（盎格魯—布爾戰爭，Anglo-Boer War）：又稱布爾戰爭或南非戰爭，是指一八九九年十月十一日至一九〇二年五月三十一日，英國和荷蘭移民後裔布爾人為爭奪對金伯利鑽石礦和金礦的壟斷權、爭奪南非地區霸權而進行的一場戰爭，共持續了兩年七個月，最後以布爾人的失敗而告終，雙方都付出了慘重的代價。

15 海姑蘭島（Helgoland）：或譯為赫爾戈蘭島、黑爾戈蘭島。位於北海東南處的小型群島，德國近海灣的咽喉位置，逼近德國各主要港口和河流入海口，擁有與其面積極不相稱的重大戰略價值。因一八九〇年七月一日的《海姑蘭條約》，被英國割讓給德國，以換取東非的桑給巴爾島。行政上隸屬德國什勒斯維希—霍爾斯坦州。

第二章

年表

CHRONOLOGY

大英帝國	香港	中國
一八四一：英國國旗在香港島上升起	一八四一：英國國旗升起	一八四一：英國人占領香港
一八四二：英國簽訂《南京條約》取得香港；第一次阿富汗戰爭結束		
	一八四二：中國簽訂《南京條約》割讓香港島	一八四二：訂立《南京條約》，香港島割讓給英國；條約口岸開放對外通商
一八四三：併吞印度信德省；併吞南非納塔爾省	一八四三：璞鼎查爵士出任總督	
	一八四四：德庇時爵士出任總督	
一八四五～四八：錫克戰爭		
	一八四八：文翰爵士出任總督	
	一八四九：耆英號遠航之旅	
	一八五〇：人口三萬三千	一八五〇～六四：太平軍起義反抗滿清
一八五一：倫敦世界博覽會		

	一八五四：包令爵士出任總督	
一八五六：併吞印度奧都		
一八五六～六〇：第二次中英戰爭		一八五六～六〇：第二次中英戰爭
一八五七：印度叛變	一八五七：毒麵包案	
一八五八：東印度公司結束		
	一八五九：羅便臣爵士出任總督	
一八六〇：訂《中英北京條約》取得九龍和昂船洲	一八六〇：人口九萬四千；訂立《中英北京條約》由中國取得九龍和昂船洲	一八六〇：英法聯軍占領北京；九龍和昂船洲割讓給英國；英法聯軍占領北京；訂立《中英北京條約》割讓九龍半島與昂船洲給英國；割讓邊界領土給俄國
		一八六一～七二：成立軍械所發展軍武工業
	一八六五：香港上海滙豐銀行成立	
	一八六六：麥當奴爵士出任港督	
一八六七：成立「加拿大自治領」；併吞馬來亞海峽殖民地		
	一八六九：愛丁堡公爵到訪	
	一八七〇：人口十二萬四千	

大英帝國	香港	中國
	一八七二：堅尼地爵士出任港督	一八七二～九四：工業成長
一八七四：阿善提戰爭（Ashanti War）；併吞斐濟群島		
		一八七六：朝鮮宣布獨立
一八七七：維多利亞女王宣告成為「印度女皇」	一八七七：軒尼詩爵士出任港督	
一八七八～八一：第二次阿富汗戰爭		
一八七八：英國占領賽普勒斯		
		一八七九：割讓琉球群島給日本
一八八〇～八一：第一次英布戰爭	一八八〇：人口十六萬	
	一八八一：夏威夷國王卡拉卡瓦到訪	一八八一：慈禧太后獨攬中國政權
一八八二：占領埃及		
	一八八三：寶雲爵士出任港督	
一八八四：併吞新幾內亞		
一八八五：戈登將軍於喀土木殉職		
一八八六：併吞上緬甸		

一八八七：併吞祖魯蘭（Zululand）；維多利亞女王登基五十周年慶典	一八八七：德輔爵士出任港督	一八八七：澳門正式割讓給葡萄牙
	一八八八：山頂纜車啟用	
一八九〇：宣告桑吉巴（Zanzibar）成為受保護領地	一八九〇：人口十九萬八千	
	一八九一：威廉．羅便臣爵士出任港督	
一八九三～九六：阿善提戰爭		
	一八九四：鼠疫流行	一八九四～九五：抗日戰爭
一八九五：成立東非保護國；詹姆森突襲行動（Jameson Raid）		一八九五：割讓台灣和釣魚台給日本
一八九六～九八：收復蘇丹		
一八九七～九八：維多利亞女王登基六十周年慶典		一八九七～九八：德國租借膠州灣，俄國租借旅順，法國租借廣州灣，英國租借威海衛
一八九八：訂立第二次《中英北京條約》，中國租讓香港新界領土	一八九八：卜力爵士出任港督；訂立第二次《中英北京條約》，中國租讓新界領土	一八九八：訂立第二次《中英北京條約》，租讓新界給英國
一八九九～一九〇二：第二次英布戰爭		

大英帝國	香港	中國
一九〇〇～〇三：併吞奈及利亞北部	一九〇〇：人口二十六萬三千	一九〇〇～〇一：義和團興起，西方強國介入
一九〇一：併吞阿善提；維多利亞女王駕崩，愛德華七世繼位；英聯邦澳洲建國		
	一九〇四：彌敦爵士出任港督	一九〇四：日軍包圍旅順
		一九〇五：俄軍失守投降，日軍占領旅順
一九〇七：紐西蘭成為「自治領」	一九〇七：盧押爵士出任港督	
		一九〇八：慈禧駕崩
一九一〇：愛德華七世駕崩，喬治五世繼位；南非聯邦成立	一九一〇：人口四十三萬六千	
		一九一一：革命成功，推翻滿清
	一九一二：梅含理爵士出任港督；香港大學成立；九廣鐵路全線通車	一九一二：國民黨成立
一九一四～一八：第一次世界大戰		
		一九一五：日軍攻占膠州灣
		一九一七：對日宣戰

一九一九：阿姆利則大屠殺事件（Amritsar massacre）	一九一九：司徒拔爵士出任港督	一九一九：新文化運動
一九二〇：英屬東非改稱為英屬殖民地肯亞；英國成為巴勒斯坦、伊拉克、坦干伊喀等地託管國	一九二〇：人口六十萬	
	一九二〇：中國共產黨成立	
一九二一：甘地發起「不合作運動」		
一九二二：訂立《華盛頓海軍條約》	一九二二：海員大罷工	
	一九二五：香港大罷工；金文泰爵士出任港督	一九二五：孫逸仙逝世
一九二六：爆發英國大罷工		一九二六：反共內戰開始
一九二八：印度罷工潮		一九二八：蔣介石成為國民政府主席
	一九三〇：人口八十四萬；貝路爵士出任港督	一九三〇：英人撤出威海衛
一九三二～三四：印度發動文明的不服從運動		
		一九三三：日本占領東北四省「滿洲國」
		一九三四：共產黨「長征」
	一九三五：郝德傑爵士出任港督	

大英帝國	香港	中國
一九三六：吉卜齡去世；喬治五世駕崩，愛德華八世繼位；愛德華八世退位，喬治六世繼位		
	一九三七：羅富國爵士出任港督	一九三七：日軍攻陷北京，向南挺進
		一九三八：日軍攻陷廣州，成立南京傀儡政權
一九三九：第二次世界大戰爆發		一九三九：日軍占領海南島
一九四〇：敦克爾克大撤退；英倫空戰	一九四〇：人口一百六十萬	
一九四一：日軍攻陷香港	一九四一：楊慕琦爵士出任港督；日軍攻陷香港	
一九四二：阿拉曼戰役		
		一九四三：西方列強聲明放棄條約口岸租界
一九四四：登陸諾曼第作戰		
一九四五：香港重光；第二次世界大戰結束	一九四五：香港重光；人口六十一萬	一九四五：國共內戰再起
一九四七：印度獨立	一九四七：葛量洪爵士出任港督	

一九四八：緬甸獨立；錫蘭獨立；英國撤出巴勒斯坦		
	一九四九：中共封鎖中港邊界	一九四九：毛澤東與周恩來建立共產黨共和國，蔣介石撤退到台灣
一九五〇：英國參與韓戰	一九五〇：人口二百萬	一九五〇：英國承認中共政權；與俄國簽訂友好條約；占領西藏；中國加入韓戰
	一九五一：聯合國禁止與中國通商	
一九五二：喬治六世駕崩，伊麗莎白二世登基		
	一九五三：開始規畫建設公共屋村	
一九五六：蘇彝士運河危機；蘇丹獨立	一九五六：九龍暴動；移民潮	
一九五七：迦納獨立		
	一九五八：柏立塞爵士出任港督；啟德機場跑道落成	一九五八：大躍進
一九六〇～六八：賽普勒斯、烏干達、坦干伊喀、肯亞、桑吉巴、尼亞薩蘭、馬爾他、甘比亞、英屬圭亞那、模里西斯、奈及利亞獨立	一九六〇：人口三百萬	

大英帝國	香港	中國
	一九六二：中國移民湧入	
	一九六四：戴麟趾爵士出任港督	
	一九六五～七五：香港成為美軍度假休閒中心	
	一九六六：獅子山隧道通車	一九六六：文化大革命
	一九六七：左派暴動	一九六七：英國大使館遭襲擊破壞
	一九七〇：人口四百萬	
	一九七一：麥理浩爵士出任港督	一九七一：聯合國接納中國
	一九七二：海底隧道通車	
一九七三：英國加入歐洲共同市場	一九七三：第一座新市鎮發展完成	一九七三：美國承認中國
	一九七四：廉政公署成立；葛柏判刑	
		一九七五：四人幫掌權；蔣介石去世
		一九七六：周恩來去世；毛澤東去世
		一九七八：鄧小平掌權；自從一九六六年以來首度接納外國遊客
	一九七九：地下鐵通車	
	一九八〇：人口五百二十萬	一九八〇：四人幫入獄

一九八二：福克蘭群島戰爭；中英就香港前途問題展開談判	一九八二：尤德爵士出任港督	一九八二：深圳經濟特區對外開放；與英國就香港前途問題展開談判
一九八四：就香港前途問題簽署《中英聯合聲明》	一九八四：簽署關於香港前途問題的《中英聯合聲明》	一九八四：就香港前途問題與英國達成協議
	一九八五：立法局首次有民選議員	
	一九八七：衛奕信爵士出任港督	
		一九八九：天安門大屠殺
	一九九〇：人口五百八十萬；引進《人權法》	一九九〇：頒布《香港基本法》
	一九九一：首次舉行直選立法局議員	
	一九九二：彭定康出任港督	
	一九九五：第一個全面經由選舉產生的立法局誕生	
一九九七：英國撤出香港	一九九七：香港回歸中國政府	一九九七：中國收復香港

第三章

衝擊力與形象

IMPACTS AND IMAGES

1 中國風味的香港

香港位於中國，即使不算完全屬於中國——在英國人統治了將近一百五十年之後——但它的背景始終保持中國化。從人口比例來說，百分之九十八是華人；就抽象的角度來看，中國化的程度也不少於這個百分比。

要是乘船在甲板上望去，或者搭乘噴射機降落時俯瞰，會乍然覺得香港不像中國，然而從地理上來說，香港大部分地區還是屬於農鄉中國的。形成新界主體的那些無人山巒、陡峻的小島和礁岩，甚至香港島上某些高聳於海港之上的山坡，就跟從前清朝、明朝、甚至石器時代的傜族時期差不多。最後那隻豹的確也已遭射殺了（一九三一年），最後那隻老虎也被發現了（據稱是在一九六七年），但是罕見的香港蠑螈依然繁殖，也還是有豹貓（又稱石虎）、緬甸蟒、赤麂（舊以為黃麖）和豪豬（又稱箭豬），沼澤地也群聚了大量海鳥。地域主色依舊是中國色彩的棕、灰與黃褐，光線通常昏暗，一如預料中的中國光線，賦予了整個地區所需的模糊、驚奇和無常。氣味就更是中國氣味了——油油的，夾雜著鴨屎和汽油味。

成千上萬的香港人依然住在中式帆船上，在索具和漁網之間藉著嘶嘶作響、閃爍明滅的氣壓燈來做飯；為數更多的人則住在木屋區，房子用木樁、帆布和瓦楞鐵皮搭成，但照樣喧鬧，有著本地人的生命力。人民仍然種水果、養魚、經營養鴨場、養殖蠔排；少數還在種稻，還有更少數甚至仍用水牛耕田。鄉村生活與祖先過的模式差不多，鄧氏與彭氏深具影響力。堪輿師依然忙得很，高處的風水寶地必有半圓形墳塚點綴，有時還伴有裝了家人骨灰的棕色大骨灰罈。天后，或者掌管南海的洪聖爺，祂們的廟宇依然矗立在靠海處，香火鼎盛。

但是香港絕大多數的華人市民都住在市區，那些密集而平坦的狹小地面。他們最常擠在高樓大廈內，周圍有各種標準現代化、非共產黨的中式風格裝飾：俗麗而喜氣洋洋的招牌、喧鬧的店面、林立的電視天線、商店橫幅、一排排吊掛著的油亮燒鴨、竿上晾曬的洗淨衣物、搖擺的單車、擺滿陽台的盆栽，還有帆布篷下的攤販，賣著草藥或廚具、骨董、水果，大排檔的大湯鍋裡有熱滾滾的蟹爪湯，餐廳門面有絕妙的大紅加金色裝飾，櫥窗裡有閃爍的電視畫面，甜食店裡有一盤各式糯米做的糕點，大樓正面橫七豎八伸出的天線杆、曬衣竿、告示牌等，雕刻或鍍金的龍，精心設計的巨幅廣告，涼茶鋪閃亮的大銅壺，加上烹煮飯菜、香料、燒香、油味等氣息，很吵的收音機音樂以及擴音器發出的人聲，還有中國人在街上交談特有的大嗓門——像在跟對方喊話似的，以及沒完沒了的匙羹、硬幣、麻將牌、算盤的碰撞聲，以及打樁和電鑽的聲響。

在遊客眼中這些畫面可能充滿了異國風情，但基本上不過就是平凡、務實的風格。中國人認為平安無事就是個好年頭，所以他們的天才在我眼中，基本上屬於平凡普通的那種，他們是穩紮穩打的基層，可以說是建築的支柱底板和竹竿，藉著這兩樣卻建造起驚人的結構。

2 英國遺風

至於西方，最初是藉由大英帝國而來，後來則是國際金融代理，為這個城邦提供了它自己的形象，跟能伸能屈、安土重遷的中國作風交疊，為它帶來積極進取的衝力。香港的資本家是一流的興建者，打造出這個大港，興建了山丘與港灣，成為所有大都會景觀之中最令人驚心動魄的——就我個人的感受而言，我認為是亞洲最佳景緻。香港人口六百多萬，比紐西蘭幾乎多一倍，這麼多人口住在不到四百平方哩的土地，而且其中至少有一半是高低不平的山地。因此不得不緊密擠在一起，這些位於燦爛燈光中的城市建築就像昔日香港海域上出現的快速橫帆船船樓一樣，都令人感到突兀。

鄧氏和廖氏可能依舊各據其村，但是村莊四周圍都出現了龐大新市鎮，以強烈鮮明的現代主義之勢平地興起。銜接大陸的整個新界只要是能開發的山丘地帶，就會有繁忙的公路四通八達，一座座摩天大廈街區出現，發展出大片近郊住宅區，混凝土進占，青瓦磚屋逐漸消失。甚至香港稱之為「離島」的其他列島上，也可見到公寓建築和發電廠高聳於繫泊的船隻之上。香港大部分地區都很難找到平地，因此爆炸性的都市發展大致上呈線形分布，沿著岸線蜿蜒，爬上溪谷或穿越隘口，往往擠到不可思議的壅塞狀。約有百分之八十的人口住在這片土地的百分之八面積裡，九龍有些地區更是一平方哩住了二十五萬人以上，大概是人類史上最擁擠的地方了。夾纏不清的街道更增加了地形的複雜性；一九八〇年代委約建築師貝聿銘建造一座新的辦公大廈時，他說光是想出通往坐落地點路徑的設計就花了他九個月時間。

所有這一切看不出個形貌，只除了這地方本身的形狀。海港兩邊的城市是整個香港的渦流中心，也是許多外地客見到的一面。海港北邊銜接大陸的這邊岸上是人口稠密的九龍區，密密麻麻向山那邊擴張，經由山洞隧道來到山那邊的新界，密度不減。海港南岸的香港島，則是英國人最早的聚居地，正式名稱是「維多利亞城」，如今通常只稱「中環」；其實就等於香港的首都，主要機構都在這裡，卻是初具規模，大致上仍然沿著此島北岸邊緣發展，因為在英國人還沒來到這裡之前，中國帆船的水手為避逆風而駛經此處海峽時，已在此留下了足跡。這區域的兩大聚集地一個稱為「九龍」，一個稱為「香港」，一九九六年時，平均每天有五十萬車輛通過海底隧道往來兩邊。

從前這個殖民地有個很正式的都市中心。眼前我所閒坐的香港公園裡，幾乎就位於中環的中心，公園裡還有好些從前大英帝國不可或缺的設施，不但沒被淘汰拆除，反而還提供了林蔭大道、花壇，以及一個沒有一般髒臭的小動物園。五十年前，從這個觀景點可以俯覽無遺，見到頗莊嚴、用來舉行典禮儀式的皇后像廣場，正對著海港，類似義大利的港（Trieste）的聯合廣場。皇后像廣場的西面有條濱海大道，學澳門稱法叫做「Praya」（海傍道）01。廣場後方聳立著島上陡峭的青山，因此眾多建築也環繞著它而建——總督的官邸「港督府」、三軍總司令的官邸「旗杆屋」、典雅的大會堂、聖約翰座堂、最高法院、匯豐銀行。加上廣場北面海港裡川流不息的船隻，以及英帝國首要四大表徵：皇家海軍船塢、木球球場、香港會會所、維多利亞女王像，更為此處景色錦上添花。

這一切都已然喪失了。今天的皇后像廣場完全被寫字樓大廈遮住而看不見，反正也無所謂了，因為廣場名存實亡，只剩了廣場本身，營利主義的逼近造成了它的瓦解。甚至原來的海濱也因為填海而成了內陸。當年的海濱大道現在支零破碎，成了一條條突堤碼頭，還有座三層高的停車場擋住海景。木球場改造成了漂亮的公共花園，池塘裡有烏龜。從摩天大廈之間幾乎難以窺見港督府和聖約翰座堂，香港會會所現在只占了一棟二十四層寫字樓大廈其中四層而已，維多利亞女王像也移走了。

這就是香港的城市發展方式。它受限於天然環境，但本能地停不下來。現在除了海港之外，可說香港並沒有真正的中心區了。我們在後面就會看到，香港就整體而言，就社會設計而言已經達到很驚人的地步，但是就海港兩邊城市而言，卻始終沒能做得到根據總體規畫來設計——艾柏克隆比爵士（Patrick Abercrombie）曾在二次大戰之後、英國城鎮規畫發展到鼎盛時期之際，提出過一項方案，結果就像他其他許多計畫一樣，都沒有下文。擴展海濱大道的提案年復一年受阻撓，主要是因為軍方不肯遷移坐落其間的軍營和船塢；結果搞了半天就只做到沿著海邊地帶築了高架快速幹道。

而今從皇后像一路沿著海岸線，過了海港，直到九龍遠處的山坡，只見一片混凝土高樓大廈，沒有明顯的模式，也不成條理。這些建築似乎也缺乏景觀景緻，因此我們換個角度望去時，也看不到一棟建築跟另一棟能夠呼應的美感——就只是這裡一堆，那裡一片，夾雜著一柱擎天的混凝土或玻璃幕大廈。隔著海港望過去，這些單調乏味的四方建築臨水而立坐落在九龍那邊；直到一九九五年之前，九龍這邊的建築高度是不准超過二十層樓的，因為附近有機場。遠處山邊還可以見到斜坡上有很多建築冒出來，像露出地表的白粉筆，有些還圍著竹竿搭成的鷹架，但有更多是準備要拆除的。要是往香港公園下方望去，花園環繞的港督府後方就可見到有藍白遮篷的工地，夾雜著推土機和戴著草帽建築工人，表示這裡又在為另一棟摩天大廈打地基了，這大廈無疑比拆除的那棟更大型、更壯觀也更豪華。

3 — 大雜燴般的建築

香港要是沒有城市規畫的話，就更沒有香港風格的建築可言——連英國東方帝國最標準模式從前也只勉強在這殖民地立足而已。東一處、西一處的舊中國建築充其量不過是舊中國建築，而歐美街區大樓除了少數最近落成的頗令人驚豔之外，大多數都是標準的現代主義庸俗之作[02]。

英國人最早是在香港島西北岸升起英國旗的，這地點他們稱為「占領角」[03]，如今該地點已經成了內陸區，有許多華人出租、商住不分的房屋、公寓、寫字樓等，甚至沒有牌子標示升旗地點，只有從附近一條名為「占領街」[04]的小巷見到此名。我們可以假設大概就是在這附近一帶，早期的殖民者搭起了最初的臨時棲身處——也就是香港至今俗稱的簡陋「草棚」，以竹竿圍起，上覆草蓆為頂。然而，香港第一棟永久性歐式建築卻是用道地花崗岩建造的貨棧，而且渣甸和馬地臣沒有得到官方批准就擅自建造了，而首棟歐式房屋則是馬地臣在貨棧附近所蓋的有遊廊的平房，當時曾被尖酸地形容為「半為新南威爾斯風格，半為本土風格的產物」，房子周圍種了一片弱小的椰林。

沒多久，到處都興建起抄襲自澳門的新地中海風格的建築，沿著香港島海邊蓋起了有瓦頂和柱廊的寫字樓、貨棧，門窗有遮篷和遮陽百葉窗，隨著時光過去逐漸殘舊剝落，但至少為這地方帶來了道地熱帶氣候的風貌。一八七九年，來到香港的伊莎貝拉·博兒[05]認為它像熱那亞。十年之後，年輕的吉卜齡卻覺得香港讓他想起加爾各答風情。這些從前的建築沒有幾棟完整無缺的了，而且嵌在高樓大廈之中，偶爾讓人見到殘餘的半堵柱廊，樓上有陽台窗戶，可能那就是主樓層，還有鬆垂的百葉窗。

維多利亞後期的人建造了維多利亞式建築，信心十足，完全無視於氣候條件或先例。他們建造了一些很氣派、古典的建築，有些仿照他們慣稱的「印度—撒拉遜」風格，加上了欄杆和尖拱。結果這些建築並沒有像在印度的那些傑作一樣為香港增添了奇觀，但一時也為此地帶來了紀念碑風味。皇后像廣場周圍的建築、一排排威尼斯拱層疊的海運公司、氣派豪闊的銀行、帶有哥德風格的大學——十九世紀末的周遊世界者揚帆來到香港時，這些建築讓他們彷彿進入了大英帝國的前哨。後來登基的喬治五世和哥哥艾迪於一八八一年來訪香港，在其私人教師指點下，很盡其本分但卻難具說服力地寫說「位於東方海洋的小英國」。

然而香港從來不曾具有雄偉氣勢或真正的高雅感，或者是內聚性，甚至是明確的特色。《倫敦新聞畫報》有位記者在聖約翰座堂剛建成之後來視察，稱之為「難看的一堆，蓋在這樣東方風情的地方實在很礙眼」，出版於一九〇〇年左右的《大英帝國百科》則以冷評說「香港的建築屬於混合式特色」。香港終究還是停留在這種混合式，而且很可悲地錯失良機——像這樣有山又有島、面對中國海的地點，應該可以興建出多麼神奇的城市來呀！然而悔之已晚：隨著城邦香港逐漸接近尾聲，在地勢上益發成為奇觀，但在建築上卻是鍋大雜燴。

雖說基本原則只是單純而實用，設計也是初具規模，建築多少帶有混合特色；然而形成的香港卻令人驚豔。部分歸功於它的環境，陸地與海洋相映生輝，但主要魅力還是在於它那種難以抗拒的活力所帶來的印象，就像一口大湯鍋，熱氣騰騰、嘶嘶響著，汽笛、喇叭齊鳴，你爭我吵，捲入迷宮般的隧道與天橋中，放眼盡是雨後春筍般冒出的摩天大樓，渡輪緩緩攪起浪花，噴氣船滑翔水上，海面水花四濺，巨型噴射機飛入，近海停泊著船隊，雙層巴士和匡啷響的電車穿梭不息，每平方呎似乎都成了汽車要爭取的道路，每平方吋都成了行人要爭取的人行道，山邊可見到纜車上上下下，矮小、臉孔有若發育不良的警察騎著摩托車風馳電掣，那種動感和積極進取充滿了挑戰性，光是看著這種人類活動所散發出的光芒就足以令人目眩神移。

但或許也可以說是人性貪得無饜的力量讓人瞠目吧。香港這種美，不管你喜歡或不喜歡，是屬於資本家體系的美。這城市的精力絕大部分都投入在賺錢上，而且也沒人假裝不是這麼回事：誠如一九〇七年《香港周刊》上署名「薇洛妮卡」的作者所坦言，在這殖民地「有很多錢也有很多勁兒，足以保證你爬得上高級職位，假如你渴望的正好就是這個的話」。當初就是這裡的發財遠景吸引了英國人來此的，而不是為了揚威而已，跟固有的宣言「先插國旗，再做生意」剛好相反。即使在傳教熱成為帝國主義推動主力的時期，已經習於政府自由放任的香港商人依然不為所動，絲毫不談良知——「我們由衷尊敬持有宗教信念的人，」一馬地臣就這樣寫道，「但是恐怕太敬畏上帝的人並不適合從事鴉片貿易。」

如今皇后像廣場上只有一尊孤零零的銀行家塑像，但是即使是在大英帝國鼎盛時期，維多利亞女王像依然矗立在廣場上的座上，政府機構環建於四周，那時中環建築之中最搶眼的還是滙豐銀行以及鄰近的渣打銀行、香港會會所，這些商業界的高樓大廈大本營。商人和金融家向來就渴望成為這個城市的主宰者，也毫不怯於流露這種志向，大剌剌以一種聲名狼藉、裝腔作勢之姿，以及傳奇的好客殷勤向外人展現。一九六〇年代期間波普—軒尼詩[06]寫過香港，尖刻地封它為「英國半直轄的殖民地」，還收錄了一首關於香港的英文詩在他的書裡[07]作為內文，這首名詩《香港》作者是奧登[08]：

它的領導人物都很聰明又風趣，
身穿剪裁合度的西裝，穿起來也很像樣
有很多圓滑的道德小故事講
都是跟一個貿易城市的道德觀有關。
偏偏僕役出其不意走進來，
他們沉默的動作造成了戲劇性的新情況。
我們的銀行家已經在這東方之地建立起
值得獻給喜劇女神的殿堂。[09]

說獻給喜劇女神，也許吧，起碼在一九三〇年代打破傳統的詩人眼中是如此，然而也是值得獻給史詩女神的殿堂，因為香港的炫耀闊綽也經常有某種豪氣在其中。在早期年代，香港的快速帆船船員就比他處水手賺的錢要多很多，無論是打磨、上亮光漆，或者洗刷潔白的甲板和精心裝飾，他們的船隻也都贏得了眾口交讚。今天的有錢人也還是差不多，事實上現在的財富還更廣為散播，對這個地方特徵的所造成的影響絕不僅限於商業中心和昂貴的住宅區而已，這些地方高度金融氣息有時未免予人沆瀣一氣之感，彷彿是個財閥統治的國際聚落；相反的，香港幾乎處處都洋溢著饜足感，因為差不多每個人在這裡所賺的錢都比他處更多：華人計程車司機賺的比廣州同業多，澳洲記者在這裡的收入比在雪梨的同事高。華人百萬富翁人數有多少雖然很難確定，但可以肯定有好幾萬，而一個外國人則可以花幾年時間在香港，然後發財回國退休——一九八七年有位英國律師曾經開派對大事慶祝他賺到的第一個百萬英鎊，這一百萬是他僅憑著一宗纏訟許久的官司賺到的。

最好炫耀的財閥都是華人。那輛粉紅色的勞斯萊斯汽車也只可能屬於一位華人大亨的[10]。坐在咖啡室裡對著手機大聲講著數位科技投資行話的年輕人無可避免也是華人經紀。華人大亨擁有所有極盡炫耀的華廈，這些豪宅有富麗的花園、堂皇的大門通路，還有警衛嚴密把守。商業界所有上層都具有這種不計後果競相炫富的特徵，流風所及不免影響到普遍風氣。

舉例來說，每個星期天就可以在中環皇后碼頭或香港島南岸的香港仔港灣裡見到一艘艘汽艇、遊艇、中式馬達遊船浮沉海面紛紛出航，去歡度周末。有些船上飄揚著大銀行或大商行的旗幟，有些則屬於小一點的公司行號——甚至連合夥律師事務所在香港都有自屬的遊船。有些則是家庭或情侶專屬的小遊艇等。無論船主是哪一類，這些船上幾乎都會有穿了整潔制服的工作人員，艉樓上撐開涼篷，可能桌上已經鋪好白桌布，擺好一瓶瓶酒、清涼飲料和餐具。然後這些船出海了，一艘接一艘，有時船尾還拖了一艘快艇，船上人的笑聲飄過水面傳來。年輕小姐躺在船首做日光浴，穿著鮮豔上裝和寬鬆白長褲的船主已經跟客人喝起第一輪的橙汁香檳雞尾酒了，這些客人很可能是來自海外，看起來時差還沒調過來，臉曬得通紅，面對這樣的氣派場面興高采烈，意氣風發。

香港的有錢人如果不住豪華公寓，大概就會住西班牙式或好萊塢式的房子，位於山坡上，全都有大理石泳池和遊廊露台，而且他們喜歡在公共場合亮相——一身古銅色、佩戴了鑽石飾物出現在雞尾酒會上，或者俗不可耐穿了皮草去看賽馬（香港毫不慚愧地宣稱是購買皮草占全球第一位的城市），在慈善拍賣會上興高采烈喊價，然而最典型的大概就是在星期天早上乘那些遊艇以及中式遊船出海。所有這一切都會忠實記錄在《香港閒談者》（Hong Kong Tatler）內頁上，這本雜誌補充了那些成功金融家的肖像，房地產廣告上刊登有位於法國南部格拉斯附近一帶農舍改造的迷人房舍，或者西班牙南部海岸絕妙出色的高爾夫球場，加上圖文並茂的本地社交圈動態。

我順手翻閱了一九八〇年代末期的其中幾期。李福權醫生夫婦、包玉剛爵士、嘉道理夫人、西門．凱瑟克先生、胡法光先生祝賀市政局主席霍士傑獲封高級英帝國勛爵士銜。何鴻燊先生、葉德利先生、達庫涅博士設晚宴歡迎季辛吉先生。這些在「孟加拉一號」遊艇上把酒言歡的風雅人士是誰呢？原來是香港百名菁英，據這雜誌報導，他們正接受住在淺水灣的日本億萬富豪小林正和的招待。「他來了，他看了，他出席了雞尾酒會。」《香港閒談者》以俏皮雙關語報導中華人民共和國港澳辦公室主任到訪，照片中可以見到他正在酒會上，鈕孔上別了非常大束的襟花。人頭馬甘邑白蘭地公司艾西亞—莒布瑞先生夫人頒贈特級人頭馬盃給黃冠忠先生及其馬匹「皇牌之王」合夥人（練馬師簡炳墀、騎師朴仕能）：果然，翻過來這頁上面有貝瑞斯佛，克雷斯卡（遠東）合夥人正在雙桅帆船上層後甲板區享受派對，在陽光下舉著冰凍飲料向世界祝酒。

這些場合向來不乏到訪香港的時尚人物增光。對於很多時髦過客而言，香港只不過是紐約—倫敦—巴黎這個社交應酬圈中的一環而已，凡是有頭有臉的名人總是會先先後後來到香港的。有一次我在香港公園裡閒遊，忽然見到荷蘭本哈德親王出現，帶了一群冷冷的隨從人員，這些人看上去就像英國電影裡二次世界大戰的英國老上校。他們突然出現，嚇了我一跳，再加上一開始我沒認出王室臉孔，於是呆呆停下腳步，問這支令人難忘的大隊是何許人也？但他們當我是個激進分子，所以趕快走開了。

5 — 充滿活力的跑馬地

當然也不全都是樂事——不用過多久，外來人就會看出香港沒多少時髦活動是純然為了取樂而已的。幾乎全部都是著眼於最有利的機會，事實上，《香港閒談者》上面報導的派對有大半都是具有生意性質，要拉攏顧客，應酬生意夥伴，或甚至就是為了推銷產品。做生意是一種賭博，而英國人和中國人向來都喜歡賭博（中國人以前還常拿那些去參加科舉考試的人下注）；因此這個英國直轄殖民地老早就是主要幾個結合生意和玩樂的地方之一，也因此，賽馬場就成了展現香港財閥作風的場所。

自從一八七一年起，賭博在這個殖民地已經合法化，但只限於賭馬。華人卻極力避不遵守這清規，反而不停關起門來打麻將，或者越過邊界去更可以賭博的地方，到那邊的會所或者賭場去賭——以前是到九龍城或者過了中英邊界到大陸那邊的深圳去，如今則是到澳門，那裡很多賭場的老闆都是香港人。他們什麼都賭，而且對兆頭和數字迷信得很；華人富翁會很樂意花幾百萬買個幸運數字車牌號碼，這些特別的數字車牌則由港府拍賣，籌得款項作為慈善用途。

如果你打電話去「電召勞斯」叫車的話，他們就會派一輛有幸運數字的「銀影」或「銀刺」勞斯萊斯在星期六下午送你去跑馬地的馬場。要是付得起租車費的話，會有幾百萬香港市民願意租一輛的，因為香港大眾迷跑馬的情況是無與倫比的。話說一九八六年時，為數三百名總共四十小組的特警同時展開行動，破獲全港的販毒與高利貸組織，他們選的出擊時刻就是下午三點當跑馬地開始賽馬時，這時幾乎全體市民的注意力全部集中在那裡。

跑馬場的歷史跟香港本身差不多同樣久，占據了香港島山丘之間的山谷，早期來此落戶者認為此地很理想，但後來卻發現對於洋人的住宅區很不健康，於是就把此地留做娛樂用途（周圍山坡則用來安葬死者）。現在新界沙田有了第二個馬場，但是墳場環繞的跑馬地馬場卻仍然是香港賽馬會的總部，也成了香港集合地點的象徵。

香港有俗話說：「香港是由賽馬會、匯豐銀行以及港督統治的」[11]，至今賽馬會還是深具影響力。董事局的十二位董事分別包括了老字號英國商行的領導高層人物，這些商行名下的大小馬匹出賽已有一百四十年歷史，董事還包括了後起之秀、同樣有勢力的華人財閥代表。董事局主席通常由退休的英國將領擔任，但現任的主席是位華人金融家。賽馬會依法需交出盈利作為慈善用途：香港理工大學絕大部分經費是由賽馬會支付的，而且香港到處都可見到由賽馬會資助而設的診所、學校以及其他公益機構。

然而跑馬地到了賽馬的日子（在跑馬季節裡每星期有兩次）可一點也不讓人感到像是個慈善之地。首先，馬場本身就極盡氣派，位於跑道後面訓練馬房裡的馬匹都享有冷氣和泳池設備。跑道中央有巨幅螢幕，每場賽事觀眾都可以從頭到尾看得一清二楚，因此投注者不會錯過每一步的動作，而整個大看台上的電腦答答響著，螢幕閃閃。這一切絕對沒有將就湊合的廉價感，而且的確也應該如此的，因為我聽說跑馬地一個下午的投注就相當於全英國所有賽馬場一整天的投注總合。

賽馬會本身的場所非常氣派。搭乘著安靜無聲的電梯上去之後，每一層樓似乎都有間餐廳——每間名稱不同，每間都座無虛席，華洋賭馬者雜處，在這間餐廳裡狼吞虎嚥吃著紅酒春雞，佐以法國香貝丹佳釀，那間餐廳裡則是白蘭地酒佐燕窩，一面還很留意掃視著投注卡以及周圍牆上的閉路電視。這裡處處洋溢著香港金錢圈子氣息——這股氣息總是伴隨著香水味、雪茄菸味以及豪華大餐的香味，更兼三五小圈子的男人，站在酒吧和餐廳的一邊，可以見到他們正經八百（而且明顯無情地）交談著。

其他的俱樂部在看台上各有他們的專席——香港會、美國會、葡國人俱樂部——看台上方高處則全部是私人包廂，屬於非常、非常有影響力人士的，首屈一指的大商家就在那裡招待客人，譬如從美國來訪的議員、倫敦來的電視明星、兩位義大利大亨、幾位日本銀行家還有蘇格蘭伯爵，吃著豐富豪華的午宴，談價錢、議定生意、彼此旁敲側擊、琢磨，還不時以不可一世之態看看賽馬進行情況，興致高昂，一半因為喝了酒，一半因為大權在握之感。有一次我自己在這樣的包廂裡吃中飯，感覺利用特權頗慚愧；後來走在外面走廊上逡巡，偷瞥著每間門半開的包廂裡面，實在讓人體會不少。

賽馬日的跑馬地就跟香港本身一樣，是個激烈、輝煌、一味攫取的地方，一點都不麻木或者厭世。

每場賽事將完結時那種人心緊張的情緒就像山上颳來的狂風橫掃過看台。下方普通席上的華人可能還比較坦然接受，他們上方看台上的有錢華人也一樣，大都很能自持，倒是歐美人很不一樣：堂堂金融家以及身穿絲綢的小姐太太們看到終點衝刺時會緊張到跳起來，男人狂喊著很無意義的口號：「加油，皇牌之王」，女人上下跳躍著，簡直就像美國電視上的智力問答比賽的出賽者。

在這樣一個把工作日都花在刻苦勤奮逐利的城市裡，眼前這景象的確是一大奇景——誰會想到偶爾下注竟會有如此重大意義？——就在比較一知半解者的心目中留下了很令人困擾的錯亂印象。如果你是屬於這種人的話，那麼當勝出的馬匹牽到下面跑道內，馬主或練馬師出面接受頒獎的大金盃時，奉勸你最好不要用望遠鏡看清他們的臉孔——有時看到他們流露出的惡毒自滿，以勝利者之姿環視他們對手的眼光，真叫人難受又震驚。[12]

6 — 蔑視法紀

我們談的是香港的衝擊力，但無可否認有種暗存的毫無道德規範、肆無忌憚之感總是令觀察者留下了深刻印象。外人鮮有認為香港是個「好」地方了。維多利亞中葉的殖民大臣布爾沃—利頓[13]曾說，從他收到發自香港的公文可以看出「林林總總的仇恨、惡謀和缺乏仁愛精神」，一八五九年的《泰晤士報》則留意到這個殖民地本身的名稱「或許就跟那些不宜入耳的地名一樣不登大雅」。說到底，這地方所以會發展起來，當初是因為販毒之故，所以法紀、暴力亂序和無德等問題向來也都困擾著它的統治者。

奠定香港罪案基礎的是海盜以及走私，而且多年來成為當地生活的形式。皇家海軍和海盜船隊激戰很常見，那些海盜頭目雖然殺人不眨眼，但有時卻自視頗浪漫——十九世紀有個海盜頭子的桅杆上飄揚的旗幟就打著「替天行道，劫富濟貧」的口號。直到一九三〇年代末期，開往廣州和中國其他港口的汽船上仍然嚴密設防，除了蒺藜鐵絲網，船橋上架設有機關槍，旅客也都躲在船艙裡鎖上門。等到共產黨占據大陸所有海港之後，才把最一批海盜從這些水域趕走了，但從那時起，情勢轉變了，倒是香港和澳門之間的領空出現劫持，一九四八年，一艘香港所屬的卡塔利那水上飛機成了首架遭到劫機者——四名武裝劫匪占據了飛機，但是飛行員在反抗打鬥時中槍，飛機撞毀，二十六名人士遇難。

香港某些最知名的罪案故事都有很精采的海盜色彩。一八七八年曾有一幫暴徒封鎖了整個街區，擊退了武裝警察，把一家店鋪洗劫一空之後，乘汽艇橫渡海港逃掉。一八六四年發生過大逃獄，一百名服刑囚犯從改裝成監獄的舊船「皇家撒克遜」破獄而逃——幾乎是一半刑囚，有些一直沒有被抓到。一九二一年破獲了八噸半波斯鴉片販毒案，這批鴉片藏在無人居住的小交椅洲崖洞裡，由一艘武裝舢舨看守。一八六五年，一群竊盜花了幾星期時間挖了一條隧道通到西印度中央銀行的保險庫內，靠金條發了大財。一九一二年，新任總督梅含理爵士搭船由斐濟群島抵港，下船要往辦公室，乘坐八人大轎沿著駁岸碼頭閱兵，轎夫打了綁腿頭戴羽飾帽，並在錫克警察護送下行經閱兵行列，這時子彈從近距離射來，但未打中。最轟動的，則非一八五七年的毒麵包案莫屬了。

此案簡直就是維多利亞時期深受人喜愛的「黃禍」[14]驚悚小說成為真事，非常戲劇性。有位華人愛國者張亞霖響應當時橫掃中國的恐外症，於是決定消滅香港主要洋人英國居民。由於他是香港島最有份量的麵包師，因此要下手很容易，他在供應給英人的麵包裡摻入砒霜，導致四百名左右的英人引起嚴重腸胃不適（事實上是砒霜分量放得太多了，反而導致受害者嘔吐，因此吐出了砒霜，讓他謀殺未遂）。一時之間，這個殖民地人心惶惶，尤其大英帝國才剛陷入印度的反英叛變的恐怖中，不過幸好陰謀揭露，張亞霖後來雖然因證據不足而獲釋放（而且法官和陪審團都是吃到他的砒霜麵包的人），但卻遭遞解出境到中國去。英人社會經過這番驚恐擾攘之後，又恢復了正常。港督包令爵士[15]因此做了首詩歌，在主教座堂裡作為感恩節獻詩。以後很多年裡，遊客往往會去參觀張亞霖的麵包房，當那裡是恐怖物像陳列室。直到一九三〇年代，首席按察司（大法官）辦公室的櫃裡依然放著一塊保存完好的砒霜麵包。

7 小型犯罪不斷

隨便挑份本地報紙，你就會看到如今香港的罪案雖然比較沒有以前那麼「壯觀」，但仍然很驚人。空氣中總是有著犯罪氣息，就跟銅臭味一樣；經常也是兩者混合出現，想來倒證實充滿理想的馬克思主義者的信念：資本主義本身就是一項輕罪。

雖然照國際標準來看，嚴重罪案率出奇地低，街上一般而言很安全，惡意毀壞公物的行為也少見，但還是會有這種大城市難免的詭詐，尤其在這樣一個變化無常的港市：收保護費、色情業、賣淫、非法賭博、走私、不同形式的暴力。每隔幾個月香港警察機動部隊就會大舉掃蕩犯罪，架設路障，攔截成千上萬的市民盤問，突檢夜總會、舞廳以及麻將館，不過縱然每次都會逮捕了幾十個人，但是卻對犯案的黑社會本身起不了什麼作用。

尤其是販毒，向來都很活躍。直到一九三〇年代，香港政府依然授權讓人種鴉片或做經紀，到一九四〇年抽鴉片依然是合法的——可真是不同凡響的古老帝國遺風。隨後的禁毒反而形成了牢不可破的海洛因、古柯鹼、大麻等的黑市。一九九五年總共有七十三個人因謀殺和誤殺罪名遭到起訴，一千一百零二個人因強姦或非禮遭起訴，但是卻有五千六百六十九個人因毒品而被控，罪名是販毒或藏毒。在犯罪市場的盡頭，永遠可以預期那些不正當的交易都是來自於大生意。

絕大部分的罪案都是由三合會組織的，這原本是滿清時代興起的反清秘密幫會，後來衍生成龐大的為非作歹幫派。殖民地一開始，這些三合會就在香港活動，隨著一九九七將近，進展情況大為有利，因此更加強了他們的活躍性。據說現在香港三合會旗下已經有五十個大小幫派，起碼有十萬名成員，都是經過發誓和儀式才能入會，而且就跟黑手黨一樣從事很多各種非法行業。其中不乏許多堪稱受過良好教育的專業公民，然而也很夠心狠手辣：一九八七年有個生意人被三合會的殺手用刀刺死，遇害前幾天，先送了割下的狗頭去給他，做為警告。

最大規模的三合會已經太引人注目，無法完全偷偷摸摸活動，而且在華人社群的事務上或多或少公開插手其中，頗像愛爾蘭共和軍在北愛爾蘭插手某些部分一樣。據說他們已經滲透到很多學校裡，而且有不少年輕人為了顯示自己是男子漢而入會，又或者染上毒癮而入了圈套。其中最大的幫派新義安或十四K是在中共革命之後從中國大陸遷來這個殖民地的，據信至少有二萬五千名成員。有些香港三合會在國際上也很有勢力，尤其是買賣海洛因，在荷蘭、比利時、加拿大和美國都有分支，遍布海外各地的華人社會：在販毒路線上最活躍的幫派之一據說是「大圈仔」，這是一九六〇年代的下崗解放軍來到香港落腳形成的幫派。

三合會的新聞很少帶有娛樂性，但是香港那些雞鳴狗盜之類的不規矩行為倒很令人莞爾。香港報紙上都會有整版的法庭新聞，完全就像英國或美國半世紀之前的省城報紙風格，我瀏覽了幾天這些版面之後，順手挑出以下幾則為例：

- 有位地產經紀人假裝自己是兩處物業的業主，然後分別租給十二位顧客，向每人騙取訂金。
- 警方抓到一個拉皮條的，這人當時跟他手下一名全裸雇員躲藏在他營業場所二樓外面窗台上。
- 有位警務女督察被控在一家店內偷竊五件化妝品和一張生日卡，辯稱當時因為正在想著她手上一個案子，因而忘了付錢。
- 一名六十九歲的保全被控非禮女童，自稱撫弄兒童可以為他帶來賭博好手氣。
- 兩名男子因為用舢舨從中國大陸走私大熊貓毛皮到港而遭罰款。
- 假扮建築工人的臥底警察被另一名臥底警察抓到他在建築工地賭博。
- 一名男子刊登廣告欲出售他名下的賓士汽車，有人請他把車開到九龍酒店去，結果他在那裡被迫簽下賣契，然後遭捆綁並塞住嘴，歹徒則趁機將車轉售他人。

香港尤其擅長營私舞弊、貪污腐化，這是最惡名昭彰的現況。講到貪污，香港是向來都甘冒大風險，因此賄賂以各種委婉說法出現：賞錢、回佣、茶錢、牛排費、回扣或娛樂費用，不管是街上小販賄賂在地督察以求讓他繼續擺攤也好，或是營造商偷偷塞幾千塊錢給某個政府部門相關人士，這些一直是生活中的現實。自從有買辦開始，這些早期幫英商翻譯、談生意的華人中間人出現之後，香港絕大部分就一直是由仲介、代理、中間人在經營，而佣金和賄賂之間分界並不明顯，其實只有一小步之差而已。何況，香港本身又是個五光十色的誘人城市——正是個引誘康拉德筆下那種「沒笨到去慢慢爬上成功」腐敗東方官員之處。

要是覺得上述所說很難想像，尤其是你才出席過某個氣氛融洽的社交聚會，在宜人的夏季夜晚漫步回家，想到會上見到知名的投資經紀人某甲先生如此風度翩翩，又想到那位地產百萬富翁某乙先生那麼客氣地問起你的工作，還問是否有他可以協助之處，而那位活潑開朗的跑馬地練馬師更已經邀請你下星期日乘他的中式遊艇出海。想到這裡時，你不妨舉目眺望皇后像廣場後方花園道上那座多層停車場大樓的頂樓。不管你出席的晚宴到多晚才結束，那頂樓的燈光必然還亮著，因為那裡是廉政公署的總部，這是一九七四年在頗不得已的情況下成立的部門，專門打擊香港拿回扣、賞錢和茶錢等行徑。

廉政公署的權力非常大——可以無需經更高層批准就可以採取行動檢查任何一所機構，無論是公有或私人的，可以不經審判就扣留嫌犯，而且扣留沒有期限。它還有源源不絕的情報，從總督以下所有人等的私生活都在其掌握之中。一九八八年，廉政公署的調查員逮捕了香港證券交易所的總裁，懷疑他貪污。據說廉政公署審訊很嚴，絲毫不放鬆，此刻說不定就有哪個倒楣鬼正在上面接受審訊。經紀人和地產發展商當然是最易有嫌疑的，但你也會很驚訝地發現，不知有多少練馬師也曾經被請到停車場頂樓的廉政公署去。

8 — 香港夜生活

很多外國人，大概尤其以某種年紀的日本人和美國人居多，首先都把香港想成是個准許性行業的地方，來香港出差可以順便在市區裡獵豔調劑一番，上空酒吧裡有濃妝豔抹的女郎等著在天黑之後為顧客紓解壓力。

事實上，香港也的確是個名聲不大好的淫亂城市。性方面的閒話很多。譬如有人看到某位法官出現在紅燈區，某位華人貴婦被人見到在澳門跟一位很有影響力的行政官員在一起。真真假假的不倫關係是少不了的話題，據說還有好幾千人，都名列於秘密警察的同性戀嫌疑名單上[16]。這情形向來如此。香港從一開始就似乎比其他同類型殖民地更為淫慾氾濫，部分原因也許是因為氣候使然，部分則因歐洲男性總是受到發育成熟的華人女性吸引，部分是因為早期開拓者往往是精力旺盛、道德觀很有彈性者，還有部分是因為香港的氣氛似乎讓人感到在性方面以及其他大部分事情上，幹什麼都可以。

即使是在維多利亞鼎盛時期，看來也是認為英國紳士跟華人婦女調情就沒關係，但是就不會想到以非洲或印度婦女為調情對象。《倫敦畫報》在一八七二年曾以莞爾態度報導了一則小故事。有位英國男士抵達香港下船之後，見到一名漂亮的中國姑娘前來問他可否幫他洗衣服，他回答說：「沒問題，如果你願意，就連我一起洗，我親愛的小寶貝！」十九世紀期間，很多在港的洋人都有華人情婦，生出的後代形成了華洋混血圈子，至今猶存，雖然如今這圈子的人只認自己是華人，而且也出了不少很有身分的公民——最為人所知的何東爵士據說是香港第一個百萬富翁。

我們在香港史上讀到早期中環西面荷李活道旁邊一帶妓院林立，有時也出現華人妓女，但通常都是歐洲和美國妓女為多。中國人用「雲雨」來稱性交，但英文則用「蜂蜜」。「蜂巢客棧」就是十九世紀時的著名妓院，掛出的招牌上寫說：

在這蜂巢裡，我們全都活色生香，
開心快活就是我們提供的蜜糖；
如果你飢渴，就請上門來試試，
我們出售蜂蜜換現大洋。

一八五一年有位澳洲「女演員」在擺花街開設了一家，她在報紙上登了這樣的廣告：「蘭道爾太太處——小罐裝的少量好蜂蜜出售。」上教堂的殖民地人、大商家、政府高官，一點也不羞於光顧這些妓院，外地來客還經常被帶去這裡觀光。一八八八年吉卜齡來遊香港，花了一晚上去逛窯子，然後在《飄洋過海》（From Sea to Sea）一書中大書特書。他聲稱為「大地獄裡的生活」，由於發現英國婦女竟然也在娼妓之列，令他心煩[17]。甚至在一九三〇年代，最出名的當代鴇母，那位俄裔愛瑟・莫理森在香港社會也是個大眾熟悉的人物，她死後還有人為她在聖公會主教座堂舉行追思禮拜。

比較豪華的妓院不久之後就遷移到跑馬地去了，下等些的就更往西遷，於是那個名為「堅尼地城」的區域就進入了海軍詞彙裡達一兩個世代之久（雖然女王陛下的艦隊也都有一群稱為「午夜仙子」的流鶯為他們服務，這些流鶯在深夜爬到船上去）。後來紅燈區又轉移了，使得灣仔出了名，迄今為止，這處位於駱克道周圍的破敗區域可說與軍人、水手喧鬧作樂一詞同義。

來到灣仔出名地
有條街道名駱克。
鳳眼華妞到處見，
喊著「阿兵哥，來我這」[18]。

韓戰和越戰期間，香港成為美軍的休假與休閒（「休休」）中心，灣仔簡直猶如豪放的拉斯維加斯。整條駱克道上以及陰暗小巷裡，酒吧門口站著待價而沽的吧女，一波波的音樂流到路邊，醉醺醺的軍人和水手跌跌撞撞走在人行道上，見到妞兒就吹口哨挑逗，這在當時是男子氣概的信號，而酒保、餐廳業者、老鴇和妓女一干人等則很熟練地大敲其竹槓。直到今天，在很多美國人心目中，香港一詞首先讓他們想到的是《蘇絲黃的世界》，這是李察・梅森的小說，寫灣仔海邊一家旅館裡的善良妓女故事，後來拍成電影，頗為出名[19]，而且依然能讓遠方那些退役美軍看了興起懷舊之情，想起從前。

今天香港的夜生活都集中在海對面的九龍了，灣仔區已經清靜下來，甚至連蘇絲黃出沒的那家旅館六國飯店，也面目一新成為一家大小常去的場所了。如今對那些忙了一天之後的生意人反而是彌敦道更有號召力，尤以日本人居多，還有過路的海員（雖說依然不缺舢舨上的午夜仙子）。這裡有脫得最徹底的上空酒吧，最公開出售的「蜂蜜」。

龐然一片的霓虹燈廣告使得整個地區陷入俗麗光彩中，就像個惡夢中的迪斯可，中文和英文的大字招牌彼此連綿銜接沿著彌敦道伸向山丘區。這些霓虹燈廣告招牌就跟香港島的一樣，也是依法必須保持無閃動狀，以免造成船隻和飛機的導航錯亂。而這種靜止不閃動的狀態，紅、金、紫等光芒鋪天蓋地了無生氣地投射到街上，似乎更強調了招牌下的燈紅酒綠尋歡作樂都是算計好的。

9 美食勝地

雖然香港有時看來很沒人情味，但大體上卻是個很有節慶歡樂感的地方，普遍有著眾樂樂的氣氛，不分種族與貧富。

常見樂事之中，華人最大的貢獻不用說當然是飲食。由於他們幾乎什麼都吃，而且還想得出各種方法來烹飪那些食材，因此使得香港素有美食勝地之名。據說不管有執照或無照的飲食場所約有三萬家，也可說平均每二百名市民就有一家食肆。要吃西餐當然也有。你可以在大飯店裡吃到高級法國大餐，坐在布置有漁網和維蘇威火山印刷品的餐廳裡吃義大利菜，在十足美式餐廳裡吃著用塑膠盤盛著的炸雞腿，或許還會發現仿老派英式飲食的餐廳例如「賓特來」（Bentley），活脫就是倫敦本店的翻版，還有「吉米廚房」（Jimmy's Kitchen），餐廳裡打了黑領帶的華人侍應生看來簡直就像是傳統牛排小餐廳裡的老僕。

不過你可以去吃氣氛更快活的中國菜——而且包羅萬象、應有盡有，因為中國大陸各地來的人都想吃他們的家鄉菜，無論是精緻的或粗菜，香辣的川菜或熱滋滋的蒙古烤肉。有的中菜餐廳精心炮製的佳餚只有美食家或一心想要進補的人才欣賞，他們用獨家手法烹鮑魚、蛇、魚翅，而且上菜時一定只把熊的左掌分給年紀大的顧客——左熊掌應該對風濕病最有幫助，因為熊最常舔左掌。有些餐館特別照顧外國顧客，有些則多少帶有聯誼會性質，還有些跟進潮流的則供應某種「新派粵菜」，馳名的昂貴餐廳則是財閥炫耀財富的場所。對我來說，最有樂趣的莫過於信步走進一處大型又熱鬧的中菜食肆，譬如像大排檔集中地、商場裡的美食天地、酒樓等，香港到處都可見到這樣的場所。

我們會選個場地最大、最吵、最可以肆無忌憚的地方，而且挑生意最好的時候去——譬如星期六中午。整個地方的格局就很讓人昏頭轉向，因為有的餐廳包括幾層樓，廳廳房房一個通往另一個，有方有圓，有陽台有樓梯通往這裡那裡，龐然大吊燈就像大賭廳裡的一樣，仿造中式帆船上堆滿了食品。放眼望去似乎有二千桌席位，全部坐滿鬧哄哄、快活的華人群眾，一家大小，老幼俱全。沒有一個人是獨自孤零零的，也沒有一個人是安安靜靜的，喧嘩震耳欲聾，談笑聲和碗盤碰撞聲混成一片，加上侍應生此起彼落的大嗓門喊話，偶爾還穿插著嬰兒啼哭聲，炒菜鍋裡熱滋滋的聲音，以及隱藏的擴音器所播放的熱鬧中樂聲。

我們就這樣走進去了，從頭到腳的洋人，就只有我們自己，任何一種華語幾乎都不會，分不清點心和北京烤鴨的差別，當然更是「五穀不分」（稻、黍、稷、麥、菽），這句中文諺語道出了會吃者的分別力。感覺就像坐在大漩渦的邊緣，我們一面毫無頭緒研究著菜單（金紅色裝幀），或許旁邊那桌的顧客還對我們點頭鼓勵、解說，在摸不著頭腦又無傷大雅之下，我們對眼前這一大片人潮報以微笑。惶惑目眩之中我們點了菜，侍應生不會講英語，然而我們點的食物卻很神奇地送上桌了，滾燙熱辣難以描述清楚，有扭動狀的綠蔬，浸在醬汁中的某種海味，一籠籠點心，某種油膩但美味的家禽腰腿肉。沒多久我們也放懷大嚼，拋開所有禁忌，入境隨俗跟華人一樣。

撇開性不說，飲食可說是寰宇共通的中式樂趣，而香港的洋人在這方面就很能融入，至於麻將就仍然非他們所及。另一方面，洋人所沉迷的愛好，華人也幾乎都很熱中地學會了。這些愛好大多數都是戶外活動，香港也跟大英帝國其他殖民地一樣，當地的英國人很積極投入體育和運動，也許是為了預防疾病吧。

我們讀到，即使在一八四〇年代香港還算不上是個城鎮時，這裡的英商就已經習慣在吃早飯之前先散步兩哩路，好讓身體功能活動起來。四十年之後，吉卜齡發現他竟然在惡劣的潮濕天氣中拖著腳步健行十哩路，從香港島這頭走到那頭去（「後方，聳立著雲霧籠罩的山巒，那無盡的雲霧……」）。香港島地形陡峭，騎馬向來不熱門，但自從有了新界之後，殖民地少不了的狩獵就找到場地了——粉嶺獵區，於是獵帽、號角、馬鐙加上輸入的英國獵犬，裝備齊全在多石荒野獵逐果子狸和華南紅狐。

當然，英國人也乘船出海閒遊——早在他們於廣州經營商館時就已經這樣做了。他們去到無人荒島上健行、爬山、觀鳥。他們打高爾夫球，在九龍半島的沼澤區射鷸和野鴨，在香港島海水浴場游泳，後來這些沙灘地帶都逐漸發展成為有點類似地中海環境的度假中心。他們在位於高等法院和香港會會所之間的木球場打木球。簡而言之，他們做足了人家認定英國人會做的事，以便在異國做個得體的英國人。

有個老故事提到：有位華人紳士見到兩個英國人汗流浹背在打網球，於是詢問為什麼他們不雇用兩名苦力來替他們打球？由此也可以想見在早期華人居民眼中，這些殖民者十分令他們費解；這些洋鬼子騎著小馬在跑徑上狂奔，費那麼大的勁去躍障，要不就潛入冰冷海裡打擾水鬼。然而沒多久之後，華人不但賭馬，也在跑馬地騎起馬來，到末了，大概除了木球和橄欖球之外，所有這些大英子民的消閒玩意，在地人也都很起勁有樣學樣了。

如今見到成群香港華人青年在離島遠足的情景，再也沒有比這更能讓人聯想起「健全的精神寓於健康的身體」這句拉丁文老話了。每逢天氣好周末，數以百計的年輕人就會前往離島，穿著乾淨無瑕的風帽夾克，腳上是整潔的靴子，全部都光鮮潔淨、容光煥發、滿臉笑容，全部都帶了隨身聽收音機、精神飽滿，走在郊野小徑上盡情喧鬧著，有時還揮旗唱著歌。他們看來很像宣傳海報上的人物；不過事實上這種獨特的步態是從中國傳到香港的，靈感恐怕是得自於毛澤東的長征。然而還是讓人忍不住想到，從前那些每天早上吃英式魚肉蛋飯之前先去散步兩哩路的英國殖民者，大概會認為這是他們留下來的遺風吧。

10 — 太平山上散步道

講到散步兩哩路，對我來說，香港所有知名步道之中，沒有一條比得上香港島太平山（扯旗山）上、環繞山頂的那條步道更宜人的了。大英帝國最拿手於庭園之樂，而環繞山頂的這條步道則堪稱經典例子，透過茉莉、野木藍、月桂、杜鵑、木蠟樹交織成的綠蔭，可以窺見一斑。這條步道有部分名為「夏力道」，有部分屬於「盧吉道」，但事實上幾乎可說是條不通車輛的馬道，雖然沿途可以見到掩映在灌木林裡的別墅，但汽車只能很謹慎地停靠在路旁的停車帶，紅色的郵政車有時緩緩駛過，因為直到今天，這條路還是屬於亞熱帶大英殖民地的鄉間步道那種類型，適於星期日下午懶洋洋閒晃，更適合早餐之前去散步，刺激胃口大開。

有時這條步道的確也是被雲霧埋沒了，樣樣都潮濕滴水，好像沒有一個活人住在那裡，只剩你一個。但通常大清早一切都很清新，帶著露珠。走在小徑上，蝴蝶在身邊飛舞，鳶鳥和長尾喜鵲飛撲而下，蟬聲如急流，從樹叢間沖激到你周圍。隨著你一路往前走去，美妙景色逐漸顯露在下方。眼前此刻，你看到了點點海島的南方碧藍海域，見到船隻莊嚴地通過博寮海峽。再走半哩路之後，你就可遠眺到珠江河口，見到停泊在港外的商船隊，一艘噴射船滑過海面朝著澳門或廣州駛去，遠方的廣東山巒籠罩在藍色氤氳中。接著，可能就在你走到開始有點喘氣時，豁然見到陡峭下方的城市正在清晨中甦醒活動起來。朝陽映在海對面的九龍半島建築窗戶上，渡輪早已開始穿梭兩岸之間，山下的高架橋和高速道路上車輛奔馳，大家都趕著上班去。從這高處望下去，山下宛如另一國度。

比這景象更有意思的是人，因為天氣好的時候，破曉之後夏力道和盧吉道就到處是跟你一樣的晨運客。有額上套著頭帶的慢跑者很有節奏地喘氣跑過你身邊，有整潔清爽、肌肉發達的華人青年，有身形瘦長、面容激動而堅持不懈的美國人。握著手杖、斯文有禮的中國紳士經過時，還對你微微欠身一笑，優雅的洋女士溜著狗，肥胖、滿頭大汗的英國男人則似乎是遵醫生之囑才出現在這裡。有時我還會遇見一個粗壯日本硬漢，年紀很大，裸著上半身，手持一根宛如權杖的細長手杖。

這條山頂徑順著四百公尺的等高線而築，非常用心貼近它，彷彿從前設計此徑的英國工程師是有意無意遵照風水規矩而建。這條小徑向來都沒有破壞這山坡的景觀，不像硬加上去的。因此大清早就來此晨運的眾多人之中，有幾十名華人男女，也就似乎理所當然了。他們大多數都是上了年紀的人，上來這裡練太極拳——四肢從容不迫地變換著姿勢，靜靜地控制著複雜的動作，臉上流露出的凝神專注，有時在我看來，是中國一切神秘費解徵兆之中，最予人強烈感受、揮之不去的。

11－文化匯雜

香港的大多數洋人都會不情願承認，而且的確也是很令人費解，為數眾多的洋人竟然都不會講華語，對於華人的行事想法也幾乎全無認知，一如以前有位跟華人士兵長期共事過的英國軍官巴內斯所寫過的情況[20]。

「中國佬（原文如是說）跟世上其他人都不一樣，因此也無法用任何已知準則去論斷他們，甚至也無法用他們自己的準則去論斷，要是他們有準則的話。」

然而今天的香港無可避免有著各種文化的交疊，部分純粹是因為東西方文化在此通行的結果，但部分卻是只有這地方才獨有的情形。香港的華夷雜處比其他地方都更密切。華人從來沒當自己是順民，而是自認跟洋人起碼是平起平坐。英國人也從來沒有折衷變通過，總認為自己那套才是最好、更勝一籌的。因此產生的結果，尤其在香港社會的某些部分，是行事作風、處理習慣，甚至表面等頗荒唐的混合。

不過說良心話，這是很不平衡的混合，香港的洋人沒有幾個「入境隨華」的，甚至讓人看到有東方化之處，最多大概只有在商場上如此。由於香港是個注重秩序的英國殖民地，因此一九六〇年代嬉皮興起，踏尋多種族文化時，香港也沒能出現在這條路線上，沒有年輕信徒來這裡的道觀尋求大師指引。至於香港的洋僑，體態如此不同，思維如此相異，他們也覺得很難入境隨俗——有誰見過洋人主婦穿旗袍的？優雅的華婦穿起這種貼身、開叉的旗袍非常討人喜歡。不過大多數洋人倒是用起筷子很熟練，而且幾乎都很懂得中國菜，其中有些文化修養好的更是學會了欣賞中華藝術，嫁了華人丈夫或娶了華人妻子的也不在少數。很多洋人也都接受了風水這套規矩，雖然可能有點感到忸怩，有幾個華文詞語更成了本地英文用詞；例如「大班」（taipan，字面上的意思是高層，衍申用來指大經理或者公司頭頭），「行」（hong，即洋行），「鬼佬」（gweilo，字面上是「鬼」或「惡鬼」，亦即外國人），還有「賞錢」（cumshaw，不過卻有語文學家認為此字是源於「Come ashore」，是以前向外國水手兜攬生意誘他們上岸的呼喝語）[21]。如今只有最死腦筋的保守洋僑才會對華人流露出種族偏見。

至於華人，尤其是受過教育的各階層華人，則很精明靈巧地吸收了洋人那套。十九世紀末期，中國改革家張之洞就闡述過「中學為體，西學為用」，至今此格言仍為人所推崇。香港大學的校歌也有這樣的歌詞：

中華文化仍綿延發展，滿懷感激，我們留住
東西文化，透過徹底分享，力量更強。

香港本地廣東話詞彙至少吸收了四百個英語用詞，還有更多西方影響已經全然融入了本地。有一天，我走在九龍尖沙咀一條最熙攘喧嘩的商店街上，置身其中簡直可謂中式菜市場的原型，混亂又吵鬧。這時忽聽得其中一家店鋪播放唱片，是我很熟悉的孟德爾頌小提琴協奏曲裡的快板樂章，樂聲飄揚在大紅橫幅、霓虹招牌、摩肩擦踵的華人群眾以及驚心動魄的華人交通之間，華麗音符流露的自信卻跟這一切非常搭調。

沒有人會比一位香港華人貴婦坐在勞斯萊斯車裡更如魚得水了，一副沾沾自喜心滿意足地靠在後座上，鈔票多當然也就看不起人，司機則鄭重其事駕車送她回到山頂豪宅去——維多利亞時代也有類似的人物，好比白手興家的蘭開郡百萬富翁的太太，坐在敞篷四輪馬車後座回到鄉間住宅的家裡一樣。哈佛商學院培養出的華人青年商業銀行家雙手插在褲袋裡，把頭往後一靠，手指上戴著印記戒指，非常有把握的神態無懈可擊，再也沒有人會比他更神似長春藤大學的校友了。華人法官戴上假髮坐在高等法院的法官席上，看起來就很合適。英國海軍制服俐落的套裝以及活潑、緞帶圓扁帽，就是很適合華人的體型。有一次在假日酒店咖啡室裡，我就眼看著一家華人正在一件小事情上學著洋化——生平第一次用叉子來吃蠔。

香港華人富豪在接受英國封銜一事上是絕不落人後的，因此那些異國姓名的武士——何東爵士、周錫年爵士、邵逸夫爵士——老早都已經名列大英帝國騎士團。取洋名的情況也很普遍，最初是因為洋教師難以分出學生的中國姓名，於是就贈以洋名。有一天早上我在香港大學閒閒瀏覽布告欄時，發現華人學生很多叫做安琪拉、菲蘿米娜、凱倫、蓓琳妲、薩琳娜、賈姬、丹妮絲、席薇亞、辛蒂、翠西、艾薇、和昆妮。

直到沒多久之前，可說不曾在香港強行推廣過西洋文化的，因此華人對於西方藝術幾乎一無所知，一如西方人對中華藝術一樣。書籍很少，音樂更少，直到一九六二年才有比較像樣的劇院，唯一的博物館則隱藏在香港大會堂裡面[22]。專業演員、作家和音樂家等在大英帝國內遠遊到印度、新加坡甚至上海時，香港也從來都不在他們路線考慮之列。總之是已經被認定是個無藥可救、沒有文化修養的殖民地。畫家陳福善說，一九三〇年代他還是個年輕人時，香港人對現代藝術的認知，最多就到印象派畫家而已。一九三八年作曲家拉威爾去世，《南華早報》評論說：「拉威爾是位寫過眾多出色作品的作家，由於不久前喬治．拉福特主演的電影採用了他那廣受喜愛的《波麗露》舞曲，因此他的大名經常出現在香港人眼前。」[23]

今天，就在這個殖民地做為西方前哨的生涯行將結束之際，情況大不同了。香港仍然很普遍沒有文化修養——在我看來，獲利極高的電視業，水準簡直是前所未見的差勁——然而如今的香港起碼可稱得上是西方文明前線。它向來就是個資本主義經濟的展示地，現在又為它的華人市民提供了西方文化精簡版本——誠如作家柏那維亞（David Bonavia）形容過的「填鴨文化」。[24]

香港管絃樂團是政府資助的，香港演藝學院也是，這所學院是中西演藝藝術並重。香港藝術節則邀集了全世界知名表演者來港演出；幾乎每星期都有某種文化開幕儀式舉行，有一齣新戲上演，有音樂會，有展覽——斥資龐大的亨利．摩爾雕塑展在九龍海傍展出一系列作品，麥可．傑克森或瑞士面具默劇團來港演出，聖路易交響樂團演奏。香港證券交易所的所在地「交易廣場」飾有諾蘭（Sidney Nolan）的畫作以及符淩克（Elisabeth Frink）大於實體的水牛銅像，香港文化中心則占據了整個九龍海邊最好的地段[25]。很多華人視覺藝術家在表達時都是中西手法並用。當然還有無數的中樂音樂會、中華藝術展和中國戲曲演出，而且一年比一年多，但洋人會去捧場的卻很少；反觀卡娜娃（Kiri Te Kanawa）演唱莫札特或者曼哈頓芭蕾舞團演出時，香港大會堂或香港藝術中心華人青年茫然但熱切的臉孔有多少！[26]

至於香港那些首富大亨之間，有時在我看來似乎也產生了耳濡目染的情形。香港最主要的商業和金融是華洋共占，經過這麼多代精明商業手法的磨練，且不管華人私下態度如何，但在公開場合中，天朝帝國的後裔子民倒是舉止一如外夷，說來也是對這地方獨有特性的諷刺貢獻。

不用說，西裝在這方面大有幫助——剪裁精美的英式西裝，也就是很久以前奧登生花妙筆讚賞過的，華洋富人都穿它，就某種意義而言，也等於表明所有穿它的人都是趣味相投的一夥人。此外還有語言；洋人能說華語的沒有幾個，然而華人卻全都說一口牛津或哈佛口音的英語，亦即香港商界的「通行語」。華洋雙方矯情飾行倒出奇相似——過分謙虛到自我低貶、很克制。同樣的笑話未必見得能同時博得華洋雙方莞爾，但雙方卻同樣會很容忍地報以開懷大笑，以此為對方幽默感不足而留餘地。

最顯著的是，他們似乎都予人時時刻刻不忘精打細算之感。畢竟他們世代已在這中國海岸賺錢有很久、很久時間了。他們很懂得所有牟利詭計，對於合法漏洞清楚得很，而且他們小心翼翼謹防的人不僅包括每個供應商、顧客、手腕圓滑的創新者或者政府督察，尤其更提防他們自己人，不管是華人還是鬼佬。他們彼此了解對方，這點也促成了他們這個微妙的社群。

12 種族偏見，還是文化差異？

至於表面之下是否存在著種族偏見和厭惡，伺機而發，我就很難說了，只能說我自己從來沒在香港哪個華人身上感受到半點種族敵意，而我所認識的大多數洋人也都聲稱欣賞華人，雖然這種欣賞往往有阻隔。大多數香港家庭裡從來不見華洋共處，但這通常是因為缺乏機會，加上語言鴻溝，溝通時又有不同層面的無聊部分，或者因為害羞又或為了顧全「面子」——這是在各種情況中都有、中國人最不情願的事：自己丟臉，或是讓人家沒面子。[27]

但也並非總是這樣。因為香港歷史上大部分時候華洋之間相互猜忌很深，因此分隔了兩個社群，能夠跨越這鴻溝的只有很富有的人、聖人或真正有赤子之心者——一八五八年性情隨和多才多藝的亞伯特．史密斯來港，跟華人交友輕而易舉，以致他離港時他們都到碼頭去送行，演奏反鬼佬音樂，舉著頌揚他的橫幅[28]。一八五〇年代的港督可以用「前所未聞」來形容香港華洋之間的社交往來；一八六〇年代的港督則說他時刻掛心於保護歐美人士，免得他們因為跟華人混在一起而招致傷害與不便；一九二〇年代的港督則稱華洋社群各有不同社交天地，「雙方互不理解彼此生活模式或思維方式」。要是華洋雙方交談的話，所採用的那套混雜語本身就構成了他們之間的障礙。所謂的「洋涇濱英語」事實上不過就是「談生意的英語」，這是當年廣州因情況而變通形成的語言，因為那時不准外國人學華語，但這種英語用句很滑稽幼稚——「小姐喜歡多些茶？」「先生現在要威士忌？」——結果適得其反，讓英國人更加輕視華人，也導致華人長久處於下風。

即使是一九五〇年代初次來到香港時，我就已經留意到大不列顛子民慣於用虛張聲勢或專橫的口吻對華人講話；在那幾年之前日軍占領期間，英僑戰俘曾很不情願在集中營裡挖水溝，儘管不挖就要冒染上疾病的駭人風險，所以，誠如那位營區衛生官所說：「典型的香港居民依舊視粗活是華人天生該做的……」這種態度已經根深柢固，甚至還制度化了，世代華洋不僅因個人喜惡而彼此疏遠，更因為行政體系之故而分隔。

偏見較深的英人認為華人不老實到了無藥可救的地步，單純的華人則認為英人都是衰鬼。一八九四年時疫肆虐期間，謠傳英國醫生挖出華人嬰兒眼睛去和藥，一九二一年的十年一度人口普查也被認為不過是種手段，要藉此找出合適的兒童，用來埋在打算要興建的海港大橋的每座橋墩下，而這大橋共有九十九座橋墩。遲至一九六三年都還謠傳港府在找合適的幼兒，以便興建新的船灣淡水湖時作為奠基犧牲。

這種畏懼和強烈反感如今已不明顯了，但華洋之間的往返偶爾還是讓我感到很不自然或迫不得已。有時這些往還產生的徵兆也挺讓人感到挺親切的。譬如發現香港皇家亞洲學會期刊是由義澳印刷公司[29]Y. F. 林先生督印的，這多令人愉快啊！在地鐵上認出了廣播所說的「小信車門，下一站是中環，小信車門」原來就是倫敦地鐵上「請小心車門」的走音模仿版，真是妙趣橫生[30]。來到大嶼山，聽到設在清朝砲台古蹟裡的小學傳出小學生以中文唱出「紅河谷」這段旋律，真叫人驚喜——「請記住紅河谷，還有真心愛你的這個牛仔……」！

但有時那種動搖或反常感也很讓人心煩的。舉例來說，眼見一位英化華人青年金融家把酒暢談倫敦上層階級的流行語，談以前在英國度過的時光、紐馬克鎮[31]的賽馬、牛津大學裡的舞會，然而偶爾碰上爭執時，那張臉就變了，讓我們看到老電影裡——或是文化大革命照片裡——華人壞蛋的惡像。這種西化外表、東方實質裡外不一致的強烈對比依然經常可以體驗到。

離那所老砲台小學不遠處，有一次我海邊小徑上碰到大陸運來的活豬在此卸貨上岸因而止步，這是香港常見的醜陋面。這些活豬用狹窄鐵籠或柳籠裝住運送，緊困在籠內，豬籠的網眼往往無情地緊貼住豬身，有時壓斷一隻翻折的豬耳朵，或割入豬腿，於是這些豬悽慘地躺在那裡哀嚎，經常痛苦不堪。那天早上在大嶼山眼見這些豬被扔到獨輪車上趕著送往屠房發出尖嚎，聽得令人心碎，我卻愛莫能助，徒然站在小徑旁難過不已。就在此時，對面來了排成一列的放學小學生，這隊小女孩穿了幾近誇張的英式校服，飾有校徽的鮮豔外套，百褶裙，背著整潔的小背包，一本正經、笑靨可人魚貫而過，流露出以校為榮及團隊精神，然而她們斯文優雅經過那些備受折磨於苦痛中發出哀嚎的動物時，卻視若無睹。

類似這種文化衝擊仍不時使得置身香港的西方人感到難過。雖說華洋雜處已久，然而這地方的衝擊力有時還是很難令人招架的，外僑往往需要假以時日才能適應。美國商會曾經為初到香港的人出版過一本書[32]，香港大學心理學家米德麗．麥考伊博士在書中指出外國人要對四個階段的反應有心理準備。在第一個階段中，他們會感到興奮自得，因為香港的景象奇觀如此刺激、有趣，很多方面都令他們感到熟悉。接下來，隨著他們漸漸領悟到這個地方其實是極之陌生的異域，於是就開始緊張、困惑，同時也越來越有孤立感。然後，由於感到他們的種族身分受到挑戰，因而大為惱怒、怨尤，而且對華人充滿敵意。如果順利度過了上述階段的話，最後他們就終於學會隨遇而安，接受了這環境的異國本質，培養出新的包容力、更大的客觀看法，以及「適當的因應技巧」，麥考伊博士如是說。

13 — 萬物皆短暫

因應技巧無疑是很需要具備的，香港的壓力非常強烈，所以還有另一本給初來香港者的指南手冊，副標題叫做《如何在艱難城市裡生存》[33]。香港的機會主義是很無情的，既充滿蓬勃生氣又極耗元氣，不斷藉由新的驚人事物表現出來——龐大的購物中心、堅固的新隧道、大規模的發電廠或蔚藍汪洋水庫，再加上一座比一座昂貴的公寓大廈、大飯店、寫字樓大廈！

幾乎沒有一樣建成之物是能長久的。據說史上沒有一座城市的成長速度比得上香港在過去三十年中這麼快的，而且也沒有什麼歲月留給後世。古蹟保護者費盡苦心的努力只搶救了少數幾處古蹟建築，香港面貌年年轉變快如萬花筒，一代又一代下來，原有地標建築紛紛化為塵土——如今幾乎所有維多利亞和愛德華風格的建築全部都消失了，連十年前才新建成的摩天大廈也很快遭到拆除。

多年來，香港有座名勝建築「余園」（Euston），乃百萬富翁余東璇在一九三〇年代興建的三座仿哥德式古堡豪宅之一，並以其姓命名。從前每位來港的大人物都會被人帶去余園，每本畫冊裡都見得到它，它巍然聳立在般咸道高處，宛如另一座港督府，飾有角樓和城堞，後方是層疊而上的平壇花園。一九八五年我特地前往查看這座出名的華而不實的怪異建築，卻發現已經消失了。世界發展有限公司連同大都會地產有限公司才剛完成拆除工程，一切蕩然無存，只見到些從前的花園石洞碎塊——這裡一片古典式山牆飾，那裡一個基座，一尊持壺的寂寞仙女像或女神像。已經毀掉的大門通道上有幾輛大卡車轟隆出入，塵土飛揚，我在附近店鋪裡跟人講起這座豪宅，人家似乎早已忘記余園的存在了，彷彿有某個道士施法敕令他們把余園從心中抹去。

老建築縱然能倖存下來，有時很可憐，有時又顯得很可笑地和時代格格不入。矗立在尖沙咀的訊號山，直到一九三三年為止，每天下午一點整報時，山上旗杆上會有個空心銅球朝泊在海港裡的船隻落下，這是昔日大英帝國港口秩序與效率的表徵。如今訊號塔還在，旁邊的白色格子旗杆依然可見，但這地點已完全被包圍在內陸區了。這山丘有一種古雅奇特的氣氛，華人青少年常在周圍山坡的樹林裡觀鳥，華人情侶則在丘頂附近的小亭打情罵俏。壁壘上有兩尊大砲，從前用來扼守港口，但如今一尊大砲卻正好直線對準新世界中心，另一尊如果發射的話，就會炸爛麗晶酒店[34]（豪華五星級）的大堂。

有時，在香港，似乎變換才是永恆，樣樣都是短暫的，沒有一樣扎根的，人人都汲汲營營——忙著換更大的公寓、換待遇更好的工作、搬到比較高級的地區去，往往還乾脆就搬離香港了。香港市花是紫荊，這是不產種子的不育植物。

14 不平衡的社會

我寫此書的時候，靠近啟德機場的宋王台道的人行道上住了一個華人，附近的人都知道他，高個子、膚色深棕、五官端正但瘦削的男子，短而黑的落腮鬍、天庭飽滿，永遠手持一杖，在人行道上他那小塊地頭上昂然邁步逡巡。他名叫謝培英，大家都認得他，卻沒人能接近他——只要稍微打算靠近前去，他馬上會揮杖恫嚇，罵粗話或扔石頭。他沒有身分證，沒有住址，整天在街邊垃圾堆裡翻找食物，望著頭上空中震耳欲聾的飛機飛過。

他是被香港的無情所摒棄的可憐市民之一，使得他被棄絕在正常人生活圈外。另一宗案例則是成了報上簡短新聞的金魚小販老婆，她因為面臨即將被迫遷出惡劣租房的命運，加上墮胎之後罹患憂鬱症，遲遲未復原，促使她吊死兩名子女，然後割腕，最後從五樓住處窗口跳樓身亡。

有些日子裡，連我都有再也吃不消的感覺，感到香港本身已經成了很殘酷的諷刺，看到跳樓女人新聞的那天就是這樣的日子，隨後很快又有一天如此，但比較沒有那麼令人心痛，那是見到占了本地新聞大篇幅的兩件事。第一件是控制全球多家報紙、雜誌、電視台、電台的梅鐸先生買下並即將控有《南華早報》，這家「採用全球最現代化電腦系統、全球利潤最高的報館。」——誠如《南華早報》本身的睿見所言：因為在香港「樣樣都待出售……樣樣都有個價錢」。其次是匯豐銀行主席的女兒在聖母無原罪主教座堂嫁給澳洲籍劇院經理，香港所有富人、有權勢者、時髦人物（「港府官員、法官、商界領袖以及其他名流」）都佩帶襟花、頭戴灰禮帽乘坐小巴去「天比高」參加酒會，這是主席位於山頂的住宅，此宅有座西班牙城堡般的正門入口，遠遠望去就像座堡壘般。穿插在這些盛事新聞之間的則是那些令人黯然的版面，報導著這個城市國日常發生的事件和關注焦點，自殺事件、值得同情的小罪案、破獲走私海洛因、有關保險利率或居住環境的醜聞、發生在屯門車禍的慘狀、有關一九九七的辯論……。

這些都是香港常見的惹人惱火事情，世代以來引起了不少來此人士的反感。先後出現過的改革者力求喚起世界、尤其是英國的良知，希望他們關注這個殖民地的情況——反動的政治體系、社會的不公不義及其不可愛的動機。人人有時皆有同感——香港有同情心的人遠比你第一印象所以為的要多很多——而且幾乎人人都不時會為貧富懸殊感到寒心，富如住在「天比高」那種豪宅裡，揮金如土動輒幾十億，貧如住在山下那些出奇擠迫環境裡的香港窮人的苦況。

這是個很不正常的城市。直到我們這個時代之前，它一直是個難民城市，帶有一切難民社會的標誌——一心一意只掛著賺錢，簡直到了見錢眼紅的地步，還有長期的無安全感隱憂，使得一切更加緊繃，情緒更加緊張。直到不久前，這點我們隨後很快就會看到，才興起另一種受過教育的華人新中產階層，他們在這殖民地土生土長，讓人感覺到香港終於逐漸接近於某種社會平衡，正在成為一個真正的、均衡的城市——然而隨著九七大限將近，或許為時已晚。

至於我自己，卻發現在這地方長久以來不分貧富、年齡和種族，幾乎人人都坦然致力於追逐最有利的機會，反而讓我感到很開明。香港不是個講悲天憫人的地方，或許也不是每個虔信上帝者的合宜之地。它向來就是個放任企業自由發展、不談仁義道德的地方，亦可說誠如一九七〇年代港府官員對我所形容的：這是「遵循維多利亞經濟原則之地，而且只有這些原則才行得通。」一九四七到一九五七年的港督葛量洪爵士則說：「我們只不過是貿易商，想做的只是繼續維持每天的生計和尋常差事而已，說起來也不怎麼高尚，但起碼與人無礙。」然而話說回來，麥考伊博士所指出，外國人初到香港會有興奮自得的階段，的確是有道理的。世上沒有幾個地方是像香港這樣，絕大部分人口起碼都在做想做的事，能去想要去的地方，一九八二年的一項民意調查顯示：只有百分之二的人對香港持有「無法減輕的不喜之感」。想來我在那時也會屬於這百分之二的人，但是隨著歲月流逝，我的態度也改變了。

有時黃昏將近的時刻，我喜歡挑個海邊地點去散步，望著海上經過船舶的燈光，看著在駁岸碼頭上漫步的雙雙對對男女，分享他們的愉悅，或者在逐漸聚攏的夜色中坐在長椅上吃炸雞。空氣帶著濕重感，天空被這個大城市的燈光映亮了，星光也被蓋過。無論我是置身九龍半島或香港都一樣；除了我所坐的長椅或繫船墩這一小圈安詳的磁場之外，到處充滿了這城市永無止境的騷動，隆隆的車聲、經過的船隻、往返的渡輪，交織成龐大的公共集體能量，雖然通常我心裡明白得很，這擴而大之的能量其實並沒有什麼崇高目標，然而它那不間斷的轟隆聲和動態依然感動了我，於是我就坐在那裡啃著炸雞，就著罐頭喝生力啤酒，多少有點陷入了心醉神迷的狀態。

在傍晚這片交織混合的市聲中，通常有一種聲音是避無可避的，噠！噠！噠！從某處或海邊其他某個地點傳來，或者從海港對面、我身後的市區、遠處黑暗中的郊區傳來。這是手持式風鑽的聲音，香港的主導主題，它也許正在協助拆除一棟建築，也許正在築起另一棟建物，自從一百五十年前第一個發展商在這海邊落腳以來，這主導主題就以不同面貌形式出現，主導了香港的衝擊力和形象。

---

01 此字為葡萄牙文，街道名。原指「一塊海濱狹長土地」，在香港譯成「海傍」，為街道通稱，故香港多處有「某某海傍道」街道名。

02 原註：少數例外的建築很值得為熱愛建築者一述：九龍彌敦道的瑞興百貨公司，吉歐・彭提（Gio Ponti）設計；中環的香港匯豐銀行總行，霍朗明（Norman Foster）設計，赤鱲角香港國際機場客運大廈，也是霍朗明設計；太古城，嚴迅奇設計；中環交易廣場，李武華（Remo Riva）設計；中環力寶中心，保羅・魯道夫（Paul Rudolph）；中環中國銀行大廈，貝聿銘設計；香港演藝學院，關善明設計。

03 即港稱為「大笪地」所在。

04 此街中文名現為「水坑口街」，一八九四年街道名冊上為「波些臣街」，是將英文街名 Possession Street 音譯而成。

05 伊莎貝拉・博兒（Isabella Bird，1831-1904）：牧師的女兒，生長於英國。青少年時期深受脊背病痛折磨，一八五四年遵醫生叮囑赴美加地區旅行，以改善健康狀況，後成為旅行家。

06 波普─軒尼詩（James Pope-Hennessy，1916-1974）：作家。

07 《英國半直轄的殖民地》（Half-Crown Colony），一九六九年出版於倫敦。

08 奧登（W. H. Auden，1907-1973）：英國詩人、評論家。一九四六年入美國籍。

09 摘自《戰地行》（Journey to a War），一九三九年於倫敦出版。奧登當時和依修伍德（Christopher Isherwood）前往中國觀察戰爭途中，寫下路過香港的見聞，提到他們在港時總是匆匆忙忙，趕著換上晚宴禮服、搭出租車急奔下一個約會。

10 以人數比例為計，香港人是全球擁有最多勞斯萊斯汽車的地方，如果以勞斯萊斯總數量為計，也僅次於美國、英國和沙烏地阿拉伯。香港半島酒店購買迎賓用的八輛勞斯萊斯時，是該品牌汽車曾有過的單一訂單中最大量的。一九九五年這八輛車因為地下室淹水而全毀了，不過沒關係，保險公司會給付買新車的錢。

11 原註：「按此次序」。

12 原註：話說回來，有位香港居民看了這段草稿之後發表他的觀感說：「醜惡是在觀者眼中。」

13 布爾沃─利頓（Edward Bulwer-Lytton，1803-1873）：英國下院議員、殖民大臣、小說家和劇作家。

14 此指十九世紀期間以負面形象出現在西方小說裡的華人角色傅滿洲博士為主的驚悚小說系列。

15 包令爵士（Sir John Bowring）：「包令」為其自譯名，港譯為「寶寧」，寶寧道及寶寧海旁道即以其命字命名。

16 香港立法局於一九九一年七月十日通過同性戀非刑事化，在此之前，同性戀屬於刑事罪，此乃受英國法律影響。

17 原註：純情的吉卜齡很震驚於這些妓女滿口富刺激性的語言──「很多男人都聽過白人婦女咒罵講粗話，但也有很少數男人從來沒聽過，我就是這少數人之一。實在是很驚人的揭露……」

18 原註：摘自 Paul Gillingham 的《在山頂》，一九八三年，香港出版。

19 原註：Halliwell 電影指南上說，「沉悶乏味的愛情通俗劇，頗無趣」。

20 原註：他還作曲寫了軍歌「啊！中國佬，來為女王效力，來啊，中國佬，效忠女王！」

21 一般認為此字源於閩南語「感謝」，最初由南洋閩僑傳入英語。

22 一九三七年卡內基基金會的一份報告指出：「除了太平洋那些更小的島以及非洲領域裡更偏遠之處例外」，香港的博物館是大英帝國之中最差的。

23 Harold Ingrams 在他那本一九五二年官方報告書《香港》裡直言不諱寫道：「實在難以想像，除了不列顛之外，還會有哪個強國可以表現出對文化如此漠視的態度。」

24 見一九八五年於香港出版的《香港一九九七：定局》（Hong Kong 1997 ： The final Settlement）。

25 原註：一份政府散發的免費印刷品上面這樣形容：「香港文化沙漠形象死去已久，這高科技場所更可為此點蓋棺定論。」

26 原註：要看到真正的文化移植，不妨也讀讀評論：「貝多芬和舒曼作品中，都有些時刻彷彿像是少了結實畫框的畫，無法令人充分欣賞……」

27 原註：舉例來說，老師請學生提問：學生起初會婉拒，因為怕自己問了笨問題而丟臉，又或者問得老師答不出時讓老師沒面子，但到頭來還是遵從，因為不遵從的話是不給老師面子。（摘自 Joseph Agassi 與 I. C. Jarvie 所著《香港：轉型中的社會》，一九六九年倫敦出版。）

28 見於 Nigel Cameron 所著《香港：文化之珠》，一九七八年香港出版。史密斯身兼外科醫生、劇評家、諷刺作家、啞劇演員、小說家（寫過《克利斯多夫・塔波爾國內外的奮鬥歷險記》），他更根據自己攀登白朗峰經驗而設計出表演，在香港會演出過。

29 該印刷公司英文名為「Ye Olde Printerie」，即「印刷老店」，ye olde=the old，乃古語用法，有些商號仍用此詞以示該店歷史悠久。

30 以往香港地鐵車廂內由司機播報，往往因個人發音欠佳而致「Mind the doors」含糊念成「Mylerdoors」，因此作者幽此一默。如今地鐵播報已改為用專業廣播員的錄音。

31 紐馬克鎮（Newmarket）：位於倫敦北面一百一十公里（約七十哩）的白堊丘陵地，著名的賽馬地和職業騎師俱樂部所在地。

32《生活在香港》，一九八六年於香港出版。

33 書名是《應付香港之道》，Brian Apthorp 著，一九八四年於香港出版。

34 麗晶酒店已改名為「香港洲際酒店」（Inter-Continental Hong Kong）。

第四章

一八四〇年代：香港灘

1840s：ON THE FORESHORE

一八四〇年代，維多利亞女王的帝國才剛開始邁步跨入盛世。十八世紀拿下的西印度加勒比海群島已經有了穩固基礎，加拿大和澳洲也相繼成為殖民地，自從打完拿破崙戰爭之後，大英帝國的版圖又增添了許多殖民地：新加坡（一八二〇）、印度阿薩姆邦（一八二六）、亞丁（一八三九）、紐西蘭（一八四〇）、沙勞越（一八四一）、信德（一八四三）、南非納塔爾（一八四三）。有的戰爭英國人打贏了（對抗錫克教徒之戰），有的傷亡慘重（對抗阿富汗人之戰），他們仗著海軍力量耀武揚威，橫霸大西洋到東方海域的範圍，而且開始飄飄然陶醉在帝國主義的情懷裡。

一八四八年春天，中國帆船「耆英號」到訪西方，而且是這類船隻中首艘繞道好望角的，還沿著泰晤士河上溯，停靠在格雷夫森（Gravesend），然而耆英號懸掛的卻是英國國旗，這點很令人興奮，卻沒什麼好驚訝的。這船非常壯觀，船身很大，船艏兩側繪有眼睛圖案，船頭船尾都很高，船身圓滾滾的，因此看來像是躺在水中的半弧形。《倫敦畫報》說它狀似「土著風格或挪亞方舟」，並報導說此船載有「滿洲官員階層」的乘客。

耆英號來自香港（途經紐約，這是拜逆風以及一群彼此不合作的船員之賜），這個新納入帝國版圖但尚未成形的殖民地，遠在印度還要再過去的某個地方，的確是帝國王冠上微不足道的小寶石，而且還不見得黏得很穩；因為香港地位仍很不確定，名聲曖昧，大多數人也不清楚它的所在。它不是帝國重鎮如馬爾他或直布羅陀，後者是意氣風發的艦隊艦長會很感榮幸被派駐到那裡的地方。它也不像孟買或迅速興起的新加坡，是個著名的貿易中心。香港是從很不光彩的殖民戰爭中得來的，可說是以丟臉的方式繼續存在、運作。香港不常出現在新聞版面上，即使出現，通常也跟雞毛蒜皮的爭吵或政治上的不滿有關。誠如那些「萬事通」爭辯所說：即使把香港當作是打開鎖國滿清帝國的市場鑰匙，卻也一直不見香港有發揮過什麼鑰匙作用，事實上，暗地裡還有傳言說政府打算放棄這地方——根據一八四四年女王和外交大臣談到香港時的紀錄：「女王對所有這些事深感興趣……並請首相亞伯丁勛爵隨時通知她進展……。」

耆英號雖然讓英國人感到很新鮮有趣，但大部分的英國人卻不清楚這艘中國帆船的來歷，包括狄更斯和威靈頓公爵在內，他們都到過東印度公司的船塢碼頭，上耆英號去參觀，但如果他們知道這船的來歷，恐怕不會太喜歡。這艘船是以清朝欽差大臣耆英命名的，六年前他代表中方簽訂了《南京條約》。耆英曾兩次到訪香港這個新殖民地，還表示對所見所聞歡欣之極，並對殖民者極盡恭維諂媚，然而回到朝廷之後卻向天子稟奏說這不過是插科打諢說說笑，以便安撫無知的外夷讓他們聽話。

至於這些殖民者，雖然覺得耆英這個人挺逗趣的（《中國之友》親切地形容他像個煮熟的大蕪菁），然而卻一點也沒有被他的外交手段所騙，而且認為他是這個徹底腐敗、沒有效率到無藥可救地步之文明的代表；所以他們以他來為此船命名，其實是一種反諷手段。雖然總的來說，大英帝國本身是不會欣賞這做法的。不但如此，他們為此船配備的人員是中英各半，然後派這船出去環球，實際上等於去做一趟宣傳之旅。

也就是說：遠在大英帝國六千哩外另一頭的香港已經是個「自成一格」的地方，很有天高皇帝遠的味道，不像其他殖民地，但從某種意義上而言，它又等於同時屬於滿清皇帝和維多利亞女王。

如果從海上望去，尤其是以畫家眼光來看的話，一八四〇年代中葉的香港島的確相當令人鼓舞。島上山丘當年幾乎都沒有樹木，島的北岸矗立著這個才剛起步殖民地的趾高氣揚、堅固白色建築，背後就是棕色光禿的山。沿著駁岸碼頭有幾座貨棧和商行，外牆的牆根直接伸入海裡，而且各有自屬的凸堤碼頭和懸在吊柱上的小船。其間夾雜著看來很舒適的平房，當代有位記者曾說這些平房是「帶有盎格魯風格但加上遊廊的建築」，這海濱以及後面山坡上也出現了幾座頗迷人的別墅，使得景色首先就帶有懶洋洋、怡然自得的風情，而這正是大英帝國水彩畫家的最愛。

海港裡也總是見得到船舶，更渲染了構圖。其中很多都是途經此處的沿海船舶，中國帆船和舢舨就像以往一樣利用這海峽，除此之外也有戰艦、運輸鴉片的飛剪船、重噸位的印度商船、美國捕鯨船、輕便快艇，還有暱稱「百足」的快速多槳船，這種船看起來頗像威尼斯多槳大帆船，提供前往澳門的客運服務，到了一八四〇年代中期，更出現了最初幾艘有高煙囪的明輪船。

所以從遠處望過去，景色真的不錯，而這些畫家置身在下錨的甲板上撐起畫架之後，也極力美化這個景象。要等到上岸之後，原本一心以為會見到個整潔、建設完成的殖民地海港，這時才會曉得此地竟然如此簡陋又落後，而且遙遙遠離祖國。這地方看起來更像個淘金鎮而不像殖民基地。當時的主要聚居地維多利亞城是沿著海岸線零零散散發展出來約一哩長的地帶，混合著井井有條與雜亂無章——這裡有幾棟賞心悅目的房子或幾棟井然有序的辦公樓，隔壁卻是片荒地或亂七八糟的廢地——這個角落有座浸信教會或天主教聖母無原罪禮拜堂，另一個角落卻有家骯髒邋遢的酒館。到處都有破破爛爛的草棚，軍方可以隨意選地點設置軍營和補給站。這處聚落的通衢皇后大道當時只不過是條土路，天氣乾燥時路面一層厚塵，潮濕的日子泥漿及踝，沿途的貨棧、草棚和帆船水手光顧的喧鬧酒館，交織出這條大道品流複雜的氣派。

更讓初來乍到者倉皇失措的是，維多利亞區的街上都是華人——牽著馱貨小馬沿街叫賣的小販、騎水牛的鄉下仔、挑扁擔的苦力、醉漢、乞丐、閒漢。沿著皇后大道走幾百碼就來到唐人街，除了一堆草棚和違章陋屋，還有東歪西倒的戲院、鴉片窟、學堂，正式興建以及湊合而成的廟宇，鴨圈豬舍、賭館、大排檔，以及華人生活的林林總總附屬品——很讓不習慣的洋人大感震撼。到了一八四五年，香港島上的人口已經升至二萬華人，不僅包括材料商、手藝匠和各行各業零售商，還有幾千名蛋家船民，以及來自澳門的知名肖像西畫家林呱（其署名自稱「俊臉畫家」），但也可說，或者有時似乎是，廣州半數烏合之眾都來到了香港。

英國人認為這三教九流的民眾住得離他們這麼近，實在太不衛生了。這個殖民地的第一個十年裡充滿了動盪——颱風、火災、人心惶惶——然而最讓殖民者頭痛的卻是疾病。除了唐人街散發出的穢氣之外，連官方都藉由香港指南界定香港氣候是「堪稱地球表面最不健康的」。有的人說島上岩石本身就產生有害影響。瘧疾和痢疾流行，斑疹傷寒與霍亂是經常爆發的時疫，尤其是軍隊營區裡的死亡率高得驚人。一八四二年，有支蘇格蘭分遣部隊很辛酸地被形容不過是「一群一哀哀垂死的大男生」，到了一八四八年，平均每五個洋人士兵就有一個死亡。

這就難怪早期沒幾個觀察者會對香港有什麼好話可講了。早期有位庫政司馬丁於一八四四年抵達香港，幾乎馬上就對它不予考慮，斷言它「地方小、荒蕪、不衛生、沒有價值」，還認為應該把香港交還給中國。《華北諸省三年漫行記》的作者福鈞[01]談到香港樹木發育不良、缺乏鳥類、野山羊過多時，語帶不屑，而且恐怕「把它當成貿易之地」肯定失敗。九十八軍團的陸軍中尉布萊吉曼認為，香港是「糟透的地方——比非洲獅子山國還要差勁，因為更不衛生、更無趣，也離英國更遠」。香港做為皇家資產無疑還有很多待改進之處。當時的香港也只包括香港島這範圍，到了一八四五年，洋人還不到六百名，其中婦女大概只有九十名左右，也就是說，下決心來此殖民地冒險賭賭運氣或賭自己那條命的人只有這些。

香港不像其他殖民地，因為它有非常大的華人圈，這華人圈本身就都是離鄉背井的移居者，氣味雜陳、喧囂不絕於耳，無視隱私存在，還有那種漂泊不定的漠不關心感，使得初期的香港徹底沒有英國作風，而大英帝國絕大多數城鎮卻是很英國作風的。華人很不一樣，不像孟加拉人溫順，不像非洲人天真，也不像馬來人可愛，或像充滿敵意的帕坦人。華人別具自給自足的精打細算本事，無所不滲，而且一點也沒有順民之姿。一海之隔的對岸就住了幾億他們的同胞，教養觀念使他們堅信每個華人都比外國人優越。

至於英國人當然感覺正好相反，而且通常還對所有一切中華事物深懷鄙視。這個殖民地的最終目的在於戳穿天朝的自命不凡與錯覺，因之將此地的城區中心冠以英女王大名，就如此地的第一份報紙《中國之友》所揚言，「以光輝勝利壓倒華人的迷信、傲慢與偏見」。

殖民者則在前灘他們那處也夠不整潔的範圍裡展開了很英國作風的生活。首先，他們以其君王「維多利亞」及女王諸臣之名重新為其他地點命名，做為一種象徵；於是有了「維多利亞山頂」、「維多利亞港」、「皇后大道」、「皇家砲台」等出現。至於香港島南面那些較小的聚落，則可經由不通車輛的馬道翻山越嶺去到那裡，那裡也分別以藩政院殖民地大臣史丹萊（Stanley）和外交大臣亞伯丁命名。華人居民禁止住在維多利亞的中心地帶，而周圍一帶的市集區則特別保留給在不久前這場戰爭中曾協助英國人的華人——說穿了，就是漢奸。

未幾，就創立了殖民生活的標準機構，仿照直轄殖民地如牙買加或模里西斯的模式，香港由一位總督治理，並由總督任命三名官守議員組成的議政局[02]輔助，並有一班高官顯要為後盾——有位指揮皇家英軍的將軍、有位海軍准將統領海軍基地、有輔政司、庫政司、殖民地牧師、撫華道、最高法院司法常務官、首席按察司、查數官、律政司。（不過他們可不見得都像名稱那麼冠冕堂皇，要知道當年並沒有專業的殖民地公務員，璞鼎查做總督時，撫華道是個普魯士裔傳教士，庫政司是他以前戰艦上的同事，一八四九年的總登記官[03]甚至還拋下一切到加州去趕淘金熱了。）

港督獨攬大權，直接聽命於英國政府，間接聽命於西敏議院的決策，理論上是遵從女王意旨行事，但由於香港和倫敦之間音訊往返費時，甚至可能花上一年，因此當務之急都是港督說了就算數。加之，他也不僅只做港督而已。香港底定之後，巴麥尊就視它為近海駐地，可以從這駐地監管新到手的條約口岸貿易——廣州、廈門、福州、寧波和上海。到了一八四四年，這些口岸大約有五十家英國公司在營運，另有二十家左右是印度公司，不過當然打著大英帝國名義來的。亞伯丁勛爵更進一步視香港這個新加坡以東唯一的占領地為整個遠東的軍事和行政中心。因此，按照職務，總督也成了女王陛下的全權代表兼常任特使，遠東區所有跟英國有關的事務都在他職權範圍內——包令爵士很自豪記錄說：「被派駐到人類數量繁多之地（說真的，是三分之一以上的人類），比任何曾被派駐者見過的都要多」。

他的官員也更有承擔，不管是武官或文官，並不僅自視為島上的公務員而已，而是當自己是更廣泛帝國體制中的一員。總括來說，他們就像當年所有的大英帝國主義者一樣，是以印度為前例。一八四〇年代先後繼任的三位港督都有英印背景——璞鼎查爵士的兄弟艾雕即「赫拉特英雄」，因為對抗阿富汗人功業彪炳而入了先賢祠——因此英印事務總是先占據這些殖民者的心頭。有關印度的報導占了《中國之友》的醒目篇幅，從整頁的阿富汗報導，到填補報屁股的馬德拉斯微不足道的升遷消息。東印度公司的盧比在香港是法定貨幣，印度鴉片則是金融上的主要商品。很多英印字眼和用語——提盒便當（tiffin）、毛拉（mullah）、手拉蒲葵扇（punkah）、印度兵（sepoy）、迴廊陽台（verandah）——也融入了英文語彙。很多印度商人也隨著英國旗幟來到這新殖民地，其中包括有錢有勢的帕西人[04]，印度部隊也定期駐紮於此，來自加爾各答或孟買的船舶川流不息，更增添了英印幻象。

當時還沒有總督府，這在其他殖民地是用來做為帝國制度的傳統中心。整個一八四〇年代期間，幾個港督分別各自住在租來的寓所以及附家具、與檔案局（也用來舉行婚禮）相連的廳房。然而，已經提名中環後方的山坡為「港府山」，周圍也已開始呈現出行政機關的規模。那個十年結束時，蘆蓆棚搭成的英國教堂已經改建成了很像樣的哥德式聖約翰座堂。軍人住的帳篷也變形成為印度模式的磚造兵房，高低有序建於山下。馬地臣原來建的那棟「一半新威爾斯風格，一半本地風格」平房的地點上蓋起了司令總部大樓，這座新古典式建築是總司令的官邸。

此外還有法院、監獄、郵局，以及船政司辦公室，首位進駐該辦公室的船政司是海軍上尉畢打，當時管的是頗密集的港口——泊位分派嚴格，進港口時就要先降下頂桅橫杆，艏三角帆和艉桅縱帆的張帆杆要奉命收起。一八四六年設於三層樓會所建築內的香港會開幕，同一年內跑馬地舉行了最早的跑馬賽事。跟隨東印度公司來到中國沿海的共濟會成員則在皇后大道上租賃會館，進行他們的儀式；殖民地例必不可少的業餘劇團則在一個接一個的草棚皇家劇場裡演出。穿紅制服的英國兵不時從營區踏步來到高出海面的閱兵場，頭戴熊皮帽，白色衣褲都用陶土刷白過，火槍上了長刺刀。英國戰艦慣常停泊在海港中，每月一次將所有的郵袋打包成一綑，經由陸路運送返英國，途經埃及。

官方階層很努力營造出殖民地該有的態勢。舉例來說，特別是那個臨時將就的香港會，照傳統那是殖民地身分的支柱，因此也就設置得跟所有英印殖民地的會所一樣高不可攀，甚至有苦力拉扯搖動的葵扇。入會資格極嚴，所有其他外國人、婦女以及社會背景不宜的人士都嚴禁加入，沒多久這地方就變成了某位當代編年史家所說的「精選成員的天堂兼殖民上流社會的廟堂」，香港會的成員在會所挑高拱頂下的廳房裡消磨大部分時間，打撞球、看報紙、吃些像烤牛肉、野味派或板油布丁之類的食物，並且從頭到腳穿了一身白麻服裝（不過一年之中有時裡面也穿了法蘭絨內衣）。

如果我們信得過從前那些畫意攝影家的話，那麼當年香港的戶外生活呈現也很得體。淑女頭戴精緻講究的軟帽，男士戴高頂帽，乘馬車經過那幾條有車轍的街道，趕車的馬夫還穿了特別設計的制服。官員乘坐山兜，說不定還有特備的掛勾用來掛帽子，他們坐在山兜上，志得意滿抽著菸斗讓人抬著走。頭戴羽飾帽的軍官騎馬到處去，神氣地向過往四輪四座大馬車打招呼。

水彩畫裡的華人閒雜群眾、流浪狗、嚼草的驢子，說真的也很破壞星期日下午在新建座堂旁邊的閱兵廣場上優美的散步景緻；不過仍有軍樂隊演奏，也可以見到群眾之中穿插著零星的英國人一家大小，正經得體，一派紳士狀的散步者持手杖、鈕孔插了花，穿長褲的兒童跟在華人奶媽身邊，不免也令人想像那位新任維多利亞城的大主教此時得天獨厚從高處他的門廊眺望此景，這位大主教的教區還包括了日本和整個中國。

司令總部大樓上方旗幟飄揚。裹頭巾的錫克人向過往軍官行禮。山下海港裡船槳閃現，看來是海軍准將從那艘裝備有七十二尊大砲的壯觀旗艦白蘭軒號下來，要上岸去拜訪港督。光線良好時，你又正好眺望對了方向，已經可以看出香港有大英帝國風貌了；甚至連福鈞先生知道這裡「在大英旗幟下，生命財產都很安全，此旗已經……千年來勇對戰爭與微風」也為之動容。

然而維多利亞城東端近海處卻停泊著另一種大本營船隻，很明顯不及白蘭軒號氣派，還散發出一股宛若爛菜蔬的怪味，那是鴉片氣味，在那些地帶很常嗅到，而這艘名為「布滿吉波滿吉」的龐大印度老商船在香港早年時期裡，渣甸和馬地臣兩位先生不僅利用它的船艙儲藏金磚銀塊，也用來藏毒品，然後再經由武裝飛剪船運送到中國沿岸。

說來，「布滿吉波滿吉」跟海軍准將的戰艦比起來，才真是殖民地的旗艦，因為說白了，當時的香港就是完全倚賴販毒利潤。「跟每一位博愛者一樣，」一八四二年《中國之友》創刊號很虔誠地聲稱說：「我們一定要深深譴責華人所沉迷的這種迷人罪惡。」但恐怕沒人當一回事——甚至一八四四年女王的御用獎章大設計師設計香港印璽時，圖案也是王冠之下的海畔，堆滿利潤豐厚看似裝了茶葉的箱子，但一般咸認為是一箱箱鴉片。一八四四年，港督自己也宣稱，但凡在香港有資金的人，幾乎不是公務員就是鴉片販子。

鴉片走私路線上見到一艘英國戰艦的話，大概就還會見到兩三艘鴉片飛剪船，同樣裝備一流，跟任何一艘巡防艦一樣威風凜凜。總司令官邸上方飄揚的旗幟並不比位於東角[05]的怡和洋行總部的旗幟氣焰更盛，東角沿岸半哩範圍都屬於怡和洋行。香港政府結果總算是撐起了門面；但是講到現金，就要對英商社群甘拜下風了，他們把在廣州養成的厚顏傲慢誇耀習性也帶到了這殖民地來。「你大概會想要知道」，羅拔．渣甸在一八四九年在寫信回家這樣說，「這地方最好的那些房子都到了誰的手裡。當然你知道通常都是總督和總司令住最好的房子，但在這裡可不是這樣，『那又是誰呢？』——渣甸……。」

殖民地安定下來，幾年之內就有十幾家商行進駐香港，此外還有洋店主、醫生、酒館老闆和各類小商人。大多數商行都是英國人或印度人開設的，但也有美國、德國、義大利、荷蘭和法國洋行，左右大局的主要是三個從廣州遷來老字號：怡和洋行，是最著名或者該說最惡名昭彰的，有五個合夥人和二十個洋人助理；他們的勁敵顛地洋行（Dent & Co.）有五個合夥人和八個助理；美商旗昌洋行（Russell & Co.），有六個合夥人和八個助理。

香港的生活中心其實不在於總督，不是圍繞著他展開，而是圍繞著這些聲勢逼人的洋行以及洋行老闆、大班為依歸。他們不僅是船東、貨棧主、會計師、代理以及這個殖民地的雜貨零售商，而且也扮演了保險業者和金融家的角色。是他們促使英國政府取得這個島嶼的，所以他們也自認才是真正的島主。史學家賽爾（G. R. Sayer）[06]把早年這時期的香港比做商業遠征軍的總部，而總部派駐的邊防前哨則在中國沿岸的條約口岸；若說港督是總部的兵將統領，那麼實地作戰的司令就是那些大班了。

因為這些前線商人都是最精明又精力充沛的，競爭起來激烈無比，不擇手段，而且他們全部都只顧活在當下，因為欣然知道在這地方熬上二十年就可以發大財。他們之中很少人打算留得更久，所以這些大班經常來去輪替，通常是把大權交給家族裡的後繼者。威廉・渣甸本人從來沒到香港來，只在中國沿海待了十二年；他的合夥人詹姆斯・馬地臣待了十九年之後，不久就回國去了；但渣甸氏和馬地臣氏以及兩者的外親卻都世代留在香港。

他們多少仍停留在廣州的東印度公司回憶之中，因此生活方式也保留了某種型態。其他那些獨立商人雖然厭惡這龐大又受尊敬的權勢，卻又免不了跟著有樣學樣。於是香港碼頭區的辦公室很明顯承傳了東印度公司從前在廣州的商館形式，這些洋商之間的生活方式也明顯是東印度公司那套。就像那些英印人一樣，也有一群在地替身，居於統治者和被統治者之間的仲介；買辦就是翻譯員，也是洋行的中間人，往往憑著本身的權利、實力等而成為重要人物。這些洋商也像英印人一樣，非常吃苦耐勞，看不起拉丁民族要午休的觀念，因為在澳門仍然盛行此風。上班時穿著也跟在英國習慣一樣，穿高領上衣、厚西裝、靴子。

他們也跟英印人一樣，很能在離鄉背井的日子裡撐下去。那些助理（在此地的暱稱也跟在印度的一樣，叫做「新來白人」）多半住在營舍裡，但是較資深高級的人（有時帶有妻子和家眷）住的洋房就相當大；一八四五年的一則售屋廣告提到的房子就有兩間三千平方呎的客廳，五間套房臥室，兩座一萬平方呎的遊廊露台，周圍有百葉窗，還有「寬敞舒適給僕役住的外建宿舍」。顛地在濱水區保有一棟很優美的花園別墅，在這些船舶照片中非常突出醒目。羅拔・渣甸誇耀的首屈一指的渣甸宅，則是希臘式宅第，當年這些合夥人就在這裡由很多僕役服侍，養尊處優，預防完善，免於受島上熱病的侵襲——大衛・渣甸在倫敦光顧的裁縫店寄來一套西裝的帳單時，同時也表示很驚訝發現他的尺寸加大了，因此「很欣喜料想，香港氣候必然很宜於您的體質」。

然而這點並非關乎氣候，其實是渣甸從倫敦聘來了一名大廚，就如顛地遠從法國聘了一名大廚來一樣，所以這些大班和他們的助理都吃得很好。各式各樣的儲備食品包括都柏林黑啤酒、英國火腿、牛肚和罐裝麥片等，定期從英國船運過來，酒類更似乎無限量供應——他們早餐喝法國波爾多紅酒，中午吃提盒便當簡餐時喝香檳，晚上又喝大量紅酒、香檳和砵酒。至於本地飲食，早至一八四二年的《中國之友》報告訴我們那時牛肉很便宜，此外還有充足的牛奶和牛油供應；可以買到雉雞、山鶉、鹿肉和各種熟悉與不熟悉的魚類；可以從政府認捐地皮的雪廠買到冰塊，此外還有個「綿羊會」，會員湊在一起去放牧印度種和澳洲種的綿羊，用來生產羊肉（不過卻有個倫敦《泰晤士報》記者庫克，在接下來那個十年裡寫到香港菜時抱怨說：在夏季裡由於都是要吃羊肉當天才宰羊，所以肉質都因為「綿羊死而僵，以致變硬」）。

這些洋商幾乎都是年輕人，即使是大班也很少有年過三十歲的，而且不管他們是住洋房或公司營舍裡，都懷著稚氣熱情追求他們的生活，常常鬧著玩、打撞球、抽很多菸，藉著跑馬地的賽馬狂歡取樂，而這些賽馬盛會就跟在愛爾蘭的鄉間賽馬大會一樣，參賽的幾乎都是洋行擁有的賽馬專用馬匹。「我從來沒見到有哪個年輕洋行職員手上拿著書本的。」和藹可親的愛柏特・史密斯寫道[07]；據他說，他們度過了「太多腐蝕心靈的時光」。他們的工作以文書方面的居多，相當繁瑣吃重的會計、盤點存貨等之類，然而周圍卻充滿了橫財就手的刺激感。樣樣都急迫，事事都要快，不是每樣都光明正大的。進出海港的鴉片船都是具有快速和閃逃功能的，仿美國最新模式的快船造成船桅傾斜的縱帆船。那些途經香港運載茶葉的飛剪船，都是當時最具威力船隻，在漫長往英國的運途上展開驚心動魄的競賽。強悍、身價高的船長來來去去，講述著跟中國巡航艇打了就跑的戰役，要不就是計畫下一趟更驚心動魄的回國航海旅程。

這個十年的頭幾年裡，很多生意人都很後悔遷來香港，考慮要回澳門或者廣州去。後來才漸漸產生了自信心。香港當然還沒有如璞鼎查預見的成為大貿易中心，部分原因可能也因為此時對華通商也經由那些條約口岸之故，但香港並沒有呈現出沒落之像。因為是自由港，所以吸引來很多貿易活動，那時根本就沒有關稅。除了當時在中國仍然非法但獲利極厚的鴉片之外，還有其他如棉花、蔗糖、藤、鹽和茶等貿易——大多經由中國海關走私過來。顛地洋行的確也在四〇年代中期陷入財務困境，他們原打算要把香港變成中國沿海的主要茶葉中心，結果此舉卻失敗了；但是渣甸在東角的那範圍，也就是沿著一號住宅周圍與下方的產業卻日益興旺。這片產業建於一處小海岬上，跟鴉片船「布滿吉波滿吉」隔海相望，三層樓高的貨倉周圍有很多花崗岩和磚造的作坊、馬房以及較差的房屋，還資助屬下的華人區，也就是位於後方較高處的渣甸市場[08]香港建造的第一艘外國船「天朝號」就是在渣甸船塢下水的。

十九世紀中的另一位觀察家是位公務員魏德黑，聲稱促使人留在香港的主因是「對於獲利具有強烈、全心全意的熱愛」。的確也就是這麼回事，即使儀態好但頑固異常、為怡和洋行定調的那些蘇格蘭人也不外如此。一八五〇年，怡和洋行有位合夥人的女兒麥克林小姐在東角渣甸宅宴請婚禮早餐，有五十位賓客，還跳舞作樂，慶祝活動結束之後，公司會計給一個不久前回國的朋友信上就不脫生意人本色說：「這對你那套鍍銀餐具可是大好良機，本來我已經開始擔心賣不掉了，結果還是讓老麥照你的要價二百英鎊買了下來……。」

這一官一商兩個社會自然也免不了互相衝撞。當然，婚禮場合上他們會混在一起，也都共享同一個香港會以及賽馬，但他們卻有根本上的不同處。最好的那些官員——只有那些最好的——關心的是大

英帝國的利益、貿易的一般開展、發揚基督教以及其他榮耀英國的事務。最好的那些洋商——即使是最好的——所關切的則是讓自己發財致富。政府尋求籌足稅收以便支付這地方的行政開銷。洋商則盡一切努力抗拒加稅，所以他們是千方百計要擺脫英國當局，必要時，就擔任其他強國的榮譽領事，要不他們的船隻航行時就掛上丹麥或美國的旗幟。於是雙方就這樣各守其不同的規則，經常各崇其不同標準，這個殖民地的生活也就不時因雙方的爭吵而打斷——倫敦《泰晤士報》就曾絕望地指出：香港似乎總是被「某些致命的瘟疫、某場出師可疑的戰爭或某種丟臉的內鬥」搞得不得安生。

但凡有自由開明傾向的總督、被認為太站在華人這邊的總督，或者對所有貨物尤其是鴉片表現得不夠尊重自由貿易原則的總督，這些總督特別引起洋商的敵意而加以對抗。第一任港督璞鼎查是軍人出身，起初看來就是他們的同類，可是等到他發布一項命令（後來又撤銷了）說鴉片船不准進入港口裡，詹姆斯・馬地臣就蓄意評論說：「亨利爵士根本就不是真的有意執行這命令，而且不用說，私下裡也當這命令是個無傷大雅的玩笑。」連璞鼎查到最後也幾乎得罪了每個洋商，他的後繼者德庇時爵士接任後，一八四〇年代大部分時期都由他主政，但卻只遇到麻煩。

因為德庇時不僅是個保護貿易主義者，也是個漢學家，斷續在中國沿岸生活並工作過三十年之久，大部分是跟東印度公司一起，而那些獨立洋商就最嫌惡這公司。他是個文化修養高的人，講究挑剔到擾人地步，曾把幾本中國經典翻譯成英文，而且老把「東印度公司不是這樣做的」掛在嘴邊。像他這樣的人當然不是那些貿易商會喜歡的人，反過來，他也同樣擺明鄙視大多數貿易商。不用多久他就把他們都惹火了，因為他縮減了他們的地租期限（洋商聲稱當初允諾給他們永久保有權的），徵收財產稅，訂定鴉片和鹽為政府拍賣專利，而且還想要讓每個人去向政府登記，不管是英人還是華人。

德庇時樣樣事情都讓那些洋商很不喜歡。等到他們發現他竟然把自己的紋章（上有三顆星和一隻紅血手[09]）裝飾在他主持奠基的新建座堂鐘塔上時，更感到公然受辱。他為這個正在成長中市鎮的街道選用的街名也讓他們生氣：他以那位後來破產的殖民地查數官為些利街（Shelley Street）命名，以他自己位於英國布里斯托附近衛斯貝利鎮的老家為荷李活道（Hollywood）命名，但「卻甚至沒有一條巷子」，亞歷山大・馬地臣很火大地寫說：「以商人命名。」他們對那項人口登記計畫非常憤怒，結果德庇時被迫取消這提議，只強行規定華人需要登記。

這些洋商不僅動員倫敦那邊的說客去活動議會採取行動反對德庇時，而且還以粗野不文的態度對待他。有一次他們送交給他的抗議書用詞太過無禮以致他拒收，一八四八年，這個倒楣的總督預定要為跑馬地賽事頒發「特使盃」，結果竟然沒有一匹馬去出賽。德庇時寫信給大臣史丹萊發牢騷說：「治理這個殖民地上的二萬名華人居民，這差事可要比管幾百個英國人容易多了。」

香港的特徵已然如此（「污巇造謠之地兼熱病滋生之處」），德庇時卻還又跟自己屬下某些官員發生爭吵。他和庫政司馬丁意見不合，馬丁認為取得香港這件事本身就是個大錯誤，而且他還曾經把香港島比做一塊壞掉的斯提耳頓臭乾酪。雖然他用查數官姓氏來為街道命名，但卻形容他的查數官揮霍浪費又馬虎疏忽。他跟首席按察司修姆劍拔弩張，寫信給那時已升為首相的巴麥尊勛爵時，未經三思就在信裡指控修姆慣於酗酒。

及至倫敦那邊出乎意料做出回應，下令對此項控訴展開正式調查時，德庇時反而打退堂鼓，提出辭職。據第一位香港史學家歐德理（E. J. Eitel）說，「當局毫不遲疑就接受了」[10]，而且人心大快的洋商社群還杯葛所有歡送慶典，由得德庇時「在少數忠心朋友的微弱歡呼聲中」乘船離開碼頭。《中國之友》還落井下石刊登了一篇反諷的告別辭：「蒼天在上，大地在下，敢說天上地下從沒有過，不管有形或無形，像德庇時爵士這麼討人喜歡的小紳士了。」

繼任他的文翰爵士就比較對洋商的胃口了。因為他注重縮減官方開銷而不是提高稅收，再加上他一句華語都不會講，事實上他還宣稱，光是學華文就會「讓心智變形」，因此他們認為他是最棒的傢伙。

事情本質、事情一開始就存有這些很不好的衝突，就整體而言，無助於提高香港的道德標準，香港事務也持續流傳著惡風，這股惡風是由謠言、蜚短流長、背後說壞話、詆毀和耍陰謀交織而成。最上層是鴉片貿易領導，充滿不可靠；最底層是各種罪惡，滋生於無產華工以及大批水手、軍人和在碼頭區混生活的閒雜人等。中間那層是人口流動性很大的洋人冒險家以及江湖騙子——「他為什麼離鄉背井？」是針對每個沒聽說過就突然來到的新人而發的第一個問題。幾乎每樣事都是多多少少有污點的。官方公文急件往往托鴉片飛剪船運送，而後來擔任輔華道的那位身分曖昧的牧師郭士立，之前則一面在渣甸鴉片走私船上做翻譯員，一面對外邦人宣揚基督的信息。

儘管大英帝國制度正迅速萌芽，香港仍是個很艱苦的市鎮。它是個東方海港，有守備部隊駐防的市鎮，是個走私中心地，海盜和詐騙者出沒的之處，毒品市場，再加上混合了葡萄牙人、帕西人、美國人以及其他各國籍的人，已經成為女王屬土之中最具國際都會特色的地方。廣州三合會成員也很快就滲透到香港黑社會中，為這個殖民地帶來各種三教九流的犯罪分子。到處都是鴉片窟和賭館，妓院如雨後春筍：照一八四二年的估計，維多利亞的華人人口養活了二十三戶妓院裡的四百三十九名妓女，以及二十四家店鋪的一百三十一名鴉片販子。

這也是個開設英式酒館的好地方，很多都是退下來的水手在經營，而且他們本身也很強悍：我們讀到關於「英女王」、「不列顛之豪」、「大不列顛」、「金色酒館」、「老蘇格蘭」、「老鷹」、「滑鐵盧」、「旅行推銷員」等酒館，也常聽說醉漢常在這些酒館門外鬥毆——《中國之友》於一八四二年某日曾報導兩名「白蘭軒號」的水兵喝醉之後，上身赤裸，鮮血淋淋，在「邋遢酒館」外比賽拳擊，圍觀的人群裡有五、六名警察。

算盤很精但不老實的貨幣交易猖獗流行：來自英國、中國、印度、西班牙、墨西哥和所有南美國家的硬幣全部合法流通，而且時機成熟，可待操縱。至於那些群集於十九世紀每個邊界城鎮、外國海岸新興殖民地的伺機牟利者，這裡更讓他們如魚得水：一八四四年新到任的律政司瑟爾聲稱，他所住的寄舍貴得跟倫敦一流大飯店一樣，但是雨水卻可以無情地打進窗戶裡來（他是在法庭上解釋為什麼會覺得需要修理業主一頓）。

香港熱中報導犯罪的傳統此時已經開端了，報紙上有很多欄都充斥著卑怯罪案新聞。報紙告訴我們關於「涉及某些華人居民的駭人傳言……他們暗中從事海盜和犯罪行為」；告訴我們關於侵擾珠江口那些海盜群所運用的「凶暴殘忍步驟」。我們也鉅細靡遺聽說了有關「流氓惡漢殷固得」的行徑，他最拿手的就是搶劫喝醉的水手，後來還把一名激烈反抗的受害者淹死，於是在一八四五年終於成為香港首名判罪問吊的洋人。我們還讀到關於皇家砲兵營裡意圖毒害二十五個人的陰謀新聞，以及中國帆船和「威爾斯人號」軍艦的小艇在海港裡打起來，還有意圖縱火焚毀中環街市，懸賞捉拿意圖行刺總督的刺客，收保護費，暴力搶劫和不斷發生的入屋行竊事件。我們還聽聞了瑟爾先生因為侵犯人身而被罰款十元港幣。

天黑之後在走這個市鎮上絕對不安全，加上更夫敲著竹梆一聲聲響著，夜晚更讓人心裡發毛。即使大白天，出了市區範圍之外也是很危險的；一八四九年，兩名陸軍軍官出城到附近的赤柱去閒遊，因為誤闖一處海盜彈藥庫而遭殺害。政府也深深為了法紀與治安問題而感頭痛——總督公館都不止一次遭竊——於是一八四五年倫敦一名警察查爾斯・梅因此而來擔任警司，提高警力素質（當時警方有七十一名洋人、四十六名印度人、五十一名華人，大多數都貪污腐敗，很多慣於酗酒，有些還非常喜歡比試拳擊）。當局一方面無助地努力取締華人有組織的犯罪，一面發布了一項有魄力但全無作用的命令：「要查禁三合會及其他秘密結社，因為其結社宗旨有違維護良好治安以及當局……。」

刑罰很重，尤其是對華人犯案者。跟著英國旗幟來到香港的華人大多數是客家人，卻不怎麼贏得英國人的歡心。首任總登記官費而隆說他們是「對道德義務滿不在乎，肆無忌憚又不正派」。他們隨自己高興來來去去，很多都住在自己的船上，而且每個人都一致認為（甚至包括德庇時爵士在內），這些客家人很需要好好管教一番。在人口登記制度未開始之前，假如他們在日落之後到晚上十點鐘之前外出的話，必須攜帶燈籠，而十點鐘之後，理論上他們根本不准外出。

依《南京條約》上的規定，華人罪犯按照中國法律來審判，並用中國刑罰來處置（除非某個華法先例是「跟基督徒視為不可改變的道德原則有所牴觸者」，則不在此列）。刑罰通常以木伽為始，這是一種扣住脖子的木板，要不就剪掉辮子，據說這在從前是最屈辱的象徵。秘密會社成員則可能被打上烙印，原本是烙在胸膛上的，後來則烙在耳垂或腋下，然後遞解出境。海盜有時則問吊，通常是長期上鐐銬去做苦工。笞刑很常見，這又跟不可改變的道德原則沒有牴觸了——在大英治下到處都很常見。一八四六年的某一天裡，就有五十四名華人因為身上沒有登記證而遭拘捕，但由於付不出五元港幣的罰款，於是就當眾受笞刑；接下來那年，警方驅攏街上老弱貧病無家可歸者，於是有十二個可憐的無業遊民就先挨頓笞刑，然後押送過海到對面的中國境內。

所以一點也不用佯稱香港是個很適合紳士的地方。瑟爾寫說，為了履行職務而不得不去那裡的英國人得要有「一顆堅忍的心，還得很仰賴上帝的仁慈心」。難怪馬地臣這位最大洋行的大班審視過他生意的道德標準之後，於一八四八年決定再也受不了了，因此拋下了這公司所有的財務利益，回到蘇格蘭老家去從事更好的工作。

所以很久以前，幾乎就在這番大業的初始之際，香港就已經是本性難移的香港了，縱然過了一個世

紀左右，不管什麼降臨到香港，也不會真的改變它的特質。急功近利、追逐享受、愛好耀眼燦爛奪目，以及它的能量、極端混亂、蜚短流長——全都老早存在了。此城街上華洋色彩交織如萬花筒。商人的西裝都是手工訂做，而且穿起來也很像樣。

顯然，事隔已久之後回想起來，在這股能量後面卻有種不踏實的無根感，使人麻木而讓這地方予人空洞感。整個環境的確是很令人感到興奮刺激，也真的有發財機會，所有活動都以混亂吵嚷的步驟進行著，其中隱含的粗俗不羈看來也很可有番冒險。然而香港太常讓來訪者沮喪了——「就像個脾氣很壞的美女」，這是歐立凡特的看法，他是在一八五〇年代來到香港。這純是因為氣候之故嗎？還是因為擁擠又臨時湊合成的環境？還是因為缺乏比較高尚目的或思想意識，例如想在帝國的其他地區裡啟發帝國主義者——就以新加坡的萊佛士為例，他就曾希望為英國後代留下一個信息：「充滿光明特色」。還是因為甚至在那時，香港的殖民者不管有意識或無意識，已經被隔海的中國給嚇倒了？雖然在一八四〇年代它是那麼萎靡不振又可鄙，然而肯定有朝一日會恢復強盛本色。

遠方的中國帆船「耆英號」卻引不起如此的轟動，在海上霸主的眼中它不過是個奇特玩意。在英國那些港口展示完畢之後，這艘船就在利物浦解體了，船上拆下的柚木用來建造穿梭默西河上的渡輪。幾乎可以肯定的是，它船上編制中有一名華人——或許就是那個所謂的「滿清高官」？——去參加了一八五一年維多利亞女王為水晶宮主持的開幕典禮，還被誤認為是天朝派來的大使，因此可以見到他也被畫進了官方的開幕圖中，而且構圖還把他安排站在前排的外交使節群裡。

01 福鈞（Robert Fortune，1813-1880）：又譯羅拔特·福群。英國著名植物學家和旅行家。一八四三年奉派來華調查中國的植物情況和蒐集植物標本，三年後回國，以後因同樣的目的，又多次來華考察。

02 即今「行政局」。

03 前身即撫華道，後改為華民政務司。

04 帕西人（Parsee）：生活在印度的祆教信徒。Parsi 的意思就是「波斯人」，最早為了逃避穆斯林的迫害而從波斯移居印度。

05 東角：今之銅鑼灣百德新街、糖街一帶的昔日通稱，從前是怡和洋行的天下。

06 見《香港，一八四一～一八六二》，牛津，一九三七年出版。

07 見《往還中國》，倫敦，一八五九。

08 即今之渣甸街。

09 紅血手（bloody hand）：從男爵的紋章標誌。

10 《歐洲在華》，香港，一八九五。

第五章

香港人

PEOPLES

1 渡輪眾生相

一九九〇年代的香港，每天從早上六點半到深夜十一點半，天星渡輪公司的雙層柴油渡輪橫渡海港，往返於九龍半島南端的尖沙咀以及香港島古老的維多利亞城——中環之間，每天橫渡四百二十次。這些綠白兩色的渡輪載重三十九噸，航速平均每小時十二海里，船名全部有個「星」字——后星輪、曉星輪、午星輪、天星輪、北星輪、輝星輪、晨星輪、銀星輪、熒星輪。它們及其前身渡輪從一八六八年以來就在航行了，如今更成為世界上最有名的渡輪之一。來到香港的訪客都會去搭它們過海，每天有成千上萬的通勤者利用它們做交通工具，一九二五年罷工時，皇家海軍接掌渡輪運作，結果招來很多抱怨，說他們的技術比渡輪船員差勁得多。

在如此短程路線（即使是在頗惡劣的天氣航行也很少超過十分鐘）上航行了這麼多年之後，這些渡輪停靠碼頭時的確是熟練自如。身穿藍色棉布制服的華人船員很靈巧地控制著纜繩，華人舵手好整以暇，有充分時間從這間操舵室轉移到另一間操舵室準備航向回程，而許多正要上船的乘客也一樣，鐵摺柵欄拉開讓他們上船時，也是簡練得很，有的上船看報紙，有的漫不經心把木椅背反轉個方向以便坐時面向前方。渡輪上分兩等，頭等在上層，二等在下層，不過有錢的人也常常情願搭二等，因為靠岸時下船比較快[01]。

我們最初在香港過海時倒是搭上層，也是做很隨意狀，「喀啦」一下把椅背向後反個方向，彷彿這輩子早已這樣做慣做熟了，我們在帆布篷下的陰涼處坐下來，這時的帆布篷隔絕了右舷炙熱的陽光，渡輪搖晃著駛離碼頭時，我們也準備好檢視同船乘客。我們打算犧牲過海時經過的景色，這是世上最引人的風光之一，然而船上的乘客同樣可以讓人看到很多東西。

他們跟「星湖號」上的乘客大不相同，有各種舉止態度和種族。譬如此刻我們身旁坐著一位年輕華人小姐，大概十八、九歲，穿了一套精緻整潔的黃色田徑服、運動鞋和白色棉夾克，夾著塑膠髮夾、戴角質鏡框的眼鏡，正在閱讀《姊妹》雜誌。她旁邊再過去是四個塊頭很大、臉色紅潤的洋人遊客——是瑞典人還是德國人？——正在互相比較攝影機，再過去又是個華人老頭，穿寬鬆黑夾克和高領裝，正很近地瞪眼看著一冊儒家學說書籍，不過更有可能是關於電腦輔助投資的專論。

再看看這三個日本商人——年輕的生意人，態度圓滑，臉孔光滑，衣著光潔，提著公事包，坐下時先拉拉長褲，等到確定座位乾淨之後，就彼此熱切交談起來，一面查看著一疊疊圖表紙。靠近欄杆處坐著一對臉色蒼白的英國男女，完全避開陽光——可能是個陸軍二等兵和他太太，最近才抵達駐地，因為他們很受不了這氣候，而且看來情緒很不好又無精打采。他們後面那兩個人卻成強烈對比，那是龍精虎猛的在地人，打扮得就像功夫劇的人物，長髮、細長眼，肩膀周圍都是厚厚的肌肉。

有個高個英國中年男人不屑找個座位坐下，而去靠著甲板支柱。他完全符合英國紳士形象，不過卻錯在像是諷刺漫畫裡的英國紳士：他不時抬眼從半月形眼鏡上方窺看審視我們其他人，這時臉上會露出一抹微笑，臉色也緩和下來，使得那張臉馬上同時現出沉著、冷漠超然、認同卻又很有優越感的樣子。甲板上也到處可以見到三三兩兩的美國人——是停泊在海運大廈郵輪上的同團遊客，結伴出來玩，兩個胖嘟嘟的銀行家還是股票經紀之類的人，穿了扣緊的熱帶式西裝，正在低頭閱讀《亞洲華爾街日報》，還有一名孤零零的文弱書生型的年輕人，我們猜他正要前去參加研討會。

其他還有些什麼人？五、六個穿了有校徽鮮豔上裝的華人小學生，背著書包拿著網球拍。一群菲傭，全都比手畫腳笑嘻嘻的，帶著很多塑膠袋裝的東西。還有位剛好是我們認識的義大利人酒店經理，咧嘴衝我們笑著，雙手鬆垮垮比個手勢表示熱到極點。在這種種不同典型的人物之間，充斥著比較不突出卻大批的普通華人人口，舉止良好、有禮貌，大多數是年輕人，卻不怎麼汗流浹背，他們要不是一臉嚴肅，就是看起來迷失在白日夢裡——很紮實但完全沒有吸收性，就像畫在毛邊皺紙上的水彩畫一樣。

城裡情況也跟渡輪上一樣：也有少數得天獨厚的鬼佬群摻雜在香港這壓倒性的龐大華人人口中，成為改變因素。一九九五年香港島的電話簿上以羅馬字體印出的頭兩個姓名是安娜・阿隆以及漢斯・阿參；排在最末尾的兩個姓名則是湯瑪斯・慈維以及漢米拉那・茨樂。

2 — 英國人

最老手的外國人當然首推英國人，一九九六年的人數是三萬三千，包括駐軍及其家眷。如今除了在市區中心之外，已不大特別看得到他們了，雖說他們最多不過占總人口百分之〇點五，但只要看到香港地圖上的地名，還是會讓人不斷想起他們在這裡已經居住很久了。過不久，恐怕連這些也會一掃而光，但眼前這些地名仍然像是某個老協會的名冊一樣——Elliot Crescent[02]和硒甸乍山（Pottinger Peak）、摩星嶺（Mount Davis）、文咸東街（Bonham Strand），當然還有些利街（Shelley Street）、金夫人馳馬徑（Lady Clementi's Ride）、愛秩序村（Aldrich Village）以及卑路乍街（Belcher's Street）高處山上……。每任港督都有些地點以他們為名，而到今天還可以看到很多紀念英國大班的街名：波斯富（Percival）、伊榮（Irving）、晏頓（Anton）、蘭杜（Landale）、勿地臣（Matheson）、百德新（Paterson）、莊士敦（Johnston）、敬誠（Keswick）等，更別提還有渣甸山（Jardine's Lookout）、渣甸街（Jardine's Bazaar）和渣甸坊（Jardine's Crescent）。

我敢說，在東方人眼中，英國人看來都是一個樣，難以分辨出不同，就像西方人看華人群眾也一樣。但你只要仔細看這份香港英國人的名冊，就會看出過去一百五十年裡曾有過無數形形色色的英僑來到香港尋求發財機會。例如我們看到貿易商的姓氏之中，蘇格蘭人就很常見——渣甸、馬地臣、殷內斯、馬凱、麥格羅；還有多不勝數的伊文斯、鍾斯、威廉斯、戴維斯，而且這些姓氏不僅出現在這個殖民地的聖大衛協會和威爾斯合唱團，也出現在學院以及政府部門。曾經還有過連續五位英國愛爾蘭人出任總督。有種種清楚可見的跡象顯示這些次級英國縉紳貴族歷代在此地所展現的勢力。

尤其是英國中上階層之中的名門標誌，那些複姓人家也照樣在香港歷史上開枝散葉。以下就是幾個見於紀錄的例子，包括舊的和新的：費爾費克斯—丘蒙德雷、梭瑞—庫克森、彼得森—陶德、阿克斯—

鍾斯、史提樂—伯肯斯、修彤—帕茲、諾曼—沃克、衛斯里—史密斯、諾同—克什、韋伯—佩伯、潘法得—易文斯、凱沃—布朗、沃恩—弗勞爾、馬斯普瑞—威廉斯、傑克森—利浦金。

聽起來是很多姿多彩的一群人物，不管是用來命名街道的姓名，還是凱爾特姓氏或只不過姓氏中間加了連號，然而這些人絕不是每個都能過得如其家人所望，遠走東方展開新生活，或者符合他小學老師對他的期望。權力與利益同樣會腐蝕人心，香港的英國人就表現出了帝國身分地位的人最好和最壞的一面。

3 沾親帶故又互利

沒人佯稱這些英國大班還有其他商業鉅子通常都是好人。他們往往很有趣，往往勇氣十足，一般都很有冒險進取精神，但卻不是慣常慈悲為懷的。一八六二年，倫敦的貿易局副秘書馬雷就把當時入中國貿易圈的英國人描繪為「肆無忌憚又不顧後果的冒險家，唯巨額利潤是圖」（不過詹姆斯・馬地臣這個比其他人都更有文化修養、更為謙恭有禮的人，倒曾有幸被當代一位同儕形容為「態度溫文兼慈善的化身」）。

今天，雖說香港這些英國大洋商當然已經不再靠販毒逐利了，但在許多方面而言，依然永不放過有利可圖之處，而且他們的高層仍然不脫從前傳統氣息。他們是城府很深的一群，因為要面對華、美、日、澳等其他外商挑戰他們的金融霸權，更兼一九九〇年代的世界觀削弱了他們的力量，而北京政權又等著在一九九七年看他們歸順，但你不大會知道這些的，因為就某種意義上而言，他們還正處於盛期。儘管英國歷經社會主義和保守主義的諸般更迭，他們卻仍在遙遠的殖民地維持了絕對的自由企業精神；他們回到老家，一如以往，歷經了柴契爾主義和雷根主義意氣相投的年代，歷經了貨幣主義和國營私有化，以及企業併購出價與複合式合併，資本家想法高漲到甚至在共產中國都開始受到尊重。就讓我們假設一群這樣的商人（他們喜歡被稱為商人）出席晚宴，妻子亦儀態萬千地隨侍在側，然後看看這一百五十年對他們造成什麼改變。

這些老字號洋行非常依賴家族關係，盡可能招募堂表兄弟、姪兒外甥還有姻親。「我永遠無法同意去扶助拉拔遊手好閒的敗家子，」威廉・渣甸很嚴肅地寫道，「不管關係跟我有多親，但我卻願意在合理的範圍內扶持為人謹慎、勤快的親戚。」今天那些英國大銀行以及商業公司倚賴的人員也差不多，即使不是真的有血緣關係，至少也是沾親帶故，來自相同階層和背景。那五、六個邊喝咖啡邊談笑風生的男人都是同一類人，而且是很頂呱呱的一群。其中有些相貌英俊，個個都很有警覺性，喝酒有節制，很可能不吸菸，他們看來似乎樣樣都很能控制得住自己。

社會史學家克雷斯威爾在一九八一[03]年寫作時，曾對這些洋行的十二位這類大班做過研究。其中六個案例，他很謹慎透露說：「可以說，親戚關係是最重要的生涯因素。」其中十一個曾在英國的公學受教育，並在牛津和劍橋深造。幾乎每個都在英國陸軍比較出色的部隊裡服過兵役（最近還有一個才在法國外籍兵團服完役，並且以此為題寫了一本書）。隨著這幾位目標對象喝完咖啡又喝白蘭地（那時的香港仕女則很少加入到客廳裡來），我們可以由研究結果來猜出他們回到英國老家之後都是投票給保守黨，而且他們都可能在離倫敦不遠的某個地方有一棟中等大小、但設備極佳的鄉間宅第，等著他們退休去養老。

雖然他們各自代表不同公司，但在業務上的聯繫卻很緊密，因為香港的老字號英商公司往往共用主管，而且經常在方案上合作，使得整個體系有時給人感覺倒像個互利的半秘密組織。他們也喜歡參加同一個俱樂部，成為委員，更不用說一起分享跑馬地和沙田馬場的樂趣了，說不定還在皇家香港遊艇會賽船，互相乘坐對方遊船出海，也經常在接受對方招待時一起上了照，刊登在《香港閒談者》上。

等我們把這些財富兄弟情加起來看時——從英國標準來看，他們都是很有錢的人——他們在社會上、職業上、教育上甚至品德上都很明顯同聲同氣，也就不足為奇了。要是我們無意中聽到他們的交談，無論是多輕鬆活潑的談話，都有可能聽到提及公司合併、交易廣場的傳言、某人最近破產，或者要在中國興建核能發電廠的融資方案。在詞彙上，在引用典故上，有時也在發音上，而且幾乎最難確定的是態度上，都有一點美國化。

4 – 中產階級英僑

這就是一般我們所知的香港大班，起碼是小說家和來港記者們所知的大班——事實上，是一九六〇年代的大班，如果我們相信小說家詹姆斯・克拉維爾[04]所寫的內容，這些大班之間甚至還常用「大班」這字眼，事實上還用來稱呼公司的頭頭，例如「除非行情下跌，大班，否則美國大通銀行絕不會提供那另外五億元的……。」就經濟階級而言，在他們之下的香港英僑就是個大得多的階層，包括了較大班遜色的有錢有勢中產階級、商界高層執行者、掮客、廣告業男女、律師、醫生、學院人士、記者等，他們形成的社群比那些大班及妻子所的圈子要多樣化，而且除了包括有相當多非常斯文有禮的人之外，也有不少是你不見得想會去跟他買二手車的男人，或者不少你在雞尾酒會上生怕會被她纏住的女人，還有些孩子是會讓你慶幸你兒女不用跟他們上同一個學校的。

他們的社會背景起源各異，口音也各異，有最親切熱情的蘇格蘭或約克郡口音，也有上流社會那種講話腔調半卡在喉嚨裡似的發音。他們通常都娶了外國太太，華人、日人或洋人，但卻往往都把兒女送到英國去念書。他們生活很愜意，大都住在半山區（位於往太平山頂的途中）宜人的公寓，有時也住舒適的花園別墅。性情比較獨立的人或許會去住交通比較方便的離島，每天通勤，要不起碼也在那裡有個度周末的地方。有個事業很有成就的律師和他太太在中環有層公寓，在大嶼山的山上又有棟漂亮的村屋，種滿了花，還有很多英國風情的印製畫，他們住在這裡時可以監督他們的副業，那是位於附近的花園茶座以及騎術馬房。他們很少閒著沒事幹的，不管是丈夫還是太太——甚至在一九四〇年，就已經有三百名英僑婦女在香港經營自己的生意，而今天更是很少碰到哪個英僑太太連一份義工工作都沒有的。但話說回來，他們卻不見得總是具有大班那種刻意的自制能力，所以往往會有面紅耳赤有時甚至醉到神志麻木的時候。

總而言之，大致上，比起大班，他們比較不那麼十足英國化，生活方式也比較自由奔放。他們賺的錢可能遠比在英國賺的要多，所以都不急著回國，反而往往以慢條斯理的速度，怡然自得地追求他們的生涯，吃得好，跟朋友共度好時光，在俱樂部酒吧裡講八卦，星期天乘坐遊船出海——「總之不管你做什麼，」他們會告訴訪客說，「就是不要跟比爾（或者賽門、泰迪）出海，否則你都還沒出港口，就已經喝醉了。」很多人都很賣力從事公益活動。有些還學會了廣東話。幾乎所有的人每年都會離開香港到別處去休年假，而且講起遠東區瞭如指掌，如數家珍談起台灣或菲律賓、新加坡、東京等，就跟他們在英國的親戚會談起義大利托斯卡尼或法國多荷棟訥[05]一樣。

然而這些人的生活始終免不了圍著香港本身緊張激烈的變化打轉，它的政壇變動與醜聞、經濟狀況、新崛起或開始走下坡的餐廳，尤其是隨著一九九七將近，它的前途。

香港會變成怎樣，成了他們談話時念念不忘的話題。他們逐字閱讀《南華早報》、《香港英文虎報》、《東快訊》、《遠東經濟評論》，這些文章的作者或編輯說不定還是他們認識的人，再加上他們之中很多人都在大陸做生意，因此對於北京傳出的謠言也照單全收。

這個社群裡總是有些特立獨行的人。曾經有個名叫諾爾．庫魯切的證券經紀商，是香港會的資深會員，以脾氣壞又吝嗇出了名。一九七八年去世之後，人家才發現他把非常大一筆財富交給信託基金會，用來改善香港華人教育——這是世上最慷慨大方的私人教育基金會之一。此外，也無人能及得上杜葉錫恩女士（一九一三年出生於紐卡塞，娘家姓薰姆）更不屈不撓了，她在三十年之中曾經成為香港的開明良知之聲，大無畏地捍衛貧苦大眾，反抗當局，揭露貪污。然而大多數的英國中產階層卻對香港沒有深厚忠誠。有的人還厭惡這地方，只有那些最同化了的英國人才打算一九九七之後仍然留在香港。反正基本上他們都是過客，而且他們之中老早就有很多人為將來做好準備了，在格拉斯[06]附近一帶買個很不錯的小小房地產，因為那裡的食物還是很不錯，陽光燦爛，有點像東方的太陽，而且他們還可以在某個遊艇碼頭保有一艘船。

5 — 工人階級英僑

有段時期這些香港英商公司雇用了很多比較單純的英國人。除了早期的香港曾經有過白人流浪閒漢與妓女以及少數靠手工謀生的英國勞工之外，之後在此生活的從來沒有貧苦白人，尤其是兩次世界大戰之間，更是興起了大批「小資產階級」英僑，就像在其他許多殖民地一樣。就拿連卡佛百貨公司來說，以前都雇用英國人做店員，而且可以從老照片裡看到他們戴著通草編織的帽子，懶洋洋在公司宿舍的遊廊露台休憩，或者在聖誕節派對上花枝招展地慶祝，那些留了濃密小鬍子的人物就像從威爾斯（H. G. Wells）筆下走出來的一樣——鞋類部門的助理經理，家飾用品部門的副主任。

當年這個社會如今已經消失了，但仍留下了一點餘響。比較俗一點的餘響，則有二十幾家酒館依然保有了那種道地「湊在一起看足球轉播，淋漓盡致喝啤酒」的風味，更加上了點唱機和澳洲風情助興。比較雅一點的，則見於至今英文報紙上仍然有的大量賣弄文字卻又寫得不好的讀者投書，署名為「憤怒的顧客」或「真勇」，而且直到最近又引進了各種博君一粲的漫畫，往往帶有侵略主義者要不就是反動派的調調，放在五十年前的英國廉價刊物上倒是很適合。不過話說回來，如今商界跟政府一樣，較低層人員幾乎全都是華人了；最近這幾年裡，要是在香港認出一個工人階層的英國人的話，大概會是個英國駐軍裡的一名士兵，這支駐軍從香港成為殖民地開始就已經長年累月駐紮在此，只除了有一段時期是被關在日本戰俘營裡。（一八七七年，曾有名這駐軍裡的中士因為看不順眼那些政商階層人士所占的優勢，火大之餘，獨力拔劍攻擊香港會，砍掉了好些燈盞和吊燈，一面口出惡言「你們都是他們一夥的！」去威嚇那些會員。）

不過，隨著殖民地行將結束，卻另有一批藍領階層的英國人出現在香港——這是大英帝國冒險家的最後一級人物了。由於無法在英國找到工作，又或者根本就對那裡的生活不再抱希望，成百上千的年輕人都跑來香港，樂意做各種勞力工作，而且工資要求不高——說不定他們跟其他那些比較滑頭的老手一樣，照拿英國國內的社會福利金作為津貼。如今香港英僑主婦要是想找人幫忙油漆粉刷，或者修水管，把門重新安裝好，又或者幫忙打理一下花園，她很可能會去找這些英國出走者。他們可能不是很熟練的技工，但是收費要求卻比華人要低，這也是香港最後這些怪現象之一。

6 — 英國官員

在這抽象藩籬的另一邊則是身在香港的那些英國官員，包括各種不同背景，如今很自由地跟商界和專業界階層人士混在一起，但心理上卻不脫官方本色而保持一段距離。

他可能因為某種一技之長而獲招募聘用，譬如原本是工程師或港務員經理、記者、會計師、植物學家或氣象家——即使到了一九九六年，華人已經取得大多數公務員職位，但政府受薪名單上卻仍然有一千八百名左右英僑。他可能屬於外交暨英聯邦部的編制人員，這個部門在一九六八年吸收了從前殖民部的剩餘人員（因為那時殖民地越來越少，很明顯不足了）。說不定他是經由另一個如今已經獨立的英國殖民地，而來到香港。要是他已經到了某個年紀，那他說不定就是最後那批受過專門訓練派來香港當官的人之一。

曾經有段時期，說來還是算不久之前，那時香港行政的英國官員沒幾個能說任何一種華語的。而今，這批官員包括了為數不少精通多種語言的中堅分子，更有幾個對中華文明非常熱中的人，如同從前帝國傳統裡的學而優則仕的學者兼行政者。既然眼前香港這個高級行政人員很可能會成為這類人的末代傳人，且讓我們接受邀請，去跟其中一位熱中者及其熱愛中華文明不亞於其夫的太太一起吃晚飯，驅車駛離濕熱的中環，行經半山區華燈初上的高樓大廈之間，沿著蜿蜒道路上山去到他那棟俯臨海港的白色公館。

「你知不知道，」我們手持飲料站在陽台上眺望眼前壯麗景色時，他有點心虛似地蹭蹬著腳步一邊說道：「你知不知道去年有一萬五千艘遠洋輪進出這個海港？現在是多少艘？每天三十五還是四十？還不錯，是吧？」他講起來就像是某個人提到自己栽種玫瑰的生長情形似的，帶點業主或甚至是創造者般的口吻。高高位於這山的坡上，居高臨下離市區喧囂遠遠的，的確讓人生出某種崇高之感來，有點像上帝了，實在忍不住有點志得意滿，「當然，這數據還沒有把那些從中國大陸來的小型船隻算進去——它們總共有八萬艘左右吧……。」

等我們進屋裡要吃晚飯時，才看清楚了他這房子雖然在建築上屬於殖民地式的氣派，但在裝潢布置上卻很含蓄，裝飾格局是英式的，但添加了中國擺設，例如牆上掛的字畫以及有龍圖案的花瓶。晚餐內容也是中英混合式的。「你們喜歡吃這魚嗎？」我們這位主人家急切問說，「這是池塘養的鯉魚，你知道，是我們一位住在新界的老朋友送的。吃起來味道可真是鮮美，對不對？」「你們認為這茶喝起來怎麼樣？」女主人問說，「這是福建茶葉，可能就是陸羽在《茶經》裡提到過的那種茶，對消化也很有幫助……。」那瓶麗絲玲白葡萄酒倒反像是跟菜餚格格不入了，說不定是為了我們才特別加的，等到我們婉拒使用所有中國美食都不可或缺的牙籤時，簡直都快自覺羞愧了。

至於談話內容，則集中在大嶼山發現的古蹟中國銘文上，我們的主人家在這方面很內行，也談到了十八世紀華南的社會道德倫理，這方面他曾寫過兩篇專論，而他太太則頗通蛋家方言，不時在一旁穿插她從這方言中領悟到的比較和心得，並談到她擔任五、六個慈善協會名譽主席的經驗。

我形容得有點誇張，不過只是在細節方面誇張而已，而且只是善意的揶揄。其實這晚過得很開心，很親切又得體。主人夫婦是非常高尚的人。我們告辭之前，冒昧問他們一九九七大結局那天他們會去哪裡，「去哪裡？」他們異口同聲說：「我們哪裡都不去，我們會留在香港家裡。」07

7－重要的是階級是否相同

現在英國人已經很少稱香港為「殖民地」了，多半改口稱為「領域」。在大範圍的大英帝國體系裡它已經不再扮演一角，而且執行起成文規定的殖民地禮儀時，也可察覺得出尷尬的味道。但是說懷舊也好，或許也是出於美感需求，香港的英僑有時的確還挺思念昔日情懷的。這點尤其在復活節時表露無遺，當主教座堂的鐘聲響起（這口鐘是香港會紀念伊麗莎白女王於一九五三年登基捐贈的），聖公會的宗教情懷就在英僑圈子裡油然而生，就像以前曾經橫掃大英帝國所有的殖民地會眾一樣。當天早上，教堂裡所有長椅都坐滿了非常英國式的人物，連同其他歸化大英且又皈依了聖公會的民族成員，於是這些英僑又回到了從前的光景。那些執行長排隊等著領聖體時，雙手溫順交疊在腹上；經常出現在《香港閒談者》的那些夫人此時收斂起了平時神氣活現的眼光，恭順地低垂眼瞼——連那些公關公司的女士此時看來都像黃花大閨女似的。

說真的，雖然只見到兩三頂復活節女帽（我猜想戴此帽的全是澳洲人），但整個情景充滿了大英帝國的氣氛。遮陽套窗都打開了，迎接陽光，就像以前在西姆拉或自由城的教堂窗子在這時節一樣，詩班唱出古老的讚美詩，講道的是個威爾斯人（「朋友們，雖然我們遠離家鄉，然而在這個歡欣鼓舞的神聖日子……」），穿上白法衣的華人教士助手看起來相當莊嚴，所有情景恰如在大英旗下與建設中應有的。

這是一年之中香港英僑很坦然表白身分的時刻，也是少數幾個他們看來似乎很齊心的場合之一；因為就像我們所觀察到一八四〇年代的情況，英僑圈子不僅有利益分歧，而且還有我們剛才檢視過的階層與行業差異，所以向來四分五裂。更何況，從一開始每個人都瞧不起別人。一八五九年，有位在港內的海軍軍官亨利・艾力斯界定[08]香港的一般社會態度是「財大氣粗」，而這個定義從來不曾過時。

多年來，甚至到了今天情況依然，一個人的社會地位可以從他住得起什麼樣的房子而看出來，上主教座堂能坐在哪個位置的長椅上，則是另一個階級和自我評估的指標。社交往來禮儀很講究，涉及範圍包括晚宴入座先後次序、留名片，以及最棘手的進退兩難局面如誰該先打電話給對方；一八五七年，「保民號」軍艦停泊港內，艦長卻從來沒有跟任何英商大班碰過面，而這些大班卻是出了名的好客，原因是他和他們都不想要降格先去接觸對方。軍官看不起商人；批發商看不起零售商的職員。「這個小圈子，」魏德黑寫道，「一點也沒有四海兄弟的胸懷，反而分裂成很多更小的派系或小幫，那些成員從來也不想跟他們自己那個小圈以外的人有關聯。」

這是很常見的帝國現象，或許由於帝國的巨變而造成所有階層都對本身重要性更加自覺。官員派到殖民地去就成了貴族，碼頭工頭和老婆則發現在工作上可以指揮很多手下，在家裡可以指揮很多僕役鋪床疊被，即使是個普通小兵都有個苦力供他指使。要是這種驅使聽起來不怎麼入流的話，真相是因為香港英僑大體上來說很少是入流的人。當初那段鬧哄哄的開創期過了之後，這個殖民地沒珍惜過幾個傑出男女——行政體系上沒有像歐威爾（Orwell）那樣的人，也沒有像吉卜齡那樣的人為《南華早報》工作。甚至連古怪之處都罕見。當地史家喜歡記錄伍德霍斯[09]的大哥是在香港出生，戴昆西[10]的次子是在香港去世，由此也可見這社群的一般了[11]。

8 來港的先鋒外僑

一年到頭，每逢星期日早上，皇后像廣場就被在香港的菲傭占據了，幾千人聚在這裡見朋友、交換消息、露天烹煮、賣東西給別人、看馬尼拉報紙，有時還隨著電晶體收音機的音樂起舞。這實在是蔚為奇觀的場合，幾乎讓見者想起大群聚集的椋鳥。大約上午十點多鐘，這些婦女紛紛從地鐵站湧出，從渡輪上湧出，聚集在廣場上，盤據每張長椅，在地面鋪下購物塑膠大袋安坐其上，各據小塊地盤。要是下雨潮濕，她們就轉而占據方圓半哩之內的騎樓、天橋和購物中心。高音的達加洛語[12]閒談聲迴盪在摩天大樓之間，競相播放的音樂在公共花園裡對衝響成一片，如潮垃圾隨風到處飄蕩。有時那個非常出色的菲律賓社群交響樂隊在封路無車通行的街道上演奏，天黑很久之後，仍然有三五成群要好的朋友在說笑、嘰咕胡扯、讀著彼此的家信、撫弄吉他、吃著小塊的魚。

義律艦長在一八四一年於香港升起英國旗時，宣言英屬香港會保護所有外國人，從那之後香港就一直是每個人商業上的貨棧，一個歡迎所有商船和航空公司的港口，所有國家海軍都心愛的海港，也是任何能來這裡賺錢的人最如魚得水的地方。今天香港的英國人在外僑居民之中屬於少數族群，而形形色色的外國人就像古時出現在商旅客棧的貿易商一樣，永遠來來去去。有些其實一開始就已經來到了，這其中就包括菲律賓人，菲律賓是距離香港最近的非華人鄰國，一八九七年，他們脫離西班牙人統治之後就人口大增，如今更形成了所有外僑圈中最大的族群。

怡和洋行在一八四〇年代就雇用菲律賓人做警衛，而菲律賓樂師更是向來在香港有一席演奏之地，就像臥亞[13]的樂師在英治印度一樣——是要預約請去豪門演出的藝人。菲律賓時事人物在報紙上占了大篇幅，菲律賓共和國的總領事向來在各國領事之中非常突出。但這菲律賓社團的可愛大眾卻是由這些每個星期天在皇后像廣場上歡笑、聊天、永遠心情好的婦女構成，她們是契約勞工，工作時間往往很長，居住在比鴿子籠好不了多少的鋪位房間裡，但是年年還是熱切地成千上萬來到香港，很多都拋下國內的老公和兒女，以逃避家鄉比香港還差的環境。

葡萄牙人也是來到香港的先鋒夥伴——事實上，他們在英國人之前就已經待在這海岸了。他們在澳門和英商組了一個歷史悠久的協會，其中有許多人，包括某些古老家族，是在南京條約簽訂之後渡過珠江口來到香港的。他們為香港帶來了某些最早期的建築物，也為香港增添了一些詞彙——例如 praya（海傍道），意指散步場所；mandarin（官員）原本指發布書面命令的人；comprador（買辦），字面上是指供應者；amah（女傭）指保母，甚至連出人意外的 joss（中國神像、佛像），這個字也是來自 deus（神）。

葡萄牙人向來在法商界的中階裡很突出，他們也是洋人之中第一個在九龍為自己興建住宅的，後來九龍成為英屬之後，葡萄牙人住宅區就幾乎成了孤立的園區。他們的「葡國人俱樂部」是香港歷史最悠久俱樂部之一，而且他們有些人的生活方式非常斯文風雅。說到這裡，我想起了一位名氣很大的律師，他祖父是在一八四二年從澳門來香港的，這位律師坐在他位於新界鄉間的美麗住宅裡——此宅面對有座島嶼的海灣，屋後是青山——連同他四條大狗、三隻貓、講究的藏書、他的花草，還有罕見的中國工藝品，拿出他成為日軍戰俘時所草草寫下的日記給我看，還有他每年一度去策馬特[14]爬山的紀念品，以及他那馳名的郵票收藏，他的集郵已經使他揚名於所有集郵家大會了[15]……。

印度和香港的關聯則建立在英商大班以及他們的孟買或加爾各答貿易夥伴之間的聯盟上——他們的聯盟關係還早於香港成為殖民地之前。帕西商人在香港事務上更是從一開始就別具重要性，有幾個在義律最初拍賣香港土地時就買地了，至於印度人，細分還分成錫克教徒、孟加拉人，以及後來因為大分裂而歸為巴基斯坦人的帕坦人，在香港向來都很常見。以前常可見到他們當軍人、警察、船舶警衛，現在也很常見到他們擔任飯店門衛和保全人員。站在文華酒店大堂裡那些有貴族氣派的紳士們，好像正在等候跟他們的同僚主管碰面，然後要一起去燒烤餐廳裡吃午飯，但人家卻告訴我說他們是來自印度西北邊界的強悍打手；守衛坐落在海港裡的小島昂船洲[16]上彈藥庫的警察一定是錫克教徒，因為他們的宗教信仰禁止他們抽菸。

過去他們多少都受到雙重種族歧視——除非是大富或大貴者，否則都免不了既被英國人看輕，也被華人瞧不起——但他們往往還是照樣興旺起來。最早開始營運過海渡輪服務的就是個印度人，到了一八四〇年代，另一個印度人開辦了天星渡輪，而且有很多年印度人的旅館業做得非常有聲有色。香港最早的兩家印度公司創立於一八四二年，至今依然生意興隆。在製造業和代理業方面，印度人和巴基斯坦人可說在香港經濟上占有一席之地，所占重要性遠超過他們的人口比例；因為他們只占香港人口四百分之一以下，然而卻推動了十分之一的香港外貿。

9 其他外僑

看看日本學校的那些校車，首尾銜接一輛輛排在春坎角高處的道路上！聽聽下方海灘上傳來的那些小學生活潑的吱喳聊天聲！不妨想想隔著這海灣對面的那處赤柱正灘上，在一九四三年間，曾有三十三名英、印、華裔的香港公民在此被斬首示眾，罪名是犯了日據下的叛國罪！日本人和香港的關係的確是很曖昧不清；一方面日軍是唯一曾經入侵香港的外國軍隊，另一方面，多年來日本的外國貿易絕大部分有賴於香港的銀行籌措資金。這邊沙灘上是快樂戲水的日童，對面沙灘上卻曾經有血淋淋人頭落地。

怡和洋行是十九世紀從香港再進軍到日本的，除了戰爭期間之外，他們的分公司在那裡也一直很興隆[17]，日本人也在香港建立起很大的商業金融圈，為香港提供例如一九三〇年最為人所知的理髮師兼外科與牙醫的行業，日本人的理髮師兼外科就是在一八九四年時疫流行時率先隔離瘟疫病菌的。還有香港從前無處不見的黃包車，真正名稱其實是日文「人力車」。直到二次世界大戰之前，香港一直有很興旺的日本居民協會，有他們自己的寺院，一九二二年尚未登基的愛德華八世來到香港時，這協會的會員還發射大煙火歡迎他，火箭射上天空爆開時，飄下許多吊著英國國旗的降落傘。

二次大戰期間的歲月為英日關係投下一片恐怖陰影，夾雜著（總之是英國人這邊）大惑不解又有點不得不另眼相看的氣氛，不過日本人很快又恢復了強大和自信。如今他們有自己的銀行、投資公司、保險公司、酒店、餐廳，以及至少十家長期水洩不通的百貨公司。人力車幾乎已經都消失了，然而豐田和日產起而代之，還有到處可見的新力牌和樂聲牌產品。香港的金融市場要是沒有了日本基金，可能就會出現問題；要不是因為日商顧客的無饜性慾，香港的上空酒吧和按摩院行業就要凋零了。而且我料想，目前這為數二萬一千多名的日本居民大有可能很快就發展成為所有外僑圈中最大的一個。

在維多利亞時代，香港也有過很旺盛的德僑圈——在英國競爭者眼中，認為此圈未免太旺盛了。這圈子有自己的德國俱樂部，還加上劇場，而柏林仕女協會還開辦了育嬰堂。就個人而言，德國人在香港的人緣相當好，一八九八年，普魯士亨利親王搭乘「德國號」巡洋艦途經香港，要沿著中國沿海北上前往德國新保護區青島，在港的英國人和德國人都一起舉行了熱烈歡迎儀式[18]。兩次世界大戰消散了這個德國社群，但是香港從來沒有出現過激烈的反德情緒。第一次世界大戰期間，德國武裝快船「伊頓號」炸沉了印度洋上所有的英軍船隻，反而還挺受到香港殖民者的刮目相看，因為他們還記得戰前這艘巡洋艦多次到訪香港的美好回憶；二次大戰期間納粹德國又跟香港的水深火熱風馬牛不相及。這個德國俱樂部在一九一四年結束掉之後就再也沒有復起過，而德國人在港也一直保持在不顯眼的狀態——一九九六年總共有二千九百名在港德國人。但你從滿街可見的賓士和寶馬轎車也猜得出來，作為貿易夥伴，西德地位比大不列顛重要得多。

至於俄國人，不論是蘇聯時代還是沙皇時代，在香港向來都受人懷疑，但是卻一直有不同類的俄國人在香港出現。一八九一年，當時尚未登基的沙皇尼古拉二世來港，乘坐皇室遊艇，有四艘軍艦護航，卻受到頗冷淡的接待；沒有人對他歡呼，而他登門拜訪了港督府很短時間之後，就駛離香港了。蘇聯革命之後，也有過比較不顯赫的俄國人來到香港，上海出現連串險象之後，又有其他俄國人紛紛撤退到香港來，因為香港一般而言在族群上比較國際化，他們寧可來這裡。整個一九三〇年代一直有白俄羅斯人在港漂泊，為了謀生，充任船舶警衛、妓女、舞蹈教師、攝影師、練馬師（跑馬地最後一位俄裔練馬師是在一九八六年退休的）。他們的人數足以組成香港義勇軍裡的一排，一九四一年香港淪陷於日軍，戰俘營裡也有足夠人數組成三十名成員的哥薩克人合唱團。

說到法國人，現在大約有五千名左右，外加起碼五百家公司，他們可說是老香港了。一八五二年有個法國建築師興建了香港第一座大會堂，一八六五年，有位法國人出任滙豐銀行總經理，一九五〇年代，法國工程師興建了新啟德機場的跑道，跑道非常引人注目地伸出到海港中。加拿大和香港的主要關聯就很悽慘，因為在日軍侵略時很無必要地被消滅掉兩營加拿大人；然而今天的香港還是有個相當大的加拿大社群，而香港華人在九七來到之前另覓避風港之際，加拿大也是最為人所知的熱門移民地。

香港和澳洲的淵源則一直都生氣蓬勃，從最早進口南威爾斯的馬匹供跑馬地賽馬開始，到一九八〇年代初香港市場處於緊張狀態時，澳洲企業家仍大膽進軍投資，關係一直是與日俱增。香港歷史上隨處可見澳洲人蹤影，由蘭道爾太太的蜜糖生意到梅鐸先生與他的報業。現實生活中也到處可見到他們，發展地產、經營商店、編輯報紙，高等法院和證券交易所都聽得到他們的口音，星期天早上遊艇俱樂部的碼頭更是響遍他們宴飲高談聲（有時已經是大呼小叫了）。

吉普賽人從來沒出現過在香港，但是跟他們同樣浪跡天涯的猶太人就經常在這遙遠異國水域發揮自己，有所成就。有很多都做過難民，而且往往還做過兩三次——逃離納粹德國、蘇聯、日本占領區或中共大陸。其他有的是因為做生意而來到香港，有些更成為大英帝國猶太人圈中的望族。

他們這個族群向來不大（一九九六年才三千人左右），而且雖然世代在此，舉例來說，是被摒除於香港會之外，不收他們做會員。但是另一方面有些卻因為非常富有而獲接納，因為擁有屢屢勝出的賽馬馬匹，盛宴排場又輝煌；其中有些更是著名，就以倍利留斯為例，他於一八六二年來到香港，一反常規地堅持養隻駱駝用來馱運食品到山頂區去。而曾經做過孫逸仙保鑣的「雙槍」柯恩則在一九四〇年代來到香港，是中國內戰期間最多采多姿的僱傭兵。第一批猶太大商人是跟著英國國旗從孟買來到香港的，然而他們之中有些人卻是源自於巴格達，這些家族之中有些在香港歷史上很出名。

有兩座塔樓的猶太會堂建於一九〇二年，帶點荷蘭風格，如今已淹沒在周圍龐然高樓大廈之中。門廊上有份捐贈者名單，你會見到一些意想不到的姓氏如格聰哈吉、馬肯齊之類；但也會見到猶太姓氏，而且是在整個大英帝國範圍裡都很有名的姓氏。這座猶太會堂「莉亞堂」原名意思為「莉亞的帳棚」，這是雅各・沙宣為紀念他母親莉亞而建（「願她安息」），他的家族經由伊拉克和印度而來到香港，這個家族世代為大英帝國增添了不少詩人、鄉紳和百萬富翁。在這座猶太教堂的事務上還有個更突出的家族，這就是嘉道理，可以從一世紀前的照片裡見到他纏頭巾、穿著燈籠褲的模樣，但是這個家族在一九八一年卻出現了香港第一位英國治下的貴族——西敏市與香港九龍男爵羅蘭士・嘉道理。

10 – 發展最有聲有色的美僑

然而所有趁英國勢力之便而來到香港發展的外國人之中，一開始就最有聲有色的卻是美國人，當香港成為直轄殖民地時，美國人的共和國歷史不過六十幾年而已，但從一八四五年起，就在香港設有領事館。「很多人外出都乘坐載客馬車，」一八五八年有位訪客留意到：「還有些美國佬乘坐輕便型四鐵輪單匹馬拉車。」我們現在也見得到美國人，歪戴著帽子，咬著方頭雪茄，這沒什麼好意外的，因為美國人向來就沒離開過香港。

美國船隻最早是在一七八四年來到中國海域，當時因為美國革命戰爭之故，大多數外國港口都不承認他們，一八〇三年廣州設立了一家美國商館。當年的美國企業家幾乎都是原籍英國，定期到印度和中東採購鴉片，然後用他們的快船運到中國沿海分銷。在最早印刷成文的英國香港資料上就出現了一個美國人物——是個口譯員，一八一六年阿美士德勳爵出使北京時在香港西岸外的一次會晤上挑中他的——也是殖民地最早那些洋行的其中一家，這人就是羅塞爾以及他的公司旗昌洋行；公司於一八一一年設立於波士頓，合夥人則來自紐約、康乃迪克還有麻省，後來成為香港很有分量的機構，長達三十年之久。

美國人在香港興建了第一座基督教堂（浸信會福音堂，一八四二年），並率先把天然冰運到香港（一八四七年），並斥資興建了第一家有一千個房間的酒店（一九六二年——原名「美利堅酒店」，後來成為香港希爾頓）。第一個擁有汽車的是美國人（一點也不出人意外是個牙醫，諾貝爾）。總督府的第一次聖誕晚宴有個美國人出席（他是打開日本鎖國時代的海軍准將培理手下的軍官，普瑞伯）。一八五三年，共濟會的新會所開幕，是由美國海軍樂隊沿著皇后大道演奏遊行到那裡的。第一艘往返廣州的汽船是由美國人營運的（一八四五年，「米達斯號」），首次在香港跳降落傘的也是美國人（一八九一年，鮑德溫兄弟）。稱之為「瓦拉瓦拉」（Walla-Walla）[19]過海出租小船料想也是根據華盛頓州內陸一個小鎮而命名的，因為當初開始經營的人就是來自那個小鎮。

一八七九年卸任美國總統格蘭特在總督府吃晚飯（「席上有前所未有的最輝煌的嘉賓」）。西班牙－美國戰爭期間，海軍上將杜威打如意算盤地利用香港海域裡的大鵬灣作為基地。作家項美麗（Emily Hahn）在戰前的香港是個名女人，大膽違抗各種大小虛情矯飾，快活地跟英國駐軍的情報官未婚同居，生下孩子之後更在《南華早報》上刊登啟事，以挑戰之姿宣布「巴克斯少校和項小姐弄瓦之喜」。一八八九年，吉卜齡來香港，認為全城「都是美國式裝潢，從美容院到酒吧都是」，而那些妓院姑娘則滿口美國黑話（「我站在那兒，被美國語言的深度和豐富嚇壞了」）；他還上了一艘美國的河道汽船，認為跟英國小船隊的船一點都不像，因為整艘船「幾乎全由白漆、薄鉛板、一隻牛角和活動梁」組成，再加上一架上膛的機關槍，用來擊退海盜。

無論哪裡發生悲劇事件、醜聞、金融變局或冒險事件，很可能都會有美國人牽扯其中。美國人在香港開設酒館、經營妓院、嫁入總督府、打海盜也做海盜。最出名的海盜之一是包格司，是個改正歸邪的美國水手，率領三十艘武裝中國帆船在珠江航運上劫掠。一八七五年香港政府懸賞捉拿他，結果拿到賞金的是另一個美國人「惡霸」海斯船長，他參與皇家海軍突襲這支海盜船隊，而且親自捉到海盜頭目。隨後而來的審判轟動一時——包格斯雖然長得挺溫柔可親、五官端正，但卻被指稱率領手下那班中國流氓奪取無數船隻、殺害船上水手或強迫他們跳海。但卻找不到證人可以作證親眼見到他殺過一個人，然而他還是照樣被認定犯下海盜罪，判以終身流放。（不過「惡霸」海斯倒是領了一千元賞金，包格司並沒有真去流放到其他殖民地去，因為在香港獄中待了三年之後，由於健康情況欠佳而獲釋，而且似乎就此從香港以及歷史上消失了蹤影。）

美國在亞洲參戰期間，包括一九五〇年代在韓國，以及後來在越南，美軍成千湧到香港來，一如他們在一九四〇年代湧到東京一樣——香港鴇母現代渾名跟日本一樣叫做「媽媽桑」也就不是巧合了。那時美國有一代的男性習以為常把香港當作享樂天堂，今天他們的後繼者也一樣，那些透過套裝旅遊和海上航遊而來到香港休假兼休閒的遊客，認定香港是最棒的購物天堂。只除了抱持關貿保護主義觀點者（例如紡織業者）之外，大多數美國遊客和居民都很熱切擁抱香港民風習俗，無疑是在香港看到了他們自己意識形態心照不宣的影子，而且成千上萬地購買跟香港有關的暢銷小說。

反過來看香港的華人，也很迫不及待去適應美國口味，於是麥當勞就成了香港生意最好的漢堡店，最近九龍更有一家必勝客單日就有將近四千人吃披薩。

11 美國人在香港

據官方統計說，今天住在香港的美僑幾乎跟英僑一樣多，但可能有半數是華裔美籍，其中許多本來就是香港人，所以才看不出他們是美僑。其實說來很理所當然，因為美國人在香港的態勢並非一直如表面上所見到的；表面上他們的居民已經夠多，有自己的商會和國際學校，在中環濱海摩天大廈四十七樓有富麗堂皇的美國會，到裡面的鋼琴吧享受一杯伏特加馬丁尼，聽聽柯爾・波特（Cole Porter）的曲子，這地方堪稱世上最佳地點之一，除此之外，美國會還有一處豪華的鄉村俱樂部。美國人在香港設有伊利諾州亞洲辦事處，密西根州農業部辦事處，還有他們的亞洲版《華爾街日報》。香港電視上有美國人擔任主持人，美國的企業家在香港各行各業都很活躍，從巨型規模發電廠的發電到九龍樓上廠房裡做模型船都有。皇后像廣場到總督府途中半山處最顯眼的位置上有很大規模的美國領事館，而且還不只這樣，一九八七年更有個美國人做了一陣子怡和洋行的總經理。

然而美國人在香港的存在，比表面上微妙得多。領事館有些窗戶很詭異地裝了鏡板玻璃，用來防止窺伺或電子偵測，而美國官員在這個英國直轄殖民地表現的態度往往也同樣令人看不透。近至一九八六年，還有人聽到領事館有位資深美國領事對紐約來訪的政要說：真正運作香港的中心其實是在這個美國領事館裡。要是說目前美國在香港的金融利益很龐大、成長快速，那麼也是因為無論是歷史、政治或意識形態方面，美國人老早以來就在這地方占了強勢的一席之地的緣故。

二十世紀初，他們就開始把中國當成他們的影響範圍。從商業上來說，他們投入的也沒有比英國的更重要，但從感情上來說，有絕大部分是由於美國傳教士深入中國內地之故，因此他們自覺對這個國家有高人一等的留置權。這種信念到了富蘭克林・羅斯福出任總統期間更是達到頂點，因為他外祖父德拉諾曾經是旗昌洋行羅塞爾的合夥人之一，一輩子都對中國很感興趣。

就是在他出任總統期間，我們首次感到美國人逐漸加強決心，認為英國人根本就不應該在香港。羅斯福反對所有帝國，就跟所有在一九三〇到四〇年代任何有自尊的總統一樣，他認為英國應該離開印度，同樣也認為英國應該把香港還給中國人。想法就跟蔣介石一樣，此君是個皈依的基督徒，一九二八到一九四九年間統治中國，蔣介石認為把香港割讓給英國成為殖民地的《南京條約》是「不平等條約」，是上一個世紀勢不可擋的歐洲強國迫使中國人簽訂的許多條約之一。大多數條約已經在簽訂一九四三年的協議之後廢除了，但是當初割讓香港以及後來租下新界，英國仍然堅持維護這兩者權益，因此在蔣介石和羅斯福眼中是極不公正的。

二次世界大戰後期，香港淪陷於日人之手，五強也正式承認了蔣介石的國民黨中國，這時似乎正是撥亂反正的大好時機。蔣介石和羅斯福之間的通信也經常講到戰後要把香港歸還給中國的提議。羅斯福在雅爾達向史達林建議說要讓香港國際化；在華盛頓則向艾登[20]說英國應該放棄這個殖民地「以示善意」。另一個建議則是英國應該把香港賣回給中國，代價則由美國國庫借出，又或者中國人在美國人支持下自行由日本人手中解放香港。不管採用哪個手段，羅斯福都很有信心，認為一定做得到。「我們有辦法對英國施壓，使之跟我們想法一致。」他告訴兒子艾略特說，「畢竟現在是二十世紀了，我們會做到這點的，你等著瞧！」

但是美國這種態度後來改變了，一九四九年共產黨掌權中國，蔣介石帶著他的避難政府遷移到另一個海島台灣，因此不再強烈要求英國人把這個殖民地歸還給北京政權。反而到了一九五〇年，美國人發現自己為了韓國問題而跟中共打起仗來時，香港倒成了他們勢力的前哨。美國領事館大為擴張，一度成為全美海外外交使團駐所規模最大的，配備了各種裝備，在中情局的庇護下運作。美國也對中共實行貿易禁運令，在香港的美國官員簡直把此地當作是他們的，按章辦事強迫執行，很荒謬地連中國生產的木材和香港生產的木材也要畫上界線，又或者禁止輸出加工蝦，理由是這些蝦可能是在中國海域捕來的。

這時美國第七艦隊的火力已經大大壓倒僅剩的幾艘皇家海軍軍艦，而美國雷達天線以及電子監測站也如雨後春筍冒起在香港山脊上。接下來的二十年裡，歷經了跟中國人的敵對衝擊以及逐漸修好，歷經了南方幾百哩外越戰創痛，香港一直是美國監視中國的瞭望台，美國公務員、政治與經濟分析家、記者、學者以及職業間諜群聚於此。等到美國直接跟毛澤東的中國正式重建外交關係，承認合法的中國首都是北京而不是台北，這時香港對於華盛頓也許算是失去了某些戰略價值，卻轉成為美國人的最愛投資地點——一九五四年香港有五十家美國公司，一九九六年卻有一千家。

而今，美國人正式來說是樂見香港即將重歸祖國，一方面卻也跟其他所有人一樣，想著他們的錢不知道會怎麼樣。他們今天關注的是謹慎從事，起碼他們是不公開參與漸行漸近的一九九七，然而他們與中國的貿易聯繫大有可能成為權力手段而改變北京的民主，同樣也可影響香港的民心與安定。他們的軍艦還是經常停泊在海港裡，對於像我這種固守浪漫情懷的人，見到美國星條旗飄揚在此，依然會勾起淡淡的懷舊心情，想到很久以前它也飄揚在優美的鴉片飛剪船上，飄揚在旗昌洋行嘎擦響的明輪船上，甚至是宜於海盜包格斯下手的良辰吉時那一刻。

12 民系鎔爐

然後講到其他那百分之九十八：徹頭徹尾的香港人，也就是那些華人。

有一天我在南丫島上沿著一條小徑散步，這是位於香港島西面兩三哩外的離島，一面盤算要去海濱吃海鮮午餐，一面想著這個島讓我想起半熱帶風情的蘇格蘭，有灌木叢生的荒山，還有帶鹽的海風——正很愉快邊走邊想東想西的，拐過小徑旁一叢灌木卻突然碰上了十幾二十個人，全部都披著有帽兜的白斗篷，垂著頭，對著挖開的墓穴念經。火堆餘燼冒出香火煙味，火堆旁有個穿黑長袍、戴寬帽的男人肅然靜立，手握棍杖，彷彿陷入出神狀態。這情景在那個大太陽的早上就像個陰慘慘的夢境，我一方面是不想打擾他們，一方面是有點嚇了一大跳，於是面有愧色匆匆走過，去吃我的茄子炸石斑（南丫島的海鮮酒家是香港最好的）。

面有愧色是因為，我其實很清楚知道我不過見到華人出殯而已，而且是按照古老的道家儀式舉行葬禮，這在當地生活幾乎是很自然的部分，就像風吹過海面一樣。西方人來到香港而認為華人文化很隱晦難明、而因此瞠目而視、大驚小怪或趕快溜開的話，這才真是討人厭的少見多怪，說來要感謝這地方的獨特歷史背景，畢竟華人文化才是香港其他所有的基礎文化。洋人在香港的比率大約是每一百人才有一個洋人，在洋人眼中看來很不尋常的事，理所當然本來就是常態。

然而話說回來，為了對胸無城府的外國人公平起見，即使講到華人，也有各種不同的族群。真正在香港出生的華人只不過占半數多一點，就算不把洋人算進去，這個殖民地也仍然是個民系鎔爐。最早的廣東人、客家人、福佬和蛋家依然在香港，客家婦女還是照樣戴著寬大黑帷帽，福佬和蛋家要是沒住在他們的中式帆船或舢舨上，起碼也是住在海邊地區，往往是搭在水上的陋屋，或者永久停在陸地上的船。但香港也有為數不少的上海人——以前香港北角被稱為「小上海」，這裡是上海人的天下，公寓大樓、工廠、飯館、商店和寫字樓——其中也夾雜著來自中國大陸許多其他地區的移民。除非他們剛好都會講普通話，也就是中央通行的官方語言，否則這些人沒有一種通用語言，但是書寫的語文倒是相同的。其中有些民系傳統上就是彼此為敵的；直到不久以前，沒有一個要面子的廣東人會肯跟客家人聯姻的，至於客家人和福佬，一九三〇年代時還有這樣的說法：「沒有什麼共通之處，只除了彼此看不順眼這點是一樣的。」

這批人口也不像是安定下來的人，就跟香港其他所有事情一樣，永遠處於一種不安定狀態，香港最常見的特有情景之一，就是正在移動中的華人一家大小，大包小袋加籃子，肩上挑著扁擔，兩頭挑了很多各樣包裹，還有一群滿臉困惑的孩子以及目光銳利的老太婆跟著，耐心站著排隊等火車或噴射船、飛機或渡輪。每天都有成千上萬的香港居民搭火車、船或甚至步行越過邊界到中國境內去，每天返港入境人數還更多，而且還有長期川流不息移民到遠地去的人——到舊金山投靠親人，到曼徹斯特去開餐館。

即使是華人圈裡也向來不是靜態的，沒有任何事物是永遠保持老樣子的！沒多久以前，稻米仍然是新界的主要產物，如今難得有塊稻田留下來了。地貌不停變化，人也不停遷移，換了工作，換了姓名，換了生活方式。蛋家和福佬棄海上船隻轉而成為工廠勞工，客家人到建築工地去謀出路，農夫做起生意人，各階層和民系的人遷出了寮屋，搬進了徙置區、公共屋村，從公共屋村遷出，住進了公寓大廈，從公寓大廈遷出，搬進了位於山丘上的別墅。我敢說世上大概沒有一個社群是處於這種永不休止的騷動狀態的。

然而這卻沒什麼好大驚小怪的，因為它是常態。

13 茶餐廳宛如華人香港的縮影

香港華人的人口偏年輕，四分之一未滿二十四歲，因此散發出嬉與勤混合的奇妙氣息。有一次我在元朗新市鎮見到一座吹氣帳棚，上面有開窗戶，外面有個警衛在把守。帳棚裡傳出一種怪異的尖哨聲音，介於貓頭鷹叫聲和拖長的吱吱叫聲之間。我窺向窗內，發現原來裡面有彈跳床，一大群華人幼童正在跳上跳下，他們並非很隨意任性地跳，也不是很縱情放肆地跳，而是非常專心一致地跳著，好像正在執行很重要的家務，同時又跳得非常開心，我在帳棚外聽到的那種奇怪聲音，原來就是他們不斷的笑聲所交織成的。

我在一家華人咖啡館花了幾分鐘整理我的筆記本——不是那種眾所周知的茶樓，這種茶樓有時空氣頗腐悶，氣氛又冷漠；而是最常見的那種茶餐廳，尤其是很大眾化的那種，不是很新，但也不是很舊，在香港地價昂貴之外的地區幾乎到處可見。我坐在茶餐廳角落，位於電視機下方，這樣一來別的顧客望著我上方電視畫面時，就非得讓我看到他們的臉孔了；然後我叫了一杯茶，以便有藉口坐在這裡觀察人。結果根本沒人介意，反而幾乎人人都對我微笑招呼，櫃檯後面的那些男人對我客氣微笑，正在吃豆腐的小姐們露出把我當自己人的笑容，小女孩笑瞇瞇的，身穿校服的男生很禮貌、畏首畏尾乖乖的笑容。（他們會是班上的三合會分子嗎？）

從我頭頂上方傳出的音樂反而了無生氣，哼哼嘰嘰唱出廣東歌詞。有時整個茶餐廳發出爆笑，大家都朝著我的方向開心點點頭，彷彿在說我真的錯過了什麼精采的事。只有坐在角落那張桌子的男人沒理會，這人穿了貼身背心，印有「ROUTE SAISONAL GIRL CORRESPONDENCE」字樣，照樣看著他那份華文《賽馬新聞報》。櫃檯上高高堆了一盒盒紙巾，還有一罐阿華田，並有一個紙箱，印有「碩華意粉」[21]，等著做成中式口味的麵條。兩個看來頗邪氣的年輕人推門進來，跟老闆沒好氣講上一句，就又走出去了。有個很老的老先生，完全就是副賢哲狀，悄然走了近來，找了個溫暖位置坐下；他蓄了鬍髯，小眼睛晶亮如珠，手持象牙柄的手杖，戴了頂棒球帽。

隨著時間過去，人聲也益趨吵雜。那些男學生爭執辯論起來，小女孩則用筷子開心地玩著遊戲。女人滿嘴食物還用很大的嗓門講著話。門外有一把電鑽開工了，茶餐廳老闆走過來把我頭頂上的電視機音量開大。這一點都沒關係，噪音屬於華人特有的毛病，是他們生活實質中的部分，此刻茶餐廳裡各種震耳欲聾的噪音就是門外這個華人城市的真實縮影而已。這茶餐廳裡那種坦然的不整潔感，以及它那自由自在的風情，還有那種反正也在這裡也沒開張多久、下次我再經過說不定它已經搬到別處去了的感覺，這正是整個華人香港的寫照。

14 – 華人風俗與節慶

然而還是有華人家族可以宣稱在香港這塊土地上已居住了二十七代之久。如果說西方勢力在此根深蒂固，那麼在其他方面它還是很保守的。中國的其他地方，甚至包括台灣在內，古老的道教、佛教、儒家以及泛靈信仰，都受到了三次革命的挑戰。一九一一年的革命推翻王朝，強調了西方邏輯和效率，打擊了很多古老傳統的士氣，並刻意斬除聯繫民間與帝王朝代的那些風俗習慣。一九四九年的共產黨革命打壓道教以及相關現象，批孔謗佛，瓦解整個社會結構。一九六〇年代的文化大革命極盡瘋狂去破壞所有古老以及有趣的事物。

矛盾的是，唯一逃過上述所有動亂的中國一角就是香港。英國人從一開始就許諾會尊重華風習俗，大體上來說，也的確做到了。例如，中國老早就取消了傳統婚姻法，但是香港還依然通行滿洲法規，因此到了一九三〇年代，已婚婦女仍然無權訴請離婚，也沒有財產權。而且直到不久之前，這個殖民地甚至還准許華人被告有權讓他們的案子按照華人習俗法規來聆訊，可真難倒了那些對此一竅不通的英國年輕法官（作家科茨也是其中一位法官，但他卻說見到華人的體制需訴諸英國法律時，他也感到大快於心，因為知道華人也不懂英國法律）[22]。話是沒錯，英語在香港向來是處於主導地位的官方語言，但這只有造成老一輩的在地人更加堅決要掌管事務，以便鞏固地位：即使到今天，新界區雖然新市鎮如雨後春筍般發展，但是依然是人類學家和社會史學家做研究的豐富寶藏之地。

表面上，還有觀光旅遊小冊上，這一切意味著在這個英國殖民地上，華風是以最迷人的形式於日常生活中受到尊崇。難得有一個月是沒有歡騰的慶祝某個佳節活動的。奔放的龍舟比賽要划船，中秋滿月時要登高野餐去賞月，上墳要擺五道菜祭祀亡魂，載著蠟燭的玩具小船隊漂流出海，龐大的舞龍隊蜿蜒舞過商店街，到了農曆新年期間，全城縱情吃喝、遊行、點燃燈籠、非法放鞭炮，並按照香港傳統習慣以華語互相說：「恭喜發財！」

有些神祠和傳統紀念堂長久以來已成了遊客勝地，人人爬上五百層石階上到萬佛寺去，這座佛寺位於新界沙田新市鎮山上，去那裡參觀月溪法師的金身；他於一九六五年去世，如今永遠直身趺坐於高大玻璃櫃內，全身鋪了金箔，狀若戒備，但有斑斑痕跡，我猜想大概是防腐劑。此外，大嶼山的高山上則有龐大堂皇俗麗的寶蓮禪寺，整天被遊覽車包圍住。占地極廣的範圍裡包括很多電腦化的辦公室，以及一家客似雲來的素食餐廳，並在山門旁邊豎立起最大的佛像；這尊佛像是由中國的衛星火箭製造廠「中國航天工業科學技術諮詢公司」承建，佛身的銅層輝映島上，成為世界新奇觀[23]。

從維多利亞時期以來，每個到訪香港的人都會被帶去參觀文武廟，此廟歷史也跟這殖民地差不多一樣古老，光線黯淡、香火鼎盛、鍍金閃閃，嘈雜又樣樣透著歡喜，一如想像中華人廟宇應該有的情景。長久以來，觀光客也經常前往鄧氏家族的圍村吉慶圍參觀，此村位於新界錦田，幾乎已經成了永久展覽場所了。圍村居民是鄧符協的後代，他於十一世紀來到此地定居，然而如今村裡幾何形的窄街上商店裡擺滿了廉價劣質紀念品，兒童被人拍了照之後就要求付錢，村門外更有穿上傳統服裝的可怕老婦，抽著傳統煙管，在傘下擺姿勢以牟利。

在所有這些蔚為奇觀的公眾活動之中，且讓我們選一項最具風味的：在長洲舉行的打醮，這不僅是華人慶典之中最受歡迎的，而且也是旅遊活動日期表上的盛會，香港差不多一半的汽艇、渡輪、舢舨還有私人中式帆船都出動了，以便接載鬼佬去看這場表演。這是超渡亡魂的「太平清醮」，包括動物亡魂在內，從前打醮期間長洲居民是不吃葷的[24]。打醮大概都是在每年的農曆四月，但確切日期則每年不同，而且顯然難以事先預知，因此對於安排套裝旅遊的業者來說，就不是很令人滿意的場合了。

長洲島從此端到彼端大約兩哩半長，由於形狀之故以前又稱「啞鈴島」。島上沒有汽車，但卻有個頗大又密集的漁鎮，從島這邊海岸伸展向另一邊海岸。在三天打醮期間，整個島完全投入節慶，一如里約熱內盧投入狂歡節一樣。鎮上廣場演出神功戲，舞龍師大顯身手，到了第三天下午，更有精采壯觀的巡遊徐徐行經蜿蜒曲折的街道；隊伍中有彩旗、舞獅、耍棍棒的、潮州鑼鼓，全部很奇異地以一批兒童為主角，這些小孩經過精心妝扮，化了濃妝，很神奇地端立於高杆或釜柄上；一派正經，從群眾之上遊行而過，其實他們是靠了繩索和支杆撐住的，但看起來是如此人工化又僵硬，以致倒頗像是玻璃櫃裡的月溪法師了。

高潮盛況是在這天稍後的傍晚時分，地點是在海邊廟宇的範圍內。這高潮活動是用來酬神的，也是島上最主要的大事，所酬之神是道教信奉的北帝——玄天上帝。在二次大戰之前，據當時的地區政務官員表示，島上的財政「擺脫不了市場、渡輪還有發電廠問題」，此島現在依然是各種不同的社會、慈善和公眾團體的焦點，島上有不少絕妙之物如旗魚喙、古劍、古盔甲，還有英國王室成員的簽名照。

巡遊隊伍來到海邊時，迎接他們的是一座奇特的建構——四根粗大的柱子，在暮色中半照亮了，有六十呎高，每根柱子外層全部是半磅重的包子，大約有五千個，難怪洋人稱之為「包子節」。這幾座包山映著夜空矗立著，帶著謎樣色彩，用來供神祭亡魂；但是等到子夜來臨，有個道士用玉石單片眼鏡審視過包山，確定孤魂野鬼已經享祭之後，年輕人就紛紛搶爬上包山頂摘下所有包子，一個接一個，好像剝下玉蜀黍上的玉米粒似的，然後分贈給村民。拿到包子的人則把包子用密封罐收藏起來，據說咬幾口下來浸泡在茶或水中吃下去，可以醫治幾種病痛。

15 強烈的信仰

像這些在香港還算是比較公開化的華人傳統現象，事實上根本就不需要刻意宣揚，即使是最不敏感的外國訪客，也一定可以明顯看出，我們在這個地方正體驗到一種無所不在、耐久的文化存在；儘管有之前我們所觀察到的象徵性交接重疊，但骨子裡這文化似乎完全屬於歷史的。

古老的品味偏好、習性以及技術以千萬種方式抵禦一切挑戰。在這個已經運用太陽能計算機的中心地，幾乎家家戶戶都有電視機，每個學童都能寫電腦程式，但是算盤依然是常見的商場工具。興建摩天高樓是靠竹子搭建的鷹架。中樂和聲輕易就承受住了搖滾樂和西洋古典音樂的來襲。麻將的碰撞聲依然比電動遊戲機的乒乓聲更常聽到，華人從宋朝以來就一直打這種有不同章法的麻將。陰曆和陽曆並用，而且在香港人人都知道那年的中國年屬什麼（一九九七年是牛年）。

已經過了一百四十年，很多地名依然抗拒洋化。對於華人而言，「Stanley」仍然就是「赤柱」，還是沿用英國人來到之前的舊名；「Aberdeen」照樣稱為「香港仔」，亦即「小香港」；而「Mount Davis 道」則是「摩星嶺道」，意謂從這山上可以觸及星星。到了我們英國人的時代，華人還稱香港總督為「兵頭」（軍隊頭目），港督府馬路對面的植物園到現在還是稱作「兵頭花園」。至於華人個人的名字，他們也公然違抗所有西方規矩，因為一個香港華人一生之中可能會有五、六個不同的名字——嬰兒時期的乳名、童年的本名、上學後的學名、班上用的名字、商場用的名字、結婚時登記的名字……。

香港華人有很強烈的信仰傾向，信神也信鬼，也信徵兆和占卜，因此各方面都可見到某種超自然信仰的影響，從很精妙的神學教規到日常的迷信皆有——店門外和住宅外懸掛的小鏡子並不是為了裝飾，而是為了避邪。香港有五十萬華人基督徒或穆斯林，但卻有更多、更多信奉道教或佛教，或泛靈論者，而且很多都是兼容並蓄地混合信仰這些宗教，也就是傅勒銘（Peter Fleming）從前所稱的「五花八門」[25]。華人萬神殿裡的眾神多不可數，多半都是為了有求而去向他們許願，而不是為了膜拜他們——齊天大聖、海神、土地神、灶神、武神、水仙，還有祿星、觀音、福星、關公、壽星、文昌、文曲以及財神。一九八〇年新界粉嶺舉辦節慶，一共拜了七十八位神明；住屋和公寓裡都各有住戶自家的神位，而且不管你到哪裡，幾乎都可見到吉普賽式的石砌小亭，繫有絲帶，貼有紅紙，還有殘餘的蠟燭頭，表示這裡是有神靈的，或許還有兩位老太太拿著線香在附近閒晃，從購物袋裡抽出紙錢來。

這些可不是只有鄉下見得到的過時情景，香港很多最都市化的地區都是香火最鼎盛的。有很多佛教小精舍有時還只住了一位法師而已，實際上卻是位於高樓大廈的高層，最馳名的那些大寺廟則人潮洶湧宛如超市——一天之中不管何時去看看裡面，就會見到那些廟祝坐在灰塵桌後，周圍都是經文和圖片，俗麗的神壇前有很多婦女正在搖著籤筒求籤，香煙繚繞，鐘鈴叮噹，熏黑的神像從神壇上垂眼窺伺下方。最熱鬧的黃大仙廟在一九七三年堂皇重建，以配合東九龍的新住宅區，被包圍在高樓大廈之中。此廟以求運籤為主，深得民心，認為很靈驗。顏色鮮豔，拱廊巷道上擺滿了解籤和賣護身符的攤子，偶爾也有吹笛人，還有成群手持鐵皮杯要錢的乞丐出沒。此外更因地利之便而成為地下鐵的其中一站。從籤筒搖出的籤可由解籤人為你解釋涵義，要是他們推薦你採用某個藥方來醫治某種病痛的話，你也可以直接就在廟裡附設的藥鋪抓藥。

不久以前，在香港開車會遇到的一個險象是：年老華人相信要是他們能夠站得離一輛駛過的汽車很近的話，那車就會輾過跟在他們身後的邪靈。一九六〇年時，香港賽馬會連連出了傷亡事件，包括有一名騎師死亡，於是就在跑馬地的馬場上做了四天三夜的佛教消災法事，共有六十八個和尚和四十八個尼姑做法事，出席參加的市民據稱有四萬名。差餉物業估價署從前設在一座舊兵房軍官宿舍裡，自從被日軍占領過後就傳說鬧鬼，後來也是做法事超渡鬼魂；還讓媒體預先觀看法事儀式。無子息的婦女每月三次前往位於半山寶雲道，沿著小徑上到山上去拜陰莖狀的大石「姻緣石」，這地點周圍都是豪華公寓大廈，可見到遠處的海港，轟隆市區車聲隱約從樹林間傳了上來。她們點燃線香、祝禱一番，向這大石祈福，這塊大石可能從石器時代以來就一直是生殖象徵了。高低飄揚在此景象上的東西有時是燃燒過後的香燭元寶飛灰，有時是蜻蜓。

香港的山丘以及離島絕對是充滿神聖理念與實踐之地，只要乘坐直升機到新界去飛一圈，就會發現高低起伏不平的丘陵地星羅棋布都是Ω（omega）字母狀環繞的祖墳，全部都位於風水好的地點上，使得整個山丘看來就有神聖化的意味。鴨洲島俗稱「耶穌島」，因為島上居住的都是真耶穌會的華人信徒；大嶼山的神聖也不遜色，雖然我在寫此書時，這島正在附屬小島赤鱲角上驚天動地興建龐大新機場。

遐邇聞名的寶蓮寺只不過是散布在這個美麗荒蕪一大島上的十幾座隱修處其中之一，這些隱修處包括了位於山谷坡上的佛教紅瓦禪院，以及高山頂上基督教宣教士的退修營地（位於西岸的大澳村，於一九一七年曾被倫敦宣道會報稱此村是「拜偶像的重鎮」）。傲然位於島北盡頭[26]的教會是嚴規熙篤會聖母神樂院（Trappist Monastery），是共產黨占領中國時撤退到此地的。這裡三十位靜默不語的華人修士（一九八七年時還有一位英國修士）在他們這處產業上經營牧場，出產的牛奶多年來供應給希爾頓酒店。上門去造訪他們簡陋建築的人，首先遇到的是迎面撲來的一股乾草和牛糞的家常熟悉氣息，並會見到拉丁文書寫的「入者有平安，出者有健康」（PAX INTRANTIBUS，SALUS EXUENTIBUS）。

而在南岸高原上，只能走山徑去到的慈興寺，孤寂矗立在高山上，撞鐘的聲音、僧眾虔誠的誦經聲，迷人地隨風飄送到周圍空盪盪的草地上。

16 尊尚古風

古老的華人傳統還往往在這個英國殖民地架構裡正式化成組織，因此香港有很多佛教學校，有一所欣欣向榮的儒家精神的書院，華人廟宇協會也主管了大多數的寺廟。創立於十九世紀名為「東華」的慈善組織，原本專門開辦一家中醫醫院，後來幾乎變成了護民組織，如今已發展成為推廣華化的綜合機構。三合會也都非常傳統化：例如黑幫「新義安」，高層人員都有個入會名稱如「龍頭」、「白紙扇」，還有個類似幫會總管的稱為「香主」，這是直接從滿清流傳下來，負責督導花樣百出的入會儀式、代號以及暗號等。

新界地區更是鄭重其事地尊尚古風，祠堂也許坍塌、到處是垃圾，古建築也許都消失了，但是承傳下來的規矩卻一點都沒有少。新界本地人的官方稱法是「新界原住民」，以便把他們和後來移民來港的人分開，而他們就是有深遠記憶的人。官方正式認可的宗親團體組織大約有六千個，這些組織都擁有祖產或族產，而且負責管理。

大澳村的渡船仍然由街坊會營運，這是傳統的居民協會，以前也負責提供村裡的更夫。長洲島上的租客仍然要付租金給島上擁有四百名成員的家族，這個家族在英國人來到之前就已經擁有此島了。十三世紀的九龍居民林道義興建了大廟灣的天后廟，至今此廟仍然支付部分香油錢給他的後裔。

圍村吉慶圍堪稱淪落到公開自我展覽的地步，但是靠近沙田的另一個例子，客家村曾大屋雖然破舊又被包圍在新發展的市鎮之中，卻依然如以往不改面目。其名意謂「曾氏大屋」，看起來更像中世紀堡壘而不像村子。方整高牆的圍內是緊密相連的屋宇，有四條平行磚面巷道，很予人私人住家之感，正中央還有座廟。圍內到處擺了單車、盆栽，可以見到狗、兒童，還有擺在戶外的洗衣機，一片家居景象，似乎至今整個村仍然是個整戶大住家。

再往新界北面，就來到橫台山這個村子，雖然附近就有一條公路幹道經過，各種現代化家用便利齊全，然而村中的鄧氏仍然緊守著他們的祖上權益。這個村子有百分之六十仍然屬於鄧氏，每個男丁都有合法權益在此領地蓋新房子給自己，永保該宗族在此的產業權。這裡的族人依然很傳統保守，一九八六年我看了一個華語電視節目之後才知道的。村民還是照樣埋葬在祖先挑好的地點上，用打罵方式管教女兒，反正為了避免近親通婚女兒都要嫁給村外的人，所以把她們當成暫時住客而已。他們賭個不停，宗族擁有的土地收益是所有男丁都可以分到的。橫頭山村一名姓鄧青年對電視節目訪談者說，「我們根本不用做事，只有享樂。要不我們就做三年，然後休息五年。」

中醫醫術，在十九世紀曾被一位英國醫務主任一口咬定是「單憑經驗而且是江湖郎中那套」，照樣在香港一絲不苟地運用。很多華人都不信任西醫治法和療程，反而對熊膽、黃鼬肝以及其他古老的強健補身中藥深具信心。中藥鋪在華人香港是很常見的景象，所有藥材都很一絲不苟分別儲在不同的藥櫃小盒中，最貴重的藥材如鹿茸或牛黃，則鄭重陳列在櫥櫃裡，有時是放在玻璃匣裡，有時是放在襯了棉絮的軟墊上。

中式殯葬也盛行，而且依然保有此習俗，入土三年之後再從原來入葬的墳中撿骨出來改放到骨罈裡；不過我聽說因為抗生素的影響，現在遺體腐化速度比以前慢了很多，所以通常都埋葬八年才撿骨，而不是如傳統上六六大順地埋六年。

17 風水重在與自然的關係

此外還有風水，也就是堪輿術，在香港很難得不碰到風水這套的，它深入華人民心，史篇也充滿了它的影響。史學家許舒（James Hayes）曾給過我們一信為例[27]，這是一九六一年寫給一位民政事務專員的，他稱此信為風水定義的最經典聲明報告。以下即為此信內容：

長官鈞鑒：

我那間陋屋後面的山坡，在風水術語裡稱為「龍脈」，因此對我們村民非常重要。

儘管有此事實，有個外人卻還是膽大包天，雇了幾個工人去那裡動土挖洞打算蓋房子。他這樣做一來沒有先徵求村中父老同意，二來也沒有向您的部門先申請測勘。結果開工沒多久之後，村民的牲口例如牛、豬和狗，紛紛染病，不吃不喝。

後來我把那些洞填平了，又畫符請神來驅魔之後，上述情況才有起色。

然而，這個人一點也不尊重我們本地傳統，還打算用不正當手段左右這塊土地。由於這個無法無天的傢伙看似完全不關心我們的安危，可否請您儘快派一位長官來此阻止他做這些事？

許舒博士評論說，這「談到的都是堪輿術的特點，風水遭到破壞、採取的補救法、目無法紀的冒犯者，這些全都是風水場景不可或缺的因素」。在過去，這帶有點法術和泛靈論色彩的風水當然也在這個殖民環境背景裡的建設與阻礙中起過或大或小的安撫或驚駭民心的效果。從一方面來說，有時因為當地風水被破壞了，擾及宇宙的平衡，全體村民因而棄村他去，而由於華人不肯冒險去破壞地靈，結果政府只得引進洋人礦工去築第一條火車隧道；另一方面，風水尤其為鄉間帶來一種全然未消失的雅致和均衡調和，至今依然。但通常它也具有很無賴的觀點想法。一九八〇年有一艘船在大嶼山岸邊擱淺，有些島民就要求海事部賠償，理由是這破壞了當地風水，導致很多雞莫名其妙死亡。

至今沒有一個香港雇主敢忽略風水規矩，不管是最有錢的銀行，還是街角最簡陋的小店。祖墳要是方位錯誤，會從此影響所有後代子孫的命運，同樣，設計錯誤的工廠或寫字樓也會沖到煞氣，會為所有員工帶來壞運。中環文華酒店的門以某種角度對著街道，就是為了避煞，以免煞氣沖射進來。香港仔發電廠有五根煙囪，據說這純是為了保險起見——因為四在中文裡音近於「死」，所以四根煙囪很不吉利。港督府花園裡種了楊柳，為的是要擋住附近那座高聳的中國銀行造成的「暗箭」煞氣。在這個英國貿易殖民地和金融中心是怎麼都逃不過風水的了：甚至連二日遊的觀光客都很可能在古董店櫥窗裡看見神秘兮兮、結構複雜的羅盤，那正是堪輿師施展身手時的必備工具（舉例說要提防四十三度和五又八分之三度連線，又或者得確定五行、干支要很合，才是吉象）。

有一回，我到新界荃灣拜訪一位享有盛譽的堪輿師，他同時也經營一家電子工廠，寫字樓有冷氣，還有水族槽，養滿了名貴錦鯉。他穿了潔白精緻的襯衫，打了條紋領帶，胸前口袋裡插了金筆，戴了金表和金絲眼鏡，說話之間還以打火機輕敲著桌面來表明自己的看法，我聽得出來他對電腦也相當在行。但事實上他卻是個篤信風水的人。他告訴我說，這是他人生第一重要的，也像所有堪輿師一樣要拜師學習，他是向一位老師父學來的。

他說，真正的風水跟法術一點關係也沒有，雖然從前舊時代的中國往往由穿黃袍的法師賦予不外傳的神秘色彩。風水其實是人與自然之間的和諧關係，跟地點、顏色、比例有關。他一面在我的筆記本上畫著示範草圖，一面思考風水究竟是藝術或科學（他倒認為這是一種哲學），同時又告訴我他從來不缺堪輿生意。的確，從他給我看的剪報上可知他在這方面享有備受尊崇的地位，剪報報導的是香港最壯觀的新大廈滙豐銀行總部開幕典禮，這大廈就是由他來看風水，配合而設計的。他以很技術性的口吻說，事實上那棟大廈的地點是全香港風水最好的二十個地方之一——後有山，除了有綿延走勢的山脈之外，還位於七個山嘴其中一個的最底下，坐落在平緩坡地上，正好面向海。雖說如此，他還是覺得應該要提出某些可以改進此地財運的方法，尤其是調整扶手電梯的方位。

像這類人士頭頭是道的保證，還有受過高等教育的華人對堪輿師技巧深信不疑地接受，也半說服了很多洋人，認為風水是有道理的。遠在一九二六年，當時的港督金文泰就有此說法，認為風水在某種環境背景中「可算城鎮規畫理念的萌芽形式」，而且不可否認古人種植風水林在今天仍是深具生態保育價值。香港滙豐銀行的人究竟是真的相信有利風水，還是只為了讓他們的雇員高興，所以才同意改變扶手電梯方位，實在很難得知；但有些外僑是真的會請風水師來擇址，改善建築或甚至是新家的裝潢，「以防萬一」——因為他們也學了華人那套樂天知命的態度，安撫各方神明還是值得的，以防萬一這些神明真的有一個是存在的。

18 香港青年

要是香港華人有過曾經真心臣服外國人時期的話，那也早就過去了。人多勢眾，心理上他們只會是與日俱增地強大。他們大半數人都比較年輕、又以男性居多，且都是在香港出生的，就在英國人已經準備要離開這地方之際，可以感覺到這些華人正完全把整個殖民一套從腦中驅出。畢竟，他們始終是華人，對他們而言，這個直轄殖民地不過就是個很幸運的便利而已。我敢說，即使他們之中最反共的、心最偏向西方的人，想到香港要歸根，多少都還是會感到有滿足感的。

我們已經窺看過他們的富者與貧者，但現在他們最大的力量卻是在於那些年輕人，受過教育、聰明、現代化、很進步的中產階級。這是英國人經過半個世紀開明教育之後終於實現而存在的，完全不像中國本身的任何產物。你可以在每個地方見到這樣的年輕人。不妨假想坐在航往離島渡輪上層的一群大學生——這艘星期六上午的渡輪正載著他們到某處，要去遠足一天並野餐。他們都是非常生氣蓬勃、整潔、有禮貌而且興致勃勃很投入的年輕人，講話很大聲，開懷大笑，加上鮮豔藍背囊、運動鞋以及隨身聽收音機，完全就是個摩登樣，而且如果你跟他們搭訕聊起天來，就會發現他們在情緒上也很放得開。他們可能還顯得比同齡西方青年更實際、更精打細算也更篤定，但依然照例遠比西方青年注重家族。但他們絕不是像那個老掉牙的香港謠言所說只注重金錢，而且尤其值得注意的是，他們並不把僵化社會裡儒家那套老觀念放在眼裡。他們跟歐美青年比起來，理想化的程度一樣，不比他們更甚，也不比他們更遜，所關切的也是平衡得當的人生，既顧及賺錢需要，又能運用得開心。有的渴求權力，有的中途退學，有的老老實實埋頭苦幹，有的整天夢想。總而言之，他們這代就跟在世上任何地方的年輕人一樣，終於從華人的包袱和顧忌中解脫出來。

起碼我認為他們是這樣的。不管我在哪裡遇到他們，他們都給我這種印象，不過歷史說不定也會證明我是錯的。二十一世紀可能會發現這些年輕人又回復了祖先那套，又或者順應了共產黨的要求規定，因為再也沒有什麼比華人精神更能屈能伸的了。香港每建設好一座新市鎮時，最初都予人毫無生機的嚴峻感，都是龐然的混凝物屋角，看來就像是會把入住者的人性都給分解掉似的，光是那種大小和功能就足以壓倒平常生活。

然而只要第一戶華人家庭才搬進他們寓所裡，儘管油漆和水泥氣味都還在，但是樣樣卻轉變了，幾乎一夜之間，那石頭般了無生氣的感覺就一掃而空。第一批晾曬衣物出現了，第一塊廣告招牌豎起來了，第一檔路邊攤擺出來做生意了，第一家餐廳也宣布哪一晚要開張——下次你再回去看看，那個冷冰冰的新地方已經變得真實又活生生的，充滿了華人生活的蓬勃生氣，造成隨之而來的不整潔、缺乏隱私的嘈雜、讓人感到安心的鬧哄哄場面，以及它那無可避免講求目標的氣氛。

大英帝國在鼎盛時期也沒能在這個實事求是的種族身上留下很多影響效果，而今天香港的華人大眾也沒有因為生活在英國旗幟下就少了一分華人本質。英國人統治了一百五十年之後，還有為數驚人的華人不會講英語，甚至是進了大學也常常英語能力欠佳，無法運用自如。

至於我自己，倒是覺得這種堅忍的持續性費解得令人感到欣慰，有時我還不是搭乘天星渡輪過海，而是坐在一艘簡陋舢舨上，像螃蟹似地逆流從一個離島到另一個離島去，柴油引擎吃力突突前進，舢舨木材吱嘎響著——船身外側吊掛著舊輪胎，至於舵手，雖然有各種年齡的多話親友環繞在他身邊，卻仍在船樓上的操舵室裡保持專注——有時我還真想跟華人同化，在華人掌舵下永遠航行於這些水域中。

不過香港的殖民主人倒沒有總是受到他們順民這種堅守本性的引誘，大英帝國主義鼎盛時期的港督羅便臣爵士就沒好氣地說過，香港華人大眾這種一點都不願英化的性子實在是「很不尋常，更別說是丟臉了……」。

01 原註：不過話說回來，有人告訴我，科沃德（Noel Coward）就曾經很後悔選擇搭二等，因為沒有人認得出他來。

02 位於港島羅便臣道和干德道之間，但無中文名稱。

03 《大班》，香港，一九八一。

04 《富貴之家》（Noble House），紐約，一九八一。

05 多荷棟訥（Dordogne）：法國西南部省分，為旅遊和烹飪中心。

06 格拉斯（Grasse）：法國東南部濱海阿爾卑斯省城鎮。位於坎城西北，尼斯西南。

07 原註：喜歡懷疑他人誠意者或許會加上一句說：最好還跟一兩個公司高層在一起看著九七交接。

08 見《香港到馬尼拉》，倫敦，一八五九。

09 伍德霍斯（Sir P. G Wodehouse，1881-1975）：英國出生的詼諧小說家、抒情詩人和劇作家。

10 戴昆西（Thomas De Quincey，1785-1859）：英國散文作家和評論家，以《一個英國鴉片鬼的自白》（Confessions of on English Opium-Eater）聞名。

11 原註：伍德霍斯的父親曾在香港當過法官，後來於一八八一年回國另謀發展，但仍先在匯豐銀行的倫敦辦事處工作了一段時期。戴昆西次子霍瑞斯是第二十六蘇格蘭軍團的軍官，一八四二年死於熱病。

12 達加洛語（Tagalog）：澳斯特羅尼西亞（馬來－玻里尼西亞）語系中部菲律賓語族語言，以達加洛為基礎的菲律賓語是菲律賓國語。操達加洛語者是菲律賓群島第二大的語言和文化集團。

13 臥亞（Goa）：印度一邦，位於西海岸，臨阿拉伯海。首府為帕納吉（Panaji）。臥亞過去是葡屬印度的首府。

14 策馬特（Zermatt）：瑞士城鎮，是最著名的阿爾卑斯登山和冬季運動的中心之一。

15 原註：祖父當年十幾歲，現在這個孫子七十幾歲，所以達馬達家族三代正好經歷了整個香港殖民史。

16 如今已填海成為陸地一部分。

17 原註：「很抱歉，」某次我拿出一封人家幫我寫給怡和某高層夫人的介紹信，以便我去見她，接待者卻這樣告訴我：「但她總是在日本，在為一艘船主持下水典禮。」

18 原註：雖然他到訪的真正目的，誠如威廉大帝所形容，是要「表明……德國的（聖）米迦勒已經將他的盾堅定地插在（中國）土地上」。

19 與粵語發音「嘩拉嘩拉」相似，故香港有傳說是這種小船馬達聲吵而稱為「嘩拉嘩拉」。

20 艾登（Anthony Eden，1897-1977）：英國外交大臣和首相。

21 即義大利直圓乾麵，香港稱「意粉」。

22 原註：這是他寫在《我是滿大人》（Myself a Mandarin）書中之言，一九六八年於倫敦出版，承蒙他好意，告訴我說可以引述他的話。

23 原註：亦有人認為，這是作為一種表態，表明一九九七之後也要有宗教自由。

24 原註：但沒有魂魄的牡蠣不屬葷腥。

25 原註：見《圍城北京》（In the Siege of Peking），倫敦，一九五九。

26 此處似有誤，以大嶼山而論，神樂院所在的大水坑地點更偏於島東，位於榆景灣和梅窩之間的南岸。

27 《香港鄉村社群》，香港，一九八三。

第六章

一八八〇年代：上軌的殖民地

1880s：THE COMPLEAT COLONY

香港的華人雖然可能還是保持著莫名的華化，但是經過四十年的奠基，隨著大英帝國勢力達到極點與羅便臣爵士出任港督的治理，這個殖民地在英國人眼中已經成了「東方之珠」，並且還把此珠畫在國徽上，由紋章上所繪的直立躍獅用兩隻前爪捧著。一八八〇年代是大英帝國盛期：戈登將軍在蘇丹喀土木，羅德茲[01]在南非，吉卜齡在印度。英國陸軍和布爾人以及阿富汗人、蘇丹人、緬甸人對抗，從奈及利亞到新幾內亞，全都為大英和平所擁抱。

在此如日中天的高漲氣氛之下，香港成了英女王轄下領土最東端的異地。自從我們審視過一八四〇年代的香港情況以來，香港已經大為改變，不再粗野不文，在很多方面已上軌，可能看起來還空前絕後。蘇彝士運河於一八六九年通航之後，使得香港與其光榮之源更拉近了；大英帝國興起的勢力也照亮了它。當然，這種光輝也有部分是虛而不實的，就像這個大英帝國表相之下的其他很多部分一樣。「波動無常」已經證明是香港經濟的特色，而且根本不是英國人，反倒是條約口岸上海，正在嚴重挑戰這個殖民地作為中國沿海最重要貿易中心的地位。再說，此時幾個外強也逐漸先後在中國取得了租界。中國境內鐵路激增，銜接其他港口與內陸市場，似乎意味這個位於廣東海岸邊的島嶼終將有一日會被取代，而創建香港的那群洋商狀況更證明了這一點；顛地洋行於一八六七年垮了，美商旗昌洋行在一八七九年放棄香港，甚至連怡和洋行也把生意集中在上海。至於一八六六年成立的香港造幣廠則因為虧損嚴重，不到兩年就關門大吉。

然而，眼前暫時來說，香港還是正在興旺之中——「我們已經熬過了苦日子，」怡和洋行的大班告訴吉卜齡說，「現在就等著肥年來到了。」每年有二百萬噸遠洋海運量出入這個港口，香港已經不再令人感到遙遠了；每星期都有航班駛往歐洲和日本，每月有航班前往澳洲，每兩星期有航班去舊金山（接駁普爾曼豪華臥鋪列車前往紐約和紐奧良）。此外也可以和英國通電報了，這一來就不用再由港督自己做那麼多決定。整個生活步調已經因為新科技而加快速度，誠如有位當地詩人所寫：

誰不津津樂道，
那十三艘沿海岸北上的汽船——
股票號子催人賣或買——皆因每分鐘有電報來自上海……？

此外，儘管有那些租界對手，香港依然是中國境內唯一真正屬於外國政權所擁有的領域，這點就為它賦予別具一格的地位和尊嚴，滿足了英國人的自尊，這點對於英國人的面子很重要。國內的英國人似乎也不再視這個殖民地為名聲不佳的荒岩，棄之為宜；如今反而視它為他們在東方海域的榮耀展品。

溫文飽學的漢學家理雅各牧師（James Legge）於一八四〇年代來到香港，逗留了三十年，就曾寫過：「有時我不免想像，大不列顛帝國站在山頂上，滿懷自豪之情俯瞰她子民所建造的這個偉大巴比倫。」香港看起來當然不再像是個此島海灘上的貿易站，大英帝國非常自豪於它的城市，遙遠領域上的城市也轉化成英國本身的商業大城模式，香港或許難稱為巴比倫，因為總人口也不過十八萬而已，但此時卻已經看得出具有伯明罕和孟買的格局。從一八六〇年起，它的範圍就包括了港口對面的九龍半島尖端，並在那裡的山丘上興建了天文台、警察局，還有碼頭，貨倉和兵房也蓋起來了，這一來就透出完整而且有長久感的新氣象。

到這時，四十年前那幾座結實可觀的建築也已經融入了都市主體之中。海邊有一條雅致的濱海散步大道，也就是「海傍道」，這是填海而成的，沿著此道林立著寫字樓和貨倉，每棟建築上面都飄揚著該公司的旗幟，門前可見到吊錨柱上的汽艇，伸入水中的台階前有小船在隨波搖蕩。大會堂是法國古典風格，天主教的主教座堂有悅目鐘樓和雙尖塔，為這海岸景緻別添一番浪漫氣息，而位於山上的聖公會主教座堂以前看來像是很突兀，格格不入，如今卻幾乎像是不可或缺，令人肅然起敬。維多利亞城已經蔚然成形，從東邊的跑馬地到西邊的堅尼地城，後面山上也出現層疊而上的別墅和平房。甚至連山巒面貌也改變了，因為種植了大量中國松樹以及十四種不同的澳洲桉樹——到了一八八四年，新樹總共有七十一萬四千株。

畢打貨倉是以首任船政司長畢打（Pedder）命名，從早到晚汽艇、大船上所附的小船和舢舨擠滿了此處，也是初來乍到者上岸的地方。他們一上岸就發現置身香港的商業中心地帶。香港的街道上不再到處是坑人的轍跡泥濘和草棚；如今是像模像樣的維多利亞式通衢大道，有煤氣路燈，鋪了地面，這些都是英國人在他們帝國各商業城市內所設置的。「要不是見到山兜和轎子的話，還真讓人以為是置身在直布羅陀這個老地方呢！」[02]（安娜）布拉西夫人這樣寫道，這在她已經是最高度的讚揚了。她那時也不用非得靠山兜，維多利亞城雖然已經幾乎消失了馬匹蹤影，但有黑車篷的人力車（俗稱「車仔」）卻更易代步讓人到處去。

畢打街從該貨倉延伸往內陸，其實更似個廣場而不像街道，而且是生意活動焦點所在。街頭矗立著鐘樓，有一百五十呎高；據說上面那口鐘由於氣候之故「不時微恙」，但到了晚上還是有燈光照亮它，用來作為指引船隻駛向此貨倉的引標。街邊種了雙排樹，洋溢著地中海風情。山兜抬夫在樹蔭下等候他們的主人，街兩邊是有拱廊的商家，門口有錫克教徒把守。

再過去就是皇后大道，上回我們見到它時還是東拼西湊的狀態，而今從東到西都林立著龐然商業建築，有很多美麗榕樹點綴其間。沿著海傍道不遠處矗立著那座莊嚴但非常新的滙豐銀行建築，每一邊門面都各有不同風格。大會堂就在幾碼外，而且還有地利之便、六層樓高的香港酒店，酒店裡的餐廳可以俯眺海港，酒店漂亮整潔的白色汽艇總是會去迎接所有進港的郵輪。

總而言之，從前岸上那種可疑的冒險投機之感已經不存在了；現在外地人來到香港這個殖民地，見到的是寬敞、井然有序、甚至有點愛炫的商業秩序。

現代生活的大多數設備——帝國的各種配套——對於一個初來乍到者都相當齊全。有個商會可以提供他建議，告訴他有哪些前景和機會。多的是掮客、仲介和保險業者歡迎他光顧。郵局可以賣給他香港本地發行的郵票，一般認為玫瑰湖色印刷的兩分錢郵票「二先時」是最漂亮的。他可以到四家發行鈔票的銀行去兌換匯票，要不也可以兌換這個殖民地發行的硬幣，這種硬幣面額小的中央有個孔，如果是面額較高的則鑄有君王肖像、並有「維多利亞女王」字樣。

如果是聖公會教友，據說維多利亞城的主教是出了名的好客。若他是天主教徒，有駐任的領銜主教賜福給他，而堅道女修會裡二十六位修女（大多是義大利人）也會為他祈禱。萬一他是猶太人，位於荷李活道的猶太會堂也會歡迎他去聚會。要是他是共濟會的會員，這個殖民地此時已有九個分會和集會處。

香港有六百名警察為他維護治安，其中百分之十八是歐洲人，百分之二十五印度人，其他是華人（警察長官很容易辨認出來，因為他們戴通草編的白帽並佩劍）。有十七個領事館隨時予以協助（德國領事館還設有自屬的醫生及船務主任）。三份英文日報不僅為他提供新聞，還以英國殖民地報紙所偏好的戲謔詼諧風[03]作為他的消遣。

俄國大公爵阿力克斯指定用的裁縫師綴斯可以很快就為我們這位新來者縫製一套西裝，而哈蒙太太在他的助手福特、卡爾和伍德福特等先生協助下，也會為他妻子很快趕製出一套衣裳。懂得修專利機械的法康納則會為他修表。帕那提會為他上鋼琴課，還有葡萄牙理髮師、德國槍砲製造商、法國銀行家、猶太掮客、英國律師全都聽候他吩咐，而且你在帝國任何地方都幾乎找不到比曼生醫學博士更有能力的醫生了[04]。

在他還沒找到房子之前，我們也可以確信他待在香港酒店裡絕對很舒適；而且要是我們沒看錯他的話，過不了多久，他就會入會成為香港會的會員了。

到這時已經有幾千名歐美人士住在香港，到處都可見到社交生活蓬勃成長的跡象。伊莎貝拉・博兒描繪香港的特性是：生活中充滿小圈子、好客熱情無限、奢華成風、網球、業餘劇場、下午茶——很典型的帝國式社交安排，事實上，博兒小姐冷冷地補上一句說，「盡其所有模式以便創出繁忙社交生活，用來當作消遣或正業」。

始終都很重要的是體育活動。大會堂旁邊規畫設置了很好的木球場，球場還有靠海的亭台；每年度和上海隊比賽是季節盛事，但另一項更受歡迎固定體育節目則是單音節隊與複音節隊的賽事（一八八五年，兩隊的隊長分別是達斯和何沃姿）。喜歡狩獵者除了向來樂於獵射鷸和鴨之外，如今也可以去獵兔了，芬尼斯・瑞因先生不久前已經在昂船洲繁殖了大群兔子。有遊艇會，還有賽舟會，跑馬地有高爾夫球場，雖說一八七三年才發明了草地網球場，香港的平房卻早已附有自家球場。

到了下午，太太小姐們就會坐著自家的柳編山兜讓人抬著外出遛達，沿著堅尼地道來到俗稱「八卦地點」的地方，此稱源自於印度西姆拉；要不就到新落成的漂亮植物園去；然後在那裡的新鮮空氣中閒坐、閱讀，依然坐在自己的山兜椅上，眺望海港對岸，而她們的主席則在旁邊草地上講著蜚短流長。要是運氣好的話，晚上或許有齣戲可看。票友劇社早已遷出了草棚劇場，進駐到大會堂裡堅實得多的皇家劇院演出了；雖然演員全都用藝名——洋行大班反對公司員工的名字出現在劇院節目表上——爭取角色的競爭很激烈，觀眾欣賞能力也有一定水準。

至於跑馬地，此時的馬場已經跟一八四〇年代因陋就簡的跑道大不相同，每次賽事也不再像是定點越野賽馬。賽馬會於一八八五年成形，三年後的香港德比大賽[05]呈現了最優雅有序的情景。鑄鐵看台點綴有旗幟和花朵，喜氣洋洋，沿著跑道擺了一盆盆花卉，精心打扮的太太小姐們手持陽傘漫步其間，身旁有戴了硬殼帽的護花使者為伴。

——

那次跑贏的馬是「閏年」，賽馬卡上列出的馬主姓名是約翰・皮爾，來自上海，但其實這不過是怡和洋行的化名，該洋行就像四十年以前一樣對賽馬深感興趣。「洋行之王」依然是香港生活中的象徵勢力。它比當初的兩大對手更長命，歷經了九或十任總督，後起的洋行也未能動搖它的地位，而且它還有了更多元化的參與。怡和主席耆紫薇（William Keswick）也是匯豐銀行主席董事長，並兼任立法局議員，而該公司則控有香港大多數碼頭，由於擁有糖廠，因此也成為這個殖民地最大的工業公司。

在這個商業氣息濃厚的城市，每個初來乍到者在畢打碼頭貨倉上岸時，迎接他們的第一棟建築就是怡和洋行的市區寫字樓，公司旗幟飄揚，門口有穿了制服的守衛，似乎也就很理所當然，尤其是在那些商人眼中。大班當年首屈一指的住宅如今擴充了，在山頂多了一棟豪華避暑屋「山居」，這一來就更儼如商界之王了；每天到了中午時分，大砲聲就響遍這個殖民地，其實不是皇家砲兵團的禮砲，也不是海軍准將的旗艦發砲，而是怡和位於北角的大砲發出的慣常砲聲。

但是一八八〇年代雖然如此，情勢卻已擺盪到政府這邊，而且之前那幾年這個殖民地官方更是有了揚眉吐氣的展現，起碼總督的氣派已經很明顯比任何大班都要更大了，他閣下已經不再賃屋居住（也就是住在商店樓上的房間裡），到了一八八〇年代，總督已經遷入了一座豪宅。這座豪宅跟英國在東方其他殖民地的標準相比的話，也許只算得上樸實，沒有加爾各答或馬德拉斯的督府壯麗，卻具有一種甚至連洋行之王都無法做到的王者氣派。

它矗立在上亞厘畢道旁的一片台地上，以前這裡叫做「政府山」，對面是植物公園，離三軍司令官邸以及聖公會座堂不遠，以明確無誤的權威姿態俯臨海港。所有的風景圖片都有它亮相。它是新古典主義風格，周圍有列柱，並有寬廣氣派的台階高高從上延伸到花園裡。有一條從正門通往庭院的莊嚴車道，還有兩座悅目的衛兵室。港督府全部用煤氣照明，雖然便利，但卻不是每任住客都欣賞（麥當奴爵士就認為煤氣非常昂貴又不是很有效益，「冒煙又冒熱，只有一點點亮」，一八六六年他就向殖民部抱怨他的年度照明費高達五百英鎊）。

港督府的屋頂是平坦的，讓居住其中的人可以靜享陽光，並有可俯瞰海港的美麗視野；此外有五座網球場，三座草地式的，兩座鋪柏油的。府內的僕役員工都穿藍袍打白色綁腿，辮子留得很長，幾乎到地。總督正式接待賓客時，就會在府頂一間柱廳裡舉行，這廳相等於香港的「覲見廳」，還有一支樂隊在外面花園裡演奏。他正式出訪時，是腳不沾地讓人抬著走的，身穿華麗氣派繡花外套，及膝緊身褲，頭戴帽邊向上捲起的三角帽，坐在山兜上，由八名紅衣華人轎夫緩步抬著。要是出海的話，他就跟從前的威尼斯總督一樣，乘坐十二槳的官方駁船。

如今已有很多大有來頭的人物川流不息地途經香港，而且幾乎全都體驗了總督府裡的熱烈招待。其中有些人來頭相當大。社會學家雷斯布里吉[06]告訴我們，甚至是個來訪的作者都可指望受到港督大人邀請去聊聊天，反而在一八八八年穿著自己設計的制服亮相的所謂「賽當斯國王」，實際上只是個法國大混混，真名是大衛・德・梅黑那。不過也有正牌的頭面人物，例如舉世聞名的艦隊海軍將領，他們幾乎都先後派遣船艦來港。有皇室親王艾柏特（「艾迪」）和喬治，以及比賽當斯國王要貨真價實的外國權貴，還有從西敏區來考察的政壇人物、大金融家，有格蘭特[07]，以及後來做了印度總督的寇松（George Curzon）他正好趕上維多利亞女王登基五十周年的慶典，慶典過程中有三個人死於慶典禮炮，兩個人死於施放的煙火意外——寇松仍然寫道：「沒有一個英國人能夠在香港上岸之後還不為自己的國籍感到驕傲而激動的。此地是從西班牙到中國環繞半個地球的防衛鏈上的最遠端……。」

在這威嚴不可一世的主權庇護之下，香港遠比當初開創時代有條理多了，這個殖民地的法例增添迅速，政府公報難得有一個星期沒有宣布某條新規；法規包括有野生動物保護條例、領養兒童以及家奴條例、已婚婦女產權處置法例，還有關於華人擇墳場的法令，以及對待獄中一級輕罪犯的法令（准他們吃自備食物，此外每二十四小時可享早有半品脫葡萄酒和一品脫麥芽酒）。人力車有法例管制，流動小販有法例管制，甚至連妓院也都正式發給執照。

大英帝國的常態標準是在上位者清閒無事、無為而治，此時的香港彷彿要實質表達出這觀念似的，也設立起它的山間駐地來。山間駐地是有造詣的殖民地不可或缺的。在印度，這些原型山間駐地是興建在巍峨的喜馬拉雅山山脊上，或是連綿起伏的尼基里丘陵上，但即使是不那麼大規模的殖民地也都各有它們的山間駐地。在馬來亞是金馬崙高原，在錫蘭是努瓦拉埃利亞，另外一個最相關的東方小島殖民則是馬來半島海岸不遠處的檳城，就在城前面有個山間駐地，山頂上有棟平房作為總督別邸。

香港的維多利亞城背後也有座山，連著好幾任總督都候算著想在山頂創立山間駐地，儘管山上有濃霧，濕氣很重，但總算是可以提供個健康放鬆的機會，暫時躲開山下的濕熱，因為在夏天山上的氣溫要比山下海平面的氣溫低五到六度，也讓洋人有個地方歇息，避開你推我擠的華人社群以及古怪口味和不講衛生的習慣——山間駐地向來就是個帝國式的隔離地。

政府在一八六七年先買下位於一千七百呎高的軍方療養院，重新命名為「山頂別墅」，作為總督避暑之處。雖然不是所有在職港督都充分利用此地，有的甚至還特別討厭它（「潮濕又陰森的牢獄」，德輔爵士如此稱它），然而它終究還是成了一個社區的核心。山腰上開闢出了很多小徑，出現在水彩風景畫裡點綴其間的白色別墅一年比一年多，到了一八八七，年有條法令規定整個山頂區都保留給洋人居民

（雖然沒有明文規定排除華人，但是卻有很多建築法規加上附帶說明，其效足以拒華人於外）。

到那時為止，上山頂去時通常是靠雙腳或者騎小馬，換了倍利留斯先生就騎駱駝，但最有可能的是乘坐山兜，由一組兩名或四名華人轎夫抬著從蜿蜒窄路上山去——山頂上家家戶戶都各有自屬的山兜棚，等於香港的住宅馬車房。由於許多富裕新住戶紛紛遷入，加上頒布了山頂住戶條例，因此而導致一八八八年蒸氣動力的山頂纜車啟用，這是全亞洲第一條有軌纜車，也是全球最陡峭的纜車之一。

山頂纜車已成為香港名勝之一，每十五分鐘開出一班，全程耗時八分鐘，在最陡峭之處坡度一分為二。這纜車可說是英國人的科技大展現，全部都在英國製造，由蘇格蘭工程師組件，英國員工運作——司機、司閘員、車掌以及所有人等。當年山頂纜車是從山下方靠近聖約翰座堂的總站發車，行經之處幾乎全是尚未開發的山腰，民眾從遠遠下方的海港就可以見到纜線筆直上到陡峭的山上，以及纜車車廂大膽地上上下下爬行——好一幅帝國在愚昧無知東方完成的大業景象。

在山頂總站旁邊矗立著山頂酒店，沒多久就成為這個殖民地的主要社交中心之一。起初它是棟不招搖的建築，本意主要是讓人在前往山頂時作為中途站，後來大大擴張，如今大家都在涼爽的傍晚時分去那裡喝茶、吃晚餐。自以為體弱多病者退休到這裡來，而且這裡有夏季舞會和跳舞。如此這般，總督住在他的避暑別莊裡，有錢洋人住在他們的別墅裡（雲嶺山莊、高居、峰頂、紅梅閣），可以在星期天日去地利之便的聖公會教堂做禮拜，有山頂俱樂部可以去打橋牌、講八卦，有間警察局負責治安，纜車勇敢地上下運載乘客，酒店裡可以吃到黃瓜三明治，放眼看不到本地人，就在扯旗山的山上中國迷霧之中，殖民地式的美感得到了發揮。

遠遠的山下，每天大清早，十一艘骯髒的中式帆船停泊在海旁道岸邊，渾身沾染得髒兮兮的苦力挑來一桶桶大糞，從船緣倒入船內。這些夜晚產生的棕色穢臭物經由海港悄悄運往廣州去，到了那裡，殖民地的夜糞就當成堆肥出售。這些手法堪稱是典型香港式私人企業所運用的，因為公共廁所都是由私人外包經營管理，這些外包業者先向來拉屎的人收費，然後再把他們拉的屎拿去賣錢；但是它們也提醒了一點：儘管乍看之下殖民地很進步了，但實際上依然有骯髒的一面。

英國旅行家亨利．諾曼說香港的唐人街「不衛生的程度，大概就跟地球上任何文明統治下的地方一樣」[08]。例如公共廁所，不約而同都噁心得令人想吐，而大多數華人住戶都把污水穢物排到露天污水池裡——要是有得排出的話，因為大部分也都由清除穢物的個體戶買下，然後再賣出。貧困區的生活環境惡劣得驚人，一八八二年有一份官方委約的報告指出——說來還是香港第一份社會調查——顯示華人住家通常是隔間成很多小房，每間大約十呎見方，一排八棟這樣的房子住了四百二十八人。幾乎每戶房子都沒有自來水（而公共水龍頭只在凌晨時分供水）。很多沒有煙囪，生火冒煙是從窗戶散出去，還有很多是人豬共住，不管是樓上還是樓下。

惡臭撲鼻，各種危險不勝枚舉。這份報告的作者是工程師查維克（Osbert Chadwick），提出警告說總有一天會爆發可怕的時疫，結果還被他說中了——接下來的十年裡，香港遭逢腺鼠疫襲擊，死了二千五百多人，幾乎全部都是華人，但是總督夫人卻也在其中，迫使數千人逃離這個殖民地去避難。然而就算沒有這場瘟疫，在一八八二年時的平均壽命也不過就是十八歲零四個月；如果活過二十歲的話，大概可以指望再活個二十三年。

當然，這些恐怖情況大多數也只對華人社群造成影響，如今這社群人口已經至少有十五萬之譜，可說是這個殖民地的整個最下層階級，但即使最偏執的眼光，也看得出這已經不再是個烏合之眾的社群了，雖然它包括了那些貧民住戶、二萬九千名左右的船民，但也包括了太多有錢的生意人、船主、代理以及買辦。據說香港百分之九十的稅收是來自於華人；一八八五年有八十三名擁有房地產的英國人有足夠的錢繳交房地產稅，但是華人卻有六百四十七名，而在十八名最富者之中，有十七個是華人（第十八個是怡和）。華人流氓無賴還是很多，但現在已經有很多華人專業人士以及藝匠在這個殖民地工作了。繼「俊臉畫家」林呱之後已經出現了六名專業肖像畫家，四份華文報紙，而東華醫院也相當活躍。一八八四年有七位華人太平紳士，還有一位林肯法學院出來的大律師伍才獲委任為立法局首位華人議員。

但是洋人對華人的一切存有偏見卻仍停留在無藥可救的地步，不管是在法律事務上或是社會態度上。洋人竭盡所能實行種族隔離，不但山頂區禁止華人，大多數市中心住宅區也不准華人涉足，而且華人還任由那些殖民的粗魯洋人侮辱。伊莎貝拉・博兒寫道：「只要在香港街上待上兩分鐘，就無法不見到洋人揮手杖或雨傘打那些苦力。」更不用說，即使再顯赫的華人，也根本沒機會加入香港會成為會員；一八八〇年指揮駐軍的多諾藩少將就說，華人給予「目睹、聽聞、鼻嗅的實證，顯示他們多麼不適合待在洋人近處」。

華人往往也很自大，而且可以到討人厭的地步。他們的衛生觀念很落後，製造出來的噪音聽在洋人耳中可怕莫名——據估計，要是街上每個華人流動小販每隔一分鐘吆喝一次的話，加起來每天就會有一百萬次的喧嚷。華人本身也會挺讓人害怕的，暴行罪案在他們之間依然很盛行，而據說這時也已經有一萬五千名分子加入本地黑幫。如果你乘坐舢舨要去停泊在海港裡的一艘船上吃飯，碼頭邊的警察會記下舢舨號碼，因為舢舨業者慣於宰掉乘客，搶劫後再把他們扔到海裡去。英國人也沒有忘記毒麵包案。在中國，恐外症不時又突然爆發而訴諸暴力，香港的洋人因此從來也沒敢完全不去想暴動的可能性。九龍城不過一海之隔，卻是惡名昭彰窩藏流氓暴徒的地方，而亨利・諾曼還指出一點提醒讀者：只要幾小時之內，廣州隨時都可以有二萬名以上這種人湧入香港，真讓人不寒而慄。

因此之故，雖然洋商社群有賴於華人買辦、職員和仲介，而且作為個人而言，他們常常也很喜歡這些華人，但是以種族而論的話，他們似乎根深蒂固地不信任華人；一種基本的恐懼和厭憎，再加上種族偏見，更使之錯綜複雜，駭人的社會對比加深了這一切，隱藏在香港堂皇帝國表象之下。

那時期最傑出的港督軒尼詩爵士最看不過眼的就是種族上的不公不義，他於一八七七年從向風群島調派來到香港，一八八二年在激烈非議之中離港，轉任模里西斯總督。我們可以從一張攝於一八八一年的照片窺出他某些個性，這是在夏威夷國王卡拉卡瓦[09]訪港的場合拍攝的。軒尼詩把這位鮮為人知、代

表他島上王國的國君從怡和的接待中拉來，慷慨招待了一番，和他坐在某處花園裡，拍攝了一張不拘形式的官方合照。

照片裡陪照的都是香港洋人顯貴，包括英國人和其他外國人，有官方的以及非官方的，一本正經，神態很不自然，蓄了八字鬍，頭戴英國傳統圓頂高帽、遮陽帽，繫了領巾。前排中央坐的是夏威夷國王，他自己是落腮八字鬍，戴了平頂硬草帽，一身厚重西裝。坐在他旁邊的是總督大人，樣子看起來有點像個登記賭馬或賭狗投注的愛爾蘭人，也有點像工程師布魯內爾（Isambard Brunel），還有點像瘋狂帽客[10]。他個子很小，看起來敏捷而有傲氣，沒有留鬍子，羅馬式鷹勾鼻，坐姿帶著幾近滑稽的神態，一手持杖，優雅地翹著二郎腿。頭上戴了很高的淺色高帽，雙眼之上的帽沿歪斜得很怪異，倒像是出沒於遊樂場所的男人所戴的帽子，或者像是正要開場跳踢踏舞的賣藝人帽子；總的來說，他散發出的形象是個精明幹練、荒唐可笑但又如此令人著迷，以致令人目光隨即掃過所有那班高官顯貴、三明治島國王本身，而停留在他那別具一格的留影上。

他是愛爾蘭人，雖然做了總督，卻天生是個叛逆分子，不管派駐到哪個殖民地去服務，總是憑著他自由開明的觀點跟該國殖民外僑對立，尤其在種族方面，而且還因為他跋扈到往往乖戾反常的態度而激怒了殖民部。他的名聲早在他之前傳到了香港，於是在他還沒抵港之前，這個殖民地的聖誕節期間演出的童話劇就編了一首歌：希望來年會是免於災難、颱風和龍捲風，要不就免於那些像在巴貝多發生過的「風波」……

軒尼詩任職香港總督期間，從頭到尾老是在跟人火辣辣地爭吵。他讓自己下屬很不好受，也兩下子就惹得洋商社群火大，而且總是忍不住要奚落別人，即使他的上賓也可能被他的話刺到，連他為夏威夷國王卡拉卡瓦送行演講時都說了個跟「小事一樁的種種意外」有關的很不得體笑話，這些意外過去曾經損害夏威夷和大不列顛的關係，「譬如國王陛下的先人殺害了庫克船長……」。

這個引人注目的怪人總督帶著美麗嬌妻和小寶寶來到香港，而且馬上就因為偏幫華人而引起洋商社群的反感。他寬容華人罪犯，主張給華人兒童較好的教育，甚至還容忍華人採取「妹仔」習俗，這是把女孩賣給別人家當丫頭的傳統。他建議新落成的天文台不要用維多利亞女王來命名，而用清朝皇帝康熙來命名，因為康熙就在北京建了一座天文台。他還准許讓傑出華人居民申請歸化入英籍，抵制在市中心區的種族隔離制，堅持華人應該和洋人一樣有同等權利去使用大會堂和圖書館，任命伍才為立法局議員的也是他。

然而要引導英國社群、讓他們的態度變得比較開明、擺脫偏見，需要有圓滑技巧以及諒解，像這樣的任務，恐怕再找不到比這位麻煩討厭的軒尼詩爵士更不合適的人選了，他實在天生就很有本事觸怒人，而且不幸的是，他的理想主義難以跟他的能力相配。他又不聽人勸，他遺失公文，該回信也沒有回。他跟殖民大臣吵架，因為堅持要自己處理所有事務；跟中央學校的校長吵架，因為堅持要插手管教育程序；跟總登記官吵架，指控對方行為不道德；跟船政司長吵架，控告對方失職；跟杜諾藩將軍吵架，禁止對方舉辦慶祝女王生日的晚宴跟自己打對台（因為只有一支樂隊可到場），跟怡和大班幾乎為每件事都吵架，多少也可說其實是在跟整個英國洋商社群在吵，他們全都憎恨他，而他也同樣打心底厭惡他們。更糟的是，一八八一年軒尼詩爵士在公共場所用一把雨傘攻擊一位香港首席律師，聲稱當場逮到對方拿一本不雅的版畫書給軒尼詩夫人看。

結果到頭來他得到的很少，也沒能做到讓華洋相處得較好，甚至連最有指望的伍才沒多久也離開香港去了中國，改名為伍廷芳，成為駐美國的中國大使。與此同時，軒尼詩更加重了官員與非官員之間的新仇舊恨。一八八二年，這位難以約束的總督離開香港，去印度洋上任，繼續惹是生非，臨行時華人社群送他很多禮物，認定他「體現了天地正氣」，並封他（起碼他自己是這樣記述的）「頭號好友」的別號；但卻沒幾個洋人到碼頭來為他送行。

——

島外海面上永遠停泊著船隻，這是個海上帝國，那是大唱〈一統天下不列顛〉的年代，而香港海港的壯觀景色可說是彰顯了它帝國地位的最佳典範。

香港並沒有如當初洋商所企盼在對中國的貿易上那麼賺錢，但是卻成為貿易中心，範圍所及更加廣泛，首先它以海運馳名——僅次於倫敦和利物浦，成為大英帝國的第三大港。鴉片（此時已可合法輸入中國）、糖、麵粉、鹽、陶器、油、琥珀、棉製品、檀香木、象牙、檳榔、蔬菜和穀物等，川流不息經過香港的貨棧轉運，報紙上刊登滿了船班消息和旅客名單——徹斯努特牧師，利物浦到港；懷特沃斯與伯頓小姐，上海到港……任何時候香港大概都起碼有一千名水手上岸；這裡已經成為所有水手城鎮的名城之一了，到處充斥著海員包飯宿舍和妓院，而商船水手（跑船的）就和皇家海軍人員（水手大兵）在這些地方彼此河水犯井水鬥毆鬧事，而深受這些人喜愛的小酒館更等著他們光顧：

我們會去哈各特大娘那裡，
當了我們的緊身短上衣，
趁著船還沒離岸之前再喝一杯……。[11]

這也就難怪報上會刊出啟事警告說，船長和代理洋行是不為手下在這海港所欠下的債務負責的。

如今這個直轄殖民地香港經常有大批各種船舶停靠，每個英國人見到此情此景都會大感快意，最受矚目的是皇家海軍的接待船[12]，龐然的黑白色部隊運輸老軍艦「維克多．艾曼紐」號，船上掛滿旗幟，覆有白屋頂，看起來頗像個拉長的牡蠣，停泊在港口裡作為海軍指揮總部，旁邊經常停靠著專用的划艇「警戒」號。這艘接待船從一八七四年開始就停泊在此，而今已成為世界知名的船艦之一。每位到訪香港的海軍上將都在這艘艦上的軍官公共生活室裡接受招待，船上的大砲也用來在其他軍艦訪港時發射歡迎禮砲（還有女王誕辰、登基周年紀念日、加冕周年紀念日、美國獨立日、威爾斯親王、西班牙國王誕辰，以及已故華盛頓總統冥誕，也都發射禮砲致意）。

環繞在「維克多．艾曼紐」號停泊的海軍船隻當然少不了英軍駐華部隊的軍艦：蒸氣砲艇「旺火」或「飛魚」，「朱頂雀」或「飛燕」，要不或者是六千噸的裝甲艦「鐵公爵」，此船本來裝備成三桅艨船，但在前桅向船尾處卻有一大排煙囪，所以出名主要是因為在一八七五年時跟她的姊妹艦「前衛尖兵」對撞之故。活動範圍廣泛的遠洋艦隊或從亭可馬里[13]駛來，或從新加坡、雪梨抵港；外國軍艦也常常來到香港，而且視當時外交情況而定，由「維克多．艾曼紐」號隆重接待。

到這時，香港海面上的汽船和帆船已經一樣多了，還有各種康拉德筆下那種沿海貨船，有英國、德國、日本的（但主要都是英國船長）。華人船隻更是變化無窮、川流不息，即使在當年那時候，每年也有五萬二千艘出入香港，包括來自離島的漁船、港口裡的舢舨、遠洋大帆船，上有高大的艇樓和肋狀結構的帆。到處可見亂竄的大汽船，很多都是私家船——在香港擁有一艘大汽船已經是一種地位象徵——更多的是飄揚著洋行或外國領事館、酒店旗幟的。此外還有整潔的白色明輪船，就像湖上的遊船，肩負起往來香港與澳門、廣州之間的渡輪服務，華人則很生動地稱之為「外輪船」。

最壯麗的船舶就屬遠洋大郵輪了，這時它們都已把香港列為固定到訪的港口：法國郵輪公司從馬賽和印度支那來的船班，太平洋郵輪公司從日本和舊金山來的船，還有最出眾的英國鐵行輪船公司的船，商船航線遍及大英帝國版圖內——亦即吉卜齡筆下的「去國離鄉者航運公司」，可說是最突顯出大英帝國的精神特質。

他們乘船途經直布羅陀之岩，埃及的沙漠地區，還有閃著燐火的印度洋，來到香港，躺在自家的遮陽帆布篷下，彷彿在提醒每個香港居民以及來港訪客：雖然太陽會落在山那邊的中國，但在維多利亞女王的帝國卻是永無落日的。德輔爵士在一八八〇年代末期離港時曾說，這不免讓人想到：世上還有什麼地點會比這裡「憑著英國人的名義而更加激起自豪感，或者更加感到身為英國人的驕傲了」。

01 羅德茲（Cecil John Rhodes，1853-1902）：南非金融家和政治人物。他的一生正當英帝國主義全盛時期，是帝國的創業人之一。

02 《陽光之旅》（A Voyage in the Sunbeam），倫敦，一八七八。

03 原註：例如二等兵喬治．史蒂芬斯在店家要求他為一把胡蘿蔔多付三分錢時，出手攻擊店老闆，《新報》形容此舉是「以手杖在這個抱怨者頭上敲一記，並向對方臉孔飽以老拳，來補足這差價」。

04 原註：他的確也成為舉世知名的曼生爵士（1844-1922），是熱帶病學最了不起的研究先鋒之一。

05 德比大賽（Derby）：英國傳統馬賽之一。始於一七八〇年，以創辦人斯坦萊（Edward Stanley）即第十二世德比伯爵而得名。此後許多馬賽均稱德比，於是德比遂泛指任何類型的馬賽。

06 《香港：安定與變遷》，一九七八年香港出版。

07 格蘭特（Ulysses S. Grant，1822-1885）：美國軍事家、第十八任美國總統。

08 《遠東的人民與政治》，倫敦，一八九五。

09 原註：當時他正在世界各地巡遊，之後就回國在他精心安排的加冕典禮中自己加冕登基。享年四十五歲（他於一八九一年駕崩），生前熱愛打撲克牌，振興夏威夷的草裙舞，還寫了他國家的國歌。

10 瘋狂帽客（Mad Hatter）：《愛麗絲夢遊仙境》裡的人物。

11 引述自《水手鎮》（Sailortown）Stan Hugill 著，一九六七年倫敦出版。

12 指停靠在海軍造船廠用來接待過境新兵或調防戰士的廢艦。

13 亭可馬里（Trincomalee）：斯里蘭卡城鎮和港口。位於島東北岸半島上，瀕臨亭可馬里灣。

第七章

維生方式

MEANS OF SUPPORT

1 港灣如船舶展覽場

船隻仍然不停駛來，一艘接一艘從西博寮海峽隱約出現，遠遠望去只不過是微微閃光的船體，形狀模糊難以分辨，但隨著它們右舷經過南丫島，左舷經過長洲時，逐漸清晰，變成了龐然笨拙的貨櫃大船，就像水上貨倉似的，甲板上堆著的灰色大盒般的貨櫃如此之高，以致船橋幾乎全被遮住了。它們整天從早到晚悄悄駛入港口，速度比想像的快得多，而且幾乎無聲無息，只見幾名船員在舷欄附近留連，還可以勉強窺見操舵室裡的華人領航員，船尾懸掛的旗幟有日本的、台灣的、韓國的或巴拿馬的，在濕冷的微風中幾乎毫無動靜。香港有華人以來就有船隻，香港島最初功能就是做為漁港，而很多個世紀以來，深海水手也都知道這個避風港灣。

香港是介於新加坡和上海之間唯一的深水港，被公認為全球港景最壯觀者之一。時至今日，香港可能還成了別處所見不到的最大商船集中地，加上大多數遠洋船都是停泊在海峽中，於是在海面上連綿不絕七、八哩都是各式各樣的船，宛如令人大開眼界的海事展覽，更有大批各式小船往來這些大船之間的海上，古往今來皆然，或穿梭，或緩行，或打轉，或飛速掠過水面，或遊蕩，或嘩嘩而航，或戰兢隨波搖晃。

早期的外商講到香港，通常不是指香港島本身，而是指島南的停泊海域，位於南丫島的背風面。從英國人尚未取得香港之前的風景畫中就可以看到，當時海港裡已經擠滿外國貨船、鴉片飛剪船以及中國沿海貿易船，正在等潮水或季風，來此避開惡劣天氣，交換商訊，或者去薄扶林[01]的瀑布補充淡水。當初義律船長原打算在島南的海岸上立足的，結果卻是島北的海港成為香港的港口。認真說來其實這海港是道海峽，從廣州來的海上交通向來都經過這裡，再往更北面的中國港口去，此港有兩岸山巒為屏障，尤其英國人後來又取得了海峽北岸的九龍尖端，因此更易於防衛來自海上的攻擊。

英國在香港任派的第一個官職就是船政司，而這個港口向來也是個亂中有序的寓意象徵。有時看來簡直像是不可能的：那麼多艘船，那麼多不同的國旗，那麼多各種不同的類別，居然都能安然無恙進出這條擁擠不堪的水道；世上最大艘的郵輪伊麗莎白女王號傾覆燒毀的船體在昂船洲附近海面躺了好幾年，迎著每艘從西面進入的船隻，宛如死亡、失敗象徵[02]，提醒著領航員。早期這海港裡的交通看來更加難以控制。

前一章裡我們曾經透過維多利亞盛世時代人的眼光來審視此港，而且只看到它的盛況，但事實上從當時留下來的照片可以看出這海港幾乎可說是雜亂無章。除了一片混亂的中式帆船、舢舨、渡船和大汽船之外，那些大船看來也是停泊得亂七八糟的，面朝這裡或那裡，有的噴著蒸氣正要過海，有的正朝外海駛去，有的顯然因為在船側下錨的裝貨駁船而吃水越來越深，又或者看來好像就快要撞上泊在它們中央的那艘古怪老船體「維多．艾曼紐」號。

不過話說回來，要說大英帝國有哪件事情是最拿手的話，那就是管理港口了，而且實際上並沒有真的亂序。當年香港海面上大多數的遠洋船都是英國的，這些商船船長全都深曉港口體系，總之這個港口所用的行話船員全都懂，因為那時期東方海域都在英國勢力範圍之下。你搭船從塞德港[03]到亞丁，再從亞丁到孟買，從孟買到檳城或新加坡，然後從新加坡到香港，無論哪裡都有英國航海圖為導覽，英國領航員護送你進港，英國港務局長提供你停泊空間，英國經紀為你的船補給，英國的造船木工為你修理船，還有下錨在港外錨地的皇家海軍，隨波盪漾浮沉，一路保護你。香港是一條熟悉又經過試驗而且效果良好的海鏈最後一環。

船政司最初的辦公室是一棟很漂亮的有柱別墅，屋前有一根信號杆。如今你大概也猜得出來他手下官員辦公的地方是在海邊一棟高樓的頂樓裡，全都是最新型電子化設備的控制室，並藉助無線電和連串港口信號台聯絡。但是掌管的工作內容還是大同小異，比起從前沒有多少改變。這個港口的吞吐貨運如今大都在新界的葵涌貨櫃碼頭處理，這是全球最繁忙的貨櫃碼頭，此外香港也另創了幾處貨運終點站；然而大多數的船隻依然是在海面停泊區裝卸貨運，就跟從前飛剪船時代一樣。最後一艘英國鐵行海運的客輪「奇特拉」號，一萬三千八百噸，也在一九六九年啟航，千里迢迢駛回國去了；但是九龍的海運大廈旁邊依然停泊著大郵輪，啟航前往神戶或上海時，仍會按從前作風抛擲彩帶，一片喜洋洋。昨日有高煙囪的利物浦貨船改成了今天的巴拿馬註冊貨櫃船。甚至連從前的接待船都還在，不過像化石般變成了皇家海軍基地的添馬艦大樓，軍艦也依然常常停泊在基地的狹窄水道中。

香港海事處形同這個城邦的政府海運部，管理港口運作，規定嚴格一如當初畢打上尉管理時差不多，每艘一千噸以上的船必須有領航員；每艘舢舨都要申請執照；油輪不准經過港口內，使用東面入口鯉魚門海峽的船隻必須報上預定抵達的確切時間，幾點幾分都要很明確，因為要配合附近啟德機場跑道上的飛機起降。海事處有權發執照也有權抄船，但香港畢竟是香港，因此海事處也無法全面掌握香港本地的商船。就擁有的船隻數量而言，香港僅次於日本與希臘，但是香港船卻掛有很多不同國旗；一九八六年香港有一千二百八十一艘船，只有一百八十八艘掛香港商船旗，其他都是在別的地方登記，阿根廷、巴哈馬、丹麥、加彭、宏都拉斯、賴比瑞亞、荷蘭、巴拿馬、聖文森、新加坡、台灣、英國，還有萬那杜[04]。

每星期《南華早報》都會出版長達十頁的增版「商貿運輸」，我瀏覽了其中一期，順手摘錄幾項。韓進貨櫃海運公司現提供新航線服務，前往長堤港、沙瓦納港以及紐約市。義郵海運公司現正承接欲運往南斯拉夫以及德國南部的貨物。亞特拉斯海運公司提供直航吉大港的服務，特拉維海運有航班前往法馬古斯塔，阿聯酋承接運往科威特及杜拜的貨物即將截止。「恩噶達河號」現承接運往蒙羅維亞貨物。「明力號」現正裝載運往吉達與勒阿弗爾的貨物。「神勇鷹號」將於明日啟航前往菲利斯多。橫貫西伯利亞貨櫃海運公司現正承接運往喀布爾貨物。以星航運貨櫃船即將離港前往伊拉特以及威尼斯。緬甸五星航運現正裝載運往仰光的貨物。

的確，全世界都在香港裝載貨物——一九九四年就有三萬七千艘遠洋貨船抵此。眼見這些船隻停泊、添加燃料、補給、堆疊貨櫃並投保，訂出貨運價格、支薪給船員，這種種活動一直成為香港最明顯的維生方式。

2 海事傳統

有時在九龍海畔麗晶酒店外的海濱散步大道上可以見到一位釣技精湛的老手在釣魚，他的本能判斷非常敏銳，眼光很快，又狠又準地把釣鉤拋入下方淺水處的陰影中，一面熱切瞪眼看著彷彿能看透陰暗的深度似的，身邊總是圍繞了一小群人在看他釣魚，甚至那些同樣在附近垂釣的人有時也放棄自己的地頭而跑過來觀察他的釣魚技巧。

我把他當成活商標，因為漁業是香港所有行業之中最悠久的一個，很多居民都是靠漁網來謀生，它是東亞最大的漁港，就算在香港沒待多久的人，也必然會見到漁船出海，無論是年久發黑、艉樓高聳的中式帆船，或者船頭鈍鈍、老讓我想到出海的牛頭犬的拖網漁船；又或者可能是老式的紳寶牌漁船。船隻帶著點頑強不屈狀毅然朝著漁場航去，引擎發出沉重的砰砰響聲，漁民面無笑容地在甲板上忙著工作，你可能稍後會在遠遠的海面上見到這艘船，夾雜在散布於海面上的其他漁船隊伍之間，撒網、收網，彷彿亙古以來就一直在那海面上捕魚。

早上搭乘渡輪前往塔門這個位於列島東北部的漁島時，船上的伙夫會在船尾的擋風帆布篷下為你煮杯裝速食麵，可以看到經過的舢舨上那些漁夫縮在帽兜斗篷、裹在圍巾和風帽厚夾克裡抵禦潮濕寒氣——在冬晨出海到塔門島去，塔門島上用板條固定的房舍矗立在大鵬灣畔，位於陣陣濛濛牛毛細雨和魚乾氣味中，讓人想到香港和遠方的人共享這海洋業，那些人遠自中國沿海，甚至遠及北回歸線以北，直到黃海和中國東北區。

話說回來，香港所有事物之中似乎沒有比傳統中式帆船造船塢更為久遠的了，有時依然在按照大同小異的方式建造這種帆船，款式差不多就跟這個殖民地早期所見的帆船一樣。其中一個船塢位於長洲，離北帝廟不遠，去那裡參觀很愉快——因為造船工人從來不介意你在造船廠裡閒逛，而且通常還極為客氣，事實上，根本就對你視若無睹。船場有一股很好聞的木材香氣和清漆味道，有時響起陣陣拉鋸聲，陰暗的工作棚閃現出氧炔的火光，工作棚門口經常站了一條高貴的黃金獵犬，半身在門內，半身在門外陽光下。現在讓我們來看看一艘中國帆船用絞車吊出水面以便清洗船殼的情景。

這戶水上人家全都在甲板上，好像要去度假似的，後面晾著洗好的衣服；穿黑長褲的老祖母坐在藤椅上，母親穿了白色絲綢襯衫，兩三個小孩興奮地擠在船首看著拴上鐵鏈，旁邊作坊裡的老爺柴油機開始慢慢長嘯起來。這是個漫長的工作，船一吋吋從水中慢慢吊起來，但沒有人因此逐漸放鬆注意力。老祖母、母親、三個孩子的視線幾乎沒有離開過那條鐵鏈，而船上的幾個男人則手持長杆傾身在舷緣外，緩緩將船撐向正確方向。

船塢老闆站在船台滑道上，吹著哨子指揮一切，兩個工人划著小船跟著船兩邊，伺機趁著帆船緩緩從水中升起之際在船殼下塞入墊塊。絞車操縱員很專注等候著，準備聽到哨子聲就放緩他那嘎擦響著的引擎。水中的兩個工人就像數學家一樣，很認真算準了時刻又塞了另一個墊塊進去。一分鐘接著一分鐘，一聲接著一聲吹響的哨子，這艘船一絲不苟地慢慢出了水面，直到最後高高位於墊塊之上，船殼上附著的藤壺都露出來了，這時從狗到老祖母大家都鬆了一口氣。船塢老闆吹出最後一聲表示工作完畢的信號，偷瞄了我一眼，幾乎就像一個賣藝者的眼光，瞄向待在作坊旁邊這個孤單的洋人看客。

另一個更加根深柢固的海事傳統就是往來澳門的渡輪，從香港殖民地建立之初就存在，以不同形式營運。葡屬澳門近在咫尺，戰時保持中立，太平時提供了美酒佳餚兼賭場的歡樂，因此向來是香港生活中逃不掉的部分。有時是因為有政治上的便利所以去那裡，有時則是在經濟上有某種方便。歹徒溜到那裡棲身，未婚情侶去那裡偷歡，逃犯也在這裡安然逍遙法外。早期香港的富商還在澳門擁有娛樂廳，一如從前廣州洋行一樣。即使在二次大戰期間，往返澳門的渡輪也照樣航行，一如我們已經看到的，這些渡輪當年有划槳大帆船以及明輪汽船，而傳統大船般的渡輪至今依然繼續營運；不過如今大部分人去澳門都是搭乘更為驚人的先進船隻了。

港澳碼頭本身就夠驚人的了，位於中環的這兩座綜合大廈有部分還包括了一家旅館、購物中心以及港口的主要控制塔，更像機場而不大像碼頭。顯示幕上有打出的字幕告訴你航班時間、下一班船何時登船、幾號閘口登船等等信息。乘客沿著有空調的長廊走向各自的登船閘口，大多數都很不搭調地提著形狀難辨的大包小包，就像一世紀前的乘客提著同樣行李登上汽船一樣，走過了那條玻璃密封走道之後，他們就見到自己要搭的船等候在下方船台旁。

無論是噴射船還是氣墊船，根本都不像船，反而像是歷險幻想小說裡的想像玩意，停泊在深邃碼頭中等候著——碼頭本身則猶如潛水艇掩藏塢似的，也像從前香港海盜窩的現代版。今天前往澳門的乘客就是在一陣極其先進的引擎響聲中，疾衝向海面航行而去。

3 — 轉運中心

我曾經在長洲一家華人小店裡買到一包雅典製造的糖果，甚至在我打開這包糖果時，都免不了因為想到這中間環環相扣的過程而感到驚訝，這包糖果就是循此而從雅典衛城來到這裡，讓我在東灣路的街角嚼食它。實在很難講出有哪樣商品是沒經過香港這個轉口港的。有些商品如我買到的希臘阿提卡地區製造的糖果，是香港進口給本地消費者的，有的是香港製造用以出口的，但有很多則純是轉口而已，從一個國家轉運往另一個國家，只在香港稍事逗留，利用香港的專長服務。

像這種入出轉口貿易，就是當初香港這個殖民地的經濟目的，香港是個貨運交換中心，印度和歐洲的貨物經由此地可以很便利地輸入中國，而所有中國產物包括移民在內，也可經由此途徑而去到世界各地。香港到現在還在繼續發揮這功能，但如今也提供別種服務。有時是做為通往中國的後門；舉例來說，由於南韓和台灣跟北京都沒有建交，因此它們運往中國的出口貨物都經由香港轉口。有時香港的轉口活動根本就跟中國無關；有很多經由第三者的轉口，無論是合法或偷偷摸摸的，在香港做要比在東方任何地方做來得好，因為香港這個自由港經驗老到，深明「顧客至上」的微妙原則。

香港的經濟被形容為是「轉型經濟」，接受事物、但多多少少改變它們，然後再經手把它們傳出去。這模式甚至運用到商品如錢、證券和股票等，因此已非如當初只有代理商以及雜貨零售商充斥，多了複雜得多的各種服務業。這個殖民地是世上五、六個最繁忙的金融中心之一，寫字樓主要都集中在那個已經有名無實的皇后像廣場周圍。來自很多國家、總共有一百四十多家的商業銀行，如今都在這裡設有辦事處，此外還有無數以承兌外國匯票並以發行證券為主要業務的商業銀行、保險公司、規畫公司、公關代理公司、廣告業人士、專精於貿易和金融的會計師和律師等等。香港期貨交易所在國際上具有重要地位，金銀業貿易場也不遑多讓。香港沒有匯兌管制，外匯市場完全由大批貨幣交易商來提供服務。

香港證券交易所是這其中最主要的中心，是銜接東京、倫敦、紐約投機線上的重要交易台。一九八六年位於中環的交易廣場落成，香港四所證券交易所也就在這先進建築內設備更佳的新寫字樓裡象徵性聯合為一，交易廣場由瑞士建築師李武華設計，銀光閃閃，雅然矗立於海畔。完全電腦化的交易廣場看起來很像個太空任務管制中心，裡面有大型屏幕牆，周圍環境如此整潔平靜，以致有段時期還考慮要播放從前交易所鬧哄哄的背景聲錄音帶，以便打破證券經紀之間的隔閡感。

一九八〇年代香港發展成為金融大都會，由於中國的改革開放，香港也成為跟中國做生意的據點，所有這些活動招來了大批投機者，華人、英人、美人、澳人雲集。香港某些市區裡，特別是白天某些時候，簡直就像是完全由年輕的證券經紀、保險掮客，尤其是商人銀行家所統治了，這些族群如今已成了香港的特有動物群[05]。其中很多都可列為雅痞，或者如英國中上社會講究穿著打扮的小姐、愛起鬨做樂的青年那類的人，而且他們的時間似乎都花在打電話到世界彼端跟人談匯率，或者開著保時捷趕場參加雞尾酒會。有的人更有分量。譬如在俯覽海港的辦公室裡坐著的這位美國人，他懂得的當代中國法律系統就跟任何一個活人懂得的程度一樣。這人是紐約最顯赫律師樓的成員，多少要在香港、北京、曼哈頓之間通勤，經常是每星期從香港飛去中國三次，曾在促成人民共和國與美國生意的大業上扮演近乎獨一無二的角色，開啟了局面；他還幫忙牽線，安排大陸借出熊貓玲玲和永永給紐約布朗克斯動物園。

4 與外界通聯之路

他所以在香港，部分原因是易於出入，這個殖民地從前曾經遠在這條貿易路線上的盡頭，繁榮興旺向來是有賴於交通聯繫上的優勢。

早在一九二〇年代，它就是英國唯一可以在此訂購通往倫敦全程火車票的海外領地。你可以在九龍海濱的火車站出發，搭乘前往廣州的火車，搭的可能是「廣州佳麗號」流線型有軌機動車，全部以綠、銀兩色裝潢，並附有雞尾酒吧車廂；一路搭火車北上經過北京，銜接西伯利亞橫貫鐵路去到莫斯科、柏林、巴黎來到加萊[06]；然後渡海到多佛，乘坐普曼客運「金箭號」車廂來到倫敦維多利亞車站。當時的港督梅含理爵士在啟用它時，大剌剌宣稱這條路線是：「第一條觸手，第一條動脈，經由它，可以讓英國利益中心的貿易鮮血來回流動。」這條路線服務中斷過幾次，但現在又通行了，有閒暇的英僑回國時有時就會選擇這條路線。

香港的第一條航空線也無可避免首先銜接倫敦。在二次大戰之前，啟德機場只不過是塊填海而成的臨時小機場，我還記得自己在一個狂風大浪的日子飛抵此間，那時還是在一九五〇年代，飛行降落就已經跟駕駛自殺機演習差不多了，飛機要蟹行般低下機身，搖擺不定跟強烈側風奮鬥，緊張兮兮猛轉著引擎讓螺旋槳順流，降落到沿著海邊平行的小跑道上。一九三六年，第一個正式航班抵達時，當時跑道是跟一條大馬路交叉的，還要用平交道般的欄閘控制交通，並在航空母艦「赫密斯號」的九架飛機護航下，皇家航空公司的海維蘭德八十六雙翼飛機以帝王之姿飛抵啟德。

機上有一名乘客，外加十六袋郵件，從此開始了每周飛往檳城的服務，從檳城可以再搭乘水上飛機前往澳州，或者轉飛英國。回國沿途要經過喀拉蚩、巴林、亞歷山卓、布林地西和馬賽，總共要花十天時間。沒多久，華人就開啟了上海飛港每星期三次的航班，也開始有飛往澳門的，此外泛美水上飛機也從舊金山飛來，到了一九三〇年代末，飛機引擎嗡嗡聲、搭乘巴士前往啟德航站機棚、水上飛機空服人員在半島酒店辦理入住手續的身影，都成了香港常見的景象。

二次世界大戰期間，日本人利用戰俘當勞工，拆卸古老九龍城的城牆做碎石，在這過程中還敲毀了宋王台的紀念石碑，用來擴建啟德機場。但是戰後恢復和平之後，機場很快就不敷使用，到了一九五六年，一群法國工程師開始動工建造一條非常大膽創新的新跑道，伸入海港中八千呎。這一來創造了一個獨一無二的機場，就像以前柏林的滕珀爾霍夫[07]機場也是位於市區中心，也跟不久之後就會啟用的倫敦市機場一樣，但啟德機場卻和海港合為整體。這工程得要夷平幾座矮丘，移山填海變成建設跑道的一千一百噸材料，並且還修復了附近公園裡的宋王台原址上的石碑[08]。

營造出來的是震懾人心的全新通往香港之途。有個美國飛機師曾經告訴過我：每次在這裡降落，他的胃都會一陣緊抽，從不例外，這條跑道難度很高，每個飛抵現代啟德機場的旅客，尤其是在晚上抵達的話，更是沒有一個忘得了這令人興奮的經驗；隨著窗外開展呈現的海港，萬家燈火閃耀，先看到山巒，接著摩天高樓一擁而現，最後令人費解地在深入海面的跑道上降落，兩邊都是幽黯深藍海水，暗藍上空星光燦爛，宛如置身於某種神奇明亮燦爛的大玻璃缸裡。

但不久之後，這一切就會被更為神奇的機場所取代了，我們很快就會看到這點。

5 通訊無遠弗屆

在香港，時間本身就是一種商品，金融消息在這個殖民地傳播速度之快，向來出了名——甚至在一八四三年義律遭撤職時，那些洋商比他本人還先知道這消息。如今，電子貨幣即將大行其道的今天，行情密報更是空前重要。香港的早上八點鐘是倫敦的午夜，是紐約晚上七點鐘，這就給了香港的投機客和外匯經紀幾小時的時間去充分利用市場，更何況香港跟世上任何地方一樣高度電腦化，藉助電子化網絡工作、視像顯現。

維多利亞帝國對於國安情報最是念念不忘，而香港更被認為特別易於受到外國的干涉、介入。一八九四年鋪設通往新加坡的海底電纜時，就刻意繞道，經由馬來西亞納閩島，為的是避開占有西貢的法國人，而通往上海的線路則是經由停泊在閩江河心的一艘船體來運作，這是為了保安，免於受華人妨害。縱然如此安排，但這個殖民地有很多年依然倚賴丹麥的大北電纜來跟英國連線，直到「泛大英帝國航線」（All-Red Route）也開了經由新加坡和印度通往倫敦的路線之後，這些殖民者才算鬆了口氣、放下心來——套句伊莎貝拉．博兒的形容，「藉由海底電纜而繫泊英格蘭」。英國電信公司大東電報局以前就像英國本身的國家集團一樣，是大英帝國環境中不可或缺的部分，如今更是在香港僅次於港府的最大雇主，是電話公司的主要股東，營運所有國際電信通訊，在山頂最高處設有訊號站，矗立在赤柱附近海岬上的龐大碟形衛星天線仍然扮演了真正的稱霸角色——倫敦的華文報紙《星島日報》，每天出刊十四頁，其中十一頁版面都是先在香港做好，透過衛星傳送過去的。

電話很早就引進了香港，一八八二年就有了，而且正合了愛講話的廣東人胃口。到了一九三九年，平均每十個居民就擁有一部電話（打到香港區要先撥H，打到九龍要先撥K），由於電話服務效率很高，因此即使在一九四一年日軍侵略的動盪期間，也證明了這是嚴陣以待的英軍最佳通訊方式。香港計程車率先在車上設有供乘客使用的無線電話，而過海底隧道時依然能接收的手機更成了香港勤奮苦幹生意人的必備器材。由於在香港打本地電話是免費的，因此超市、咖啡室、快餐店裡都設有電話讓顧客任意使用[09]。

電視更是無孔不入——地面天線收視的、衛星電視、有線電視、英文的、華語的——香港差不多家家戶戶都有部電視機，無論是住在舢舨上或木屋、鐵皮屋的。電視節目主持人則是名氣界人物，在香港就跟其他公眾人物一樣都是生活在眾目睽睽之下的，等你在香港待了一兩星期之後，就會發現自己見到一個洋人新聞播報員（很可能都是先來香港取得工作經驗，再回國去更上層樓另謀發展）邁入「吉米廚房」餐廳時，你也跟別人一樣瞠目結舌盯著對方看。

在這幕後還有上千個比較沒有那麼無孔不入的電子媒體全天候在運轉不休，如今香港重要的寫字樓大廈就像以往一樣，環繞它們的電子設備而建，香港向來師法很多國外模式，因此也師法美國人建造了這類大廈，但卻不僅稱為「高科技」大廈，實際上真的稱它們為「智能」建築，能夠思考的建築。這些建築會思考，是透過樓層之間鋪設的線路、屋頂上架設的地面天線以及衛星碟型天線、雷射光以及電視系統。滙豐銀行不斷思考恆生金融指數，然後把結論展示在遍布各處的顯示螢幕上。要是你肯付出頗豐厚的訂閱費，交易廣場大廈也會去想沙田和跑馬地的賽事，然後把參賽馬匹名字、賠率和狀態經由視頻顯示單位輸送到你的辦公桌上。智能建築也會講話：升降電梯會用低沉憂鬱、非常英國腔宛如管家的男性聲音宣布電梯的升降樓層。

到了晚上，無論夜有多深，中環的這類寫字樓建築永遠燈火通明，而我見到它們時，也會有心頭怵然一顫之感，卻並非不愉快的那種，而覺得彷彿是來自另一個世界的燈光。我不認為此刻還有人坐在桌前辦公，想來只有一排排電腦、閃爍的螢幕牆、電動帶子轉動著、浮標上下游移，一切都沐浴在電腦世紀的淡綠光線裡。再沒有哪個地方比香港更與電子設備難解難分的了，要是我們能看到這通訊之下的包羅萬有的線路，就像我們可以看到雷射光那樣，那麼天空必然縱橫交錯都是天線，街道上也會垂滿電線，而我們無論走到哪裡都會絆倒的機率也很大。

6 投資，投機

第一次世界大戰快要發生之前，《南華早報》做了以下這番展望：「香港鉅商對於目前的僵局倒有點看好，只要不拖得太久，這倒不失為減少龐大積累庫存的最佳方法……這些存貨已經在市場上滯銷了幾個月。」快要打第二次世界大戰時，香港企業家趁機大量收購要做降落傘的絲綢以及英軍要做軍用外套的駱駝毛，因而賺了很多錢。

喜不喜歡都好，反正沒有一個地方能比得上香港更有這些投機取巧的機會了，形形色色的投機者雲集此地，興建房地產賣出，互相買進，互相賣出，謀畫合資或聯手奪得競標，簡直就像一場巨型的「大富翁」遊戲，有些莫測難明——試想一個局外人怎麼弄得清楚下面這項新聞在講什麼？

根據昨日一項有關香港電燈股權的不記名抽樣民意調查顯示，百分之百認為和記黃埔控有嘉宏國際集團百分之五十二股權是得不償失的勝利……沒有人真的想要公然藐視李嘉誠，他是香港寡頭壟斷股市勢力最龐大的玩家……。

這一切促成了一股不斷的緊張活力，一有風吹草動香港就跟著震顫，例如報上宣布某項股票交易暫停，或者某澳洲百萬富翁卯足勁的新發展，要不就是中國政策的轉變、莫斯科和華盛頓之間的一段對話、保護主義的威脅，總之任何好歹會影響到香港經濟敏感的平衡者。一九六一年，怡和首次在港上市，超額認購五十六倍；到了一九八〇年，為了不讓華人巨頭得逞染指，怡和收購了香港置地有限公司百分之四十股份，而香港置地則收購怡和百分之四十股份，簡直就像通俗連續劇的高潮戲。

至今漲落不定的股市起跌使得投資階層不斷如履薄冰般保持警覺，玩股票成了香港一種大眾化的賭博方式，顯示恆生金融指數的櫥窗前永遠有一群華人圍觀，就跟倫敦電視商店圍了一小群人看播放的國際球隊決賽一樣。前後相繼而來的經濟危機曾經讓很多人深受打擊，尤其是一九八七年全球股市大崩盤，導致證券交易所停市三天，還差點波及期貨交易所；但截至目前為止，香港總是證明了它的彈性適應力，不但能夠迅速恢復元氣，而且還能盡量護住大多數股票玩家免於破產。

土地更是刺激經濟活躍的主因。香港殖民地奠基以來，所有土地就歸屬於英國王室（唯一例外據說是聖公會座堂的地皮，於一八四七年已授與教會成為永久業權）。最早的批租年限長達九九九年，當時看起來帝國優勢似乎是長長久久的；後來省悟到還有個一九九七大限，因此批租年限就改為七十五年了，至於新界區，土地出售的有效期也是到一九九七年為止，就像香港其他地區的批租一樣——九七年六月二十七日是統一期滿日，讓租用者有三天時間收拾離去。土地批租事宜是一九八四年跟北京達成協議的重點——否則連最敢放膽去賭的人也不大肯在租約變得如此短暫又不定的殖民地投資了。約滿之後，可以續至二〇四七年，也就是根據聯合聲明條款上所定，從那一年起香港得以合法廢除資本主義。

然而租用業權也可以像永久業權一樣有利可圖，而且從一開始，土地投機買賣就在香港的發展上占了很大部分的地位。一八四〇年代早期拍賣土地時，有些人就買下遠超過自己所需用的大片土地，希望日後能繁榮興旺，有的人則在各地買了很多小塊土地而因此致富。早在租下新界之前，精明的投機客就已經在九龍半島上不斷買地了，包括海軍社團的好幾位成員，這個組織大聲疾呼籲請當局為了戰略理由要取得新界的割讓。每隔不久總是會出現地價暴漲——例如一九七五年一九八〇年間，中環寫字樓的租金暴漲百分之五百，豪華公寓的漲幅更高。房地產經常有暴利可謀，來自太平洋地區很多地方的人也在此形成了全新的投資階層，投入資金去做香港房地產。

遠在這些浩大的交易業務之下、最大眾化層面上，這種對資本主義的愛好也同樣明顯——而且更加顯而易見，因為很多都是在戶外進行的。香港從這頭到那頭到處可見熙熙攘攘的市場；新界的古老市集村子已經轉型成了密集的高樓大廈屋村區，然而在樓腳處卻照樣可見露天市集，帆布頂篷的攤販聚集在混凝土建築之間，販賣當地僅存農場出產的蔬菜水果，魚蝦，中國運來的豬，還有香草、工藝品、牡蠣、鴨子等。位於新界西邊海岸的流浮山村莊其實是個很大的海鮮市場，街巷不美，兩旁擺滿了一個個水槽，裝滿了鰻魚或石斑，一盤盤螃蟹還有扭動的大蝦，而且還幾乎永遠有人推著很大車的牡蠣堵住了路，推車輪子在路面上混合了魚鱗的泥濘中發出很難聽的嘎吱聲。

中上環陡坡處荷李活道一帶以及名為樓梯街的層層台階通道附近，那裡的攤子就有已經落地生根的態勢，差不多從這個殖民地開始建立就存在了，後來又增添了各種二手貨店鋪。這地區就像大多數華人市集一樣什麼都賣，不過尤以古玩最為著稱，有時也賣絲綢、圖畫和各種不同價值的古董。很多學者仍然會不時來這一帶找珍貴書籍以及手稿，至於遊客，則很樂得來這個充滿儒家正直氣氛的環境中受騙。

另一方面，每晚聚集在九龍油麻地廟街一帶、占地很廣的夜市，就完全是臨時性的了。夜市夾雜著很多露天大牌檔，在明亮燈光下沸滾、冒著蒸氣，還有很多店鋪掛了一排排鳥籠，籠中鳥啁啾不停。廟街的攤子賣的都是最現代的產品：收音機、計算機、電腦、汽車引擎、錄影機、電視機、電話——各種電路板和插頭以及接線盒——形形色色的分電器、電纜——全新的、二手的，冒牌的和正牌的，合法以及非法的，完整原裝的、拆散的、功能減弱的、重新組裝的。精通電子產品的年輕人在這裡逛來逛去，透過厚厚的眼鏡審視著這些線路。家庭主婦在一盒盒電燈插頭中翻翻揀揀。有條北京狗在門口台階上盤著身體熟睡，還有個男人坐在店門外椅子上定定地看著電視，一名婦女在賣大湯鍋裡舀出的魚湯，另一個老闆則在賣血淋淋剖出的海龜內臟，還有染成黃色斬成一塊塊的雞；這一切景象夾雜著震耳欲聾的收音機響聲、變壓器明滅閃爍、賣湯老闆娘的吆喝聲、籠鳥吵雜的啁啾聲，沉睡的狗，以及開開心心熙來攘往的龐大人潮。

附近不遠處有個地方叫做「黃金電腦商場」[10]，以仿冒電腦軟硬體馳名。香港久已擅長仿冒，不過如今香港已經門檻越來越精，很多冒牌貨商人都轉移陣地去泰國、菲律賓、印尼或甚至中國生產了。一八九五年時，亨利．諾曼就抱怨過盜版英文書。到了一九八六年，卡地亞手表、登喜路打火機、科僧氏帝國皮革香皂、所有知名葡萄酒和洗潔精的冒牌品全部都在香港製造，有時也用品牌名字拼法來魚目混珠，例如日本聲寶牌 Elsinate 電子計算機在一九八〇年代是深受喜愛的電器，結果就出現鑽版權法漏洞逃避仿冒刑責的假名如 Shrap Elsmate、Eisimate、Spadb 和 Spado（Shrap 838 型號在中國尤其熱賣，因為數字八三八諧音「發生發」）。

黃金電腦商場在這方面很有堂而皇之、橫衝直闖的作風，整個商場共有三層樓面，全部分隔成很多店面，就像從前華人分租房子一樣，每家店裡的貨品堆滿到天花板，全部是絕非原裝真貨、牌子名稱絕對不正確的，但往往只以原裝貨價格的十分之一售出，有時還只有二十分之一，而且只要付幾塊錢，就會有零售商幫你把任何軟體程式灌進你的電腦硬碟裡。

政府當局不時也會來這裡取締，抓那些比較過分的侵權者，開告票嚴厲警告，然而黃金電腦商場的本性就跟香港本性一樣難改，過不了多久，生意就恢復如常了。

7 香港的酒店

中環天星碼頭外面，香港最後一批人力車等在那裡，古老車輛的轅杆閒置著，讓我想起童年時代在索美塞特（Somerset）大西部火車站外面看到過的老掉牙的最後那批巴斯（Bath）三輪輪椅[11]。

一百多年來，每一本提及香港的回憶錄都一定會提到人力車，維多利亞時代的每一個周遊世界者也行禮如儀去坐一趟人力車，還有每一代軍人、英國人、美國人，日本人就更不用說了，全都興高采烈參加拉人力車比賽，要不就任由老練的人力車夫在夜晚拉車載他們回到船上或軍營裡。而今這些碩果僅存的人力車夫並不費神去拉顧客，最多看準了哪個渡輪乘客像是沒什麼經驗的人，就半碰運氣地去兜攬；要是你真的見到有人力車夫開工了，載了一個無疑是剛來到香港的人跑在中環街道上，那個年老體衰、呼呼喘氣的人力車夫看起來還真像這是他跑的最後一趟了，而車上乘客也多半筆直坐在他身後，一副尷尬萬分狀。

旅遊業向來是香港的發展目標之一，但香港卻從來沒有變成旅遊城市，它的旅遊業是跟其他所有一切混在一起，而這些人力車則可說是市區中心唯一最屬於遊客的事物了。此外新界還有個重現宋朝村莊的「宋城」，香港島的海邊高處有個占地很廣的龐大遊樂區「海洋公園」，但總的來說，旅遊業在香港本色上只屬於附帶性。九龍的商店區大部分是為迎合旅遊業，一家又一家店裡架上擺滿了收音機和相機，這裡還有無數裁縫師傅以及大量玩具，換了世界其他城市的話，這樣的地方就會予人遊客陷阱之感了，然而這裡卻不會；這些商店看來很有大商貿中心的蓬勃生氣——更像是歐洲中世紀的市集，反而不大像機場的免稅商店。

然而很多香港最大規模的公司都自認它們的生意多少都跟遊客有關，無論是交通業的延伸行業，或者是跟房地產業有關的某樣有用附屬物，又或者是作為外國貨幣的來源。一九九〇年就有將近六百萬遊客來港，不包括華人在內，這些遊客有一半以上是來自亞洲其他國家；雖然香港其實沒有太多觀光景點可看，只有香港本身最壯觀，步調如此刺激，美食如此豐富多樣，買東西價錢折扣如此誘人，感覺如此異國風情，因此少有遊客是失望而歸的。每星期香港旅遊協會的雜誌都會問遊客他們最享受的是什麼；通常他們都會回答說「買相機」，但通常他們也會講到吃。

為了接待這大批遊客，香港一直未曾停止興建酒店。旅館業帶來了滾滾財源，還有好幾家知名洋行以及富商家族從前都經營過旅館業。如今海港周邊很多宏偉建築都是大酒店，從位於尖沙咀那座莊嚴古老的半島酒店到國際連鎖大酒店的玻璃帷幕牆宏偉建築，門口有制服配備頗荒謬可笑的守門人，門內有符合法規的室內瀑布；在尖沙咀後方不起眼的地點上，尤其是九龍俗麗的街上，更是激增了幾千家水準較差的旅店，等級從還過得去的民宿到龍蛇混雜的住房都有。

從一八六六年以來，香港就一直有很好的酒店，那一年香港酒店開幕，地點是在已經停業的顛地洋行原址，就在畢打貨倉旁邊。香港酒店裡的餐廳外號叫「一把抓」，沒人知道為什麼這樣叫，而這餐廳也很快就成了當地社交活動的中心，也是每個頭等旅客解脫了船上生活上岸之後最渴望盡快去到的地方。它出現在很多舊照片裡，看起來陰沉樸實但還頗舒適，滿像某些在印度、巴基斯坦和緬甸從前大英帝國留下來的岌岌可危酒店。香港酒店在一八九二年[12]自行描述為「遠東區最寬敞舒適、布置陳設最佳的酒店」。房間附有浴室，而臥房則是用煤氣照明，燒烤餐廳裡隨時供應豬排、羊排或牛排，而且還設有「最新型、為人稱道的液壓升降間」[13]。後來那些年裡，這酒店幾乎仿起英國殖民作風；禁止華人到它的公共空間裡去，一九二六年酒店東翼失火，儘管消防員、陸軍分遣隊、港內軍艦上的人等救了兩天兩夜，火勢卻還是很兇猛，然而西翼卻還如常供應下午茶。

香港酒店一直開業到一九四〇年代，不過那時早已出現後來居上、富麗堂皇的半島酒店及其姊妹酒店淺水灣酒店了。半島酒店現在依然興旺，可是淺水灣酒店卻在一九八〇年代香港大肆發展興建的無情過程中被拆除了，可說是所有被拆建築之中最令人感到惋惜的一座。那是個很多人心愛的老地方，從那裡可以盡覽赤柱到香港仔之間的海灣景色。酒店馳名的下午茶，還有柳編坐椅、弦樂隊、海灘上方的遊廊——這一切都是英國殖民生活的縮影。酒店原先矗立的地點上而今卻環繞著高聳的公寓大廈，雖然也重建了以前的餐廳，建築風格到盆栽都一絲不苟，但怎麼都不可能跟以前一樣了。

香港最高級的酒店與他處最佳酒店相提並論，而且一再被旅遊雜誌的讀者票選為最佳酒店。這些高級酒店之間的競爭也很激烈，從前是競相派出更漂亮的大汽艇接客人，現在到啟德機場迎接酒店住客時則是賓士和勞斯萊斯的禮賓車互別苗頭。大酒店裡的高級時裝店賣的都是一個比一個獨家的名牌設計師的服裝，來這些酒店舉行年會的公司一家比一家勢力更大，酒店從歐洲、印度、中國、加州聘來在此展現廚藝的大廚也一個比一個來頭更大。大概只有曼哈頓在兩次大戰之間的和平時期裡，酒店才扮演過如此突出的社會角色，除此之外，我懷疑還有哪裡的旅館業是像香港這樣蓬勃的。

有些旅館完全充滿香港本質色彩，例如半島酒店，軒昂寬敞的大堂、高級時髦的餐廳、屋頂的直升機起降場，幾乎完全符合香港的每個特質。九龍酒店每間客房裡都有電腦，港島香格里拉的客房則提供雷射唱機[14]。希爾頓酒店裡有塊匾牌，用來標示出澳洲記者理察・休斯（Richard Hughes）最喜歡就座的那張桌子，他常在此跟朋友以及他要套取消息的對象一起喝酒，在很多年之中，此君堪稱為香港最出名的外僑[15]。說到眼前，中環的文華酒店那種強烈的大英帝國末期香港特色恐怕沒有多少機構能比得上，文華於一九六三年開業，長期以來屢次被提名為世界最佳酒店。

文華屬於第一家新一代超級豪華型的亞洲酒店，但跟後來的連鎖豪華酒店不同，它在大英帝國旅館之列中占有突出地位——就像隔海位於九龍的半島酒店、新加坡的萊佛士、可倫坡的佳樂菲斯（Galle Face）、孟買的泰姬瑪哈、開羅的牧羊人。它的風格屬於很低調但卻極之昂貴的精緻講究，倒頗像當代的英國大班，事實上它根源於英國殖民香港之初，因為它其實是香港置地有限公司衍生旁系，而怡和則握有置地大部分股權。文華有一面是隔著皇后像廣場與香港會會所相對，另一面隔著德輔道朝向匯豐銀行，第三面則隔著干諾道望向海邊的摩天大樓以及海港。從前文華正門這邊的客房全部都直接面海的，但由於後來這些阻斷海景視野的高樓大廈也都是置地公司建的，因此也沒有什麼好怨的了——再說，事實上文華現在這種被圍住的狀態，四周有如此輝煌出色的鄰居環繞，只更增添它所珍惜的英國風情。

沒有人能說它是座美麗建築。它是由一八七四年在香港開業的本地利安洋行建築公司設計的，乍看之下矮墩墩的，平平無奇。然而等到文華的勞斯萊斯載你來到正門下車時，你馬上就知道它的水準不凡。彬彬有禮的門衛幾乎才剛為你開了車門，就已經有位非常優雅的年輕副理出現了，可能是華人，也可能是洋人，而且稍微有點熱心，前來歡迎你來到酒店，簡直就像是在歡迎一位經常聽人提及而且又非常有錢的遠親似的。他真高興見到你！他真心真意希望你受時差影響不很嚴重！就這麼三兩下，對你付出了他全部的關注，催你先上房間去——先不用辦理入住登記，老天，當然不用，等你先恢復了精神並享受一杯中國茶之後，我們再來料理這些事！

文華是英國人擁有，但運作上卻四海兼容並蓄，我走筆至此之際，它的經理是愛爾蘭人，禮賓司是義大利人，櫃檯經理是華人，而在下午茶時段演奏輕音樂的四人組樂隊則是一家菲律賓人。酒店有八十名外國大廚，一百二十三名華人、泰國人和印度人。從法國空運來乳酪和火腿，牛排則從美國運來，而且每逢從世界各地著名餐廳請來大廚時，還經常舉辦美食節。

文華自視為跟歐洲（或許尤其是倫敦）那些自成典範的含蓄豪華酒店同級，因此休閒大廳裡沒有瀑布流水，也沒有制服花哨的門衛或旋轉餐廳。它的內部裝潢風格老成持重，乃出自劇場設計名家艾希同（Don Ashton）之手；整間酒店到處可見到延續不斷的圖案，那是宰相的印璽，宰相也就是從前中華帝國眾官員的最高官員。每樣裝飾布置都充分帶有東方風情，好讓你感到自己宛如睡在某個更為傳統的英華洋商家中的客房裡——大概就像是從前渣甸那棟首屈一指洋房的當代版吧。有位衣著考究的白俄羅斯孀婦曾經有很多年住在這酒店裡（你從房間外面大量的盆栽就可認出她的房間），她在酒店裡到處走動時根本就不像客人，完全就像是那大班的朋友。

簡而言之，文華酒店明顯就是個香港內在風格的翻版——中國海岸比較高高在上的英國人的作風，在東方被長年累月的安逸軟化了並被同化。港督每個月都會在這裡舉行餐會，出席的有各界貴賓；頗像英國女王如今在白金漢宮請客吃飯一樣，不過供應的飲食可能還更好些。

8 — 欣欣向榮的工業

然而講到買賣，甚至投機與維修，都已經不再是香港的主要功能。自從一九五〇年聯合國強制實施對共黨中國的貿易禁令之後，香港就轉而成為世界最大的生產製造地之一。

以前香港也有過各種行業，例如傳統的漁業、採石、造船和養殖業，製香業也有很悠久的歷史。十九世紀時，香港的酸薑更是受到維多利亞女王惠顧，結果因此出現在大多數講究潮流的英國餐桌上。製糖業也曾興旺了一段時期，並曾生產過服裝和棉織品，「務請就座公司」（Do Be Chairful Company）則以製造藤家具而馳名。新界有一處鎢礦礦場——以前還要說服那些礦工，讓他們相信採礦不會觸怒土地公——礦工自行建造了一個地下城鎮，有店鋪、房舍、市場、咖啡館、酒吧，甚至還有妓院。第二次世界大戰之後，香港又從事製造廉價低級玩具，還有手電筒，至今依然保有這項生產特長。共產黨在中國內戰中獲勝，把一群很有勢力的上海廠家趕到了香港，這些廠家也往往帶著他們手下的勞動力而來——有時甚至連機器都一起遷來——因而在香港建立起很蓬勃的紡織工業。

然而最終卻是因韓戰禁令而註定了香港的鴻圖大展，特別是香港的華人社會，留意到了那些從上海新來的人的榜樣，他們精明而善於變通，這些人從一個有利可圖的社會裡被趕出來後，擺明了下定決心不在另一個社會裡捱窮。香港人受到影響而改變觀念，首先出現的跡象是人造花業的突然興起，在那之前，這行業一直是義大利人稱霸的；從人造花業興起之後，各種工廠紛紛出現，尤其是在九龍，如今這裡更是出奇地欣欣向榮、發展迅速。

說來這些工廠大多是山寨廠，設在閣樓或後院、克難貨倉裡，經常位於僭建陋屋或甚至舢舨甲板上。香港的實業那時往往是狄更斯筆下的那種：血汗工廠裡的工人在很差的環境裡工作很長時間，賺取微薄令人心酸的工資，年幼兒童組裝玩具或拉扯紡織品，將就湊合的機器保護不當，環境條件骯髒惡劣，製造方式很無情，產品水準奇佳，利潤龐大。

在開明的一九五〇年代，這是很醜陋的現象，雖說剝削者和被剝削者幾乎都是華人，但香港政府卻遭到英國國會眾議院以及世界各地報紙的反覆抨擊，譴責它縱容工商界採取奴役作風——香港政府甚至有很多年都拒絕提出該提的工商統計數據。不過不管要花多高的社會代價，就算香港暫時失去某種功能，馬上會另外取得一項永久功能的。

漸漸的，這股爆發的生產力多少上了軌道，香港工業開始跟上國際標準，工廠環境條件稍微沒那麼糟了，工資比較人道了，剝削童工的情況也收斂一點了。由於這種性質，一切都得轉為比較跟上時代的組織；到了一九七〇年代，香港的工業已經相當像樣，這個殖民地不再是個企業上層結構很複雜先進、整個地區卻很落後的狀況，而成為全球最大的生產力之一。一九三九年時登記的製造廠有四百一十八家，一九四八年有一千二百六十六家，到了一九八六年已經變為十四萬八千六百二十三家。全世界的工業革命之中，它是最演變最快速的奇觀。

而今，「據說香港在全球出口國之中排名第十六，人口是六百四十萬，印度人口八億八千萬，但香港出口量比印度還多」。香港的平均工資在亞洲僅次於日本，雖然評論家說它在手法上仍然太隨興或甚至外行，太過倚賴廉價勞工和傳統經營管理，也越來越缺乏足夠的先進技術；然而香港卻一點都沒顯示出有後退的跡象。每三個月就會產生一本厚厚的型錄，讓未來買家看到香港正在生產的東西，閱讀這些型錄的確令人既驚訝又好奇，竟然有如此多各種巧妙產品面世，生產的公司名字也都很妙——大龍環球銷售公司、長富實業公司，或者剛好不幸叫做「飛行爛貨實業有限公司」[16]！

型錄上有可以浮在浴缸裡的收音機、電子定位儀（stud finder）、可以跟熨斗組合的吹風機、附有回紋針的計算機、還有電子菸灰缸、聲波驅鼠器、驗鈔機、千面娃娃、整套玩具機關槍。香港是世界最大紡織品、玩具和手表的出口地，印刷出每一種語文的書籍，它製作的電影比任何地方都要多，僅次於印度。

這小小的殖民地於是成為世上最高生產力的地區之一，然而讓人驚訝的是卻不怎麼顯露出來，香港只有很少幾座工廠煙囪，幾座大型的工業大廈；簡直就像是所有工作都是秘密進行，隱藏在大片市區的後街裡。

9 三大賺錢公司

即使是現在，這種活力大部分依然有跡可循，無論循何途徑，都可溯至那些英國洋行，我們已經見到這些洋商在一八四〇年代發跡經過，他們為自己趕上維多利亞全盛時期而慶幸。

他們慣於取個中文名字，通常是在學者和占卜者的協助下取名，這些仍然為人所記得，起碼寫公司史的作家還記得；不過大體而言，他們已經沒有了從前承襲自東印度公司以及廣州租界的大商行形象。他們的經營場址大部分已經納入了毫無特徵的摩天大樓裡，他們所關心的利益分布很廣，擴散成為如此眾多的附屬公司，以至於他們的勢力反而失掉了從前所具有的某種公共影響力。無數的後起商號之中，大部分是華人公司，很多則是美國人或日本人的公司，已經互相聯合、而且往往還壓倒了老字號。到了一九八〇年代末，日本人和美國人的投資皆超過了英國人，香港的主要貿易夥伴繼中國之後就是日本和美國，而利用香港港口的遠洋船隻之中，只有二十五分之一是懸掛英國商船旗的。然而在香港殖民狀態的最後這些日子裡，香港大部分真正的勢力依然是握在幾家英國或英華老字號公司手上。一九八七年，和記黃埔刊行了一份廣告，展現出它的影響力如何在平時一個日子裡遍及香港：無論你做些什麼，幾乎總是多少會貢獻一些錢到它的錢箱裡，不管你是在它旗下二百家超市的其中一家購物，還是採用了它所代理的包羅萬有產品之一、買下一戶公寓、喝了一瓶汽水、在「公牛與熊」酒吧裡喝杯飲料、開了電燈、使用手機或者駕車行駛在一條柏油路上。

和記黃埔雖然原本是英國公司，但現在已經是華人所控了。其他老字號英國公司仍然還在英國人手中，而且採用英式經營管理手法。這些老公司當年往往都是彼此競爭激烈的船運公司與港口代理，但如今多半只跟幕後操作有關，或者出現在工商名錄裡，幾乎親密得形影不離。其中有三家公司更是形成了這地方社會結構中的部分。

資歷算最淺的這家公司取了個中文名字叫「太古」。話說一八六九年有個非常正宗的約克郡生意人約翰・塞繆爾・史懷（John Samuel Swire）來到了香港，這人精明厲害、沉著冷靜、講話尖刻、專橫，口頭禪是：「我早就跟你講過了。」而且喜歡引用約克郡的格言如：「我寫的和說的一樣，都很切中要點。」或者「我但求強大足以讓人敬重，即使不敬愛也沒關係。」他是個徹頭徹尾的生意人——曾有個當代美國人滿懷敬佩寫他「是個靠生意而活，並且也只為生意而活的人」（此外更有「幾乎無限供應的英國人傲氣與資金」為後盾）。他的合夥人稱他為「老大」。

史懷和他兄弟威廉，連同蘭開郡的一位磨坊老闆伯特菲爾於一八六六年在上海成立了船運貿易公司，業務由那裡擴展到香港。沒有多久伯特菲爾就被請走了[17]，公司也財源滾滾，一如香港最經典的方式，作為船東、修船者、代理，兼任許多商品的進出口商。它的總部一直設在英格蘭，但在日本和中國都有業務，而史懷本人卻沒有在香港逗留很久；但是一八九八年他去世時，太古公司已經成為香港殖民地最有勢力的公司之一，擺平了那些比較老字號的公司，此外在海傍道有辦公室，有宿舍給年輕紳士助理住，山頂還有一棟房子是給大班住的。

這家洋行在這殖民地也不是很受敬愛，部分原因是它持有相當開明的種族觀點。「很不莊重的舉動」，美商旗昌洋行有個觀察家如此評論說（見《旗正昌盛》），史懷和伯特菲爾邀請華人貨運揹客吃飯時，「史懷和中國佬平起平坐……（很親密地）跟每個在座的下層鄙民東拉西扯。」史懷到頭來間接幹掉了美商旗昌洋行，一如他們間接促成金字招牌老字號的顛地洋行（見《可貴與順從》）破產一樣，而且他們的手法也被認為太過無情。一八九一年《香港電訊報》有位作者說他們「東方商貿的永遠恐怖妖魔，強迫他人做苦工者，榨取別人血汗者，猶太人——比猶太人更壞，因為沒有一個猶太人會這樣滿懷仇恨，無法容忍其他所有人，並加以迫害……。」第一次世界大戰期間，港督梅含理爵士指控史懷不肯在戰爭過程中盡心協助——他們是「充任防衛殖民地的志願者中最玩忽懈怠者」。

這家公司的確缺乏那些資歷較老的英國洋行所具有的隨和作風。「你正在毀掉自己在我們公司晉升的機會，」一九〇〇年代有位太古大班寫信給一名手下員工：「『美國女人和日本人（Nips）』，我們不會容忍這些不良習氣的，因為會讓一個人惹上麻煩、毀了他的工作效率，而且他又給其他人樹立了壞榜樣。」[18]一九〇〇年有公告說：「本公司不允旗下員工對出賽馬匹感興趣……持此興趣者，勢將影響其未來升遷機會。」一九一四年，約翰・基思同・史懷加入香港辦公室時，華倫・史懷在信上如此說：「希望您能督促我那年輕姪兒工作，他可不是為了個人找樂子而待在中國的……。」不過話說回來，反正他們從此一路興旺。伯特菲爾最後終於除了名，但這公司在香港卻無所不在，握有龐大地產業，經營無數業務。公司旗幟（紅白兩色各占四分之一的旗面，旗中央有道垂直藍色）飄揚在許多船隻上，公司並控有香港主要國際航空公司「國泰」的股權，國泰是東方最重要的航空公司之一。太古名列香港獲利最豐的公司之一，但其實是個業務遍及全球的聯合大企業，握有的股權和產權包括肯亞的茶園、日本的貨櫃碼頭、波斯灣的石油、佛羅里達的房地產、加拿大的冷藏業、模里西斯的酒店業以及鹽湖城的裝瓶業。「老大」的後人至今依然在業務上表現出色。

它的對手之中，渣甸和馬地臣是頭號勁敵，從前是，現在也是，在香港以及在這本書裡，都無可避免會提到他們。一八四二年，他們取了中文名字「怡和」為公司名，有「怡然諧和」之意，一八五八年更正式採用為公司名字，因為中文的「渣甸」意思用英文解釋是「倒渣滓的地方」。渣甸就跟史懷一樣，剛開始是做一般性的代理，為歐洲的顧客群在中國買進賣出，而後逐漸發展出不同業務：船東、製糖業、銀行服務、保險、礦業、興建鐵路，以及在東方所能想得出來的各種企業活動。但是有一點卻跟太古不同；一百五十年來怡和的總部一直設在香港，還有一點也跟太古不一樣，怡和非常倚賴他們合作夥伴的獨有特性，而這些夥伴幾乎都是清一色的蘇格蘭人。

渣甸公司承繼渣甸改為怡和，馬地臣仍然沿襲馬地臣之名，到了一八五三年，創辦人威廉・渣甸的姪外甥耆紫薇在公司內部另外創立了一個相關王朝。到了一九八〇年代，安德魯・渣甸[19]後代散及布洛德宏、洛赫梅本、鄧弗里斯郡等地的子嗣加起來有五十一人，橫跨七代，這些人都跟怡和的生意有關，其中還有幾個很出色的人物。威廉・渣甸本人被華人稱為「鐵頭老鼠」，因為有一天他在廣州遇襲，腦袋上挨了一棒，他卻滿不在乎，沒當一回事。此外還有當諾・馬地臣，他辭掉怡和職務以便出任「英華禁止鴉片貿易協會」的執行委員會會長；詹姆斯・凱瑟克則是個手腕圓滑從不斷然拒絕的人，於是人家給他取了綽號叫「禮貌得要命的詹姆斯」，亞歷山大・達拉斯則去了加拿大當起曼尼托巴省的省長。馬地臣本人曾經稱威靈頓公爵為「竭盡全力擁護提倡卑躬屈膝和老邁糊塗的人」，他買下了位於蘇格蘭的路易斯全島，這島比香港還大，然後在島上建造了斯托諾威堡。亨利・凱瑟克在第一次世界大戰結束時，買下皇家海軍一艘未完工的驅逐艦，然後改造完工成為他個人的汽船遊艇。

在聖安德魯日那天，渣甸慣於包下跑馬地來慶祝，高潮是「怡和讓賽」，全程一哩，由旗下員工騎馬出賽。參賽男士各年齡層都有，騎馬本事各有不同，大家都來參賽，勝出者獲得獎盃，最後一名則得到一把木匙，由於木匙非常大，後來演變出一項慣例，用木匙盛滿威士忌酒在公司裡傳來傳去——「測試木匙容量」。我有一張照片是一九三〇年怡和讓賽出賽騎者的合照，他們看起來真是一群令人刮目的班底：八個看來非常健康的洋人，大部分是蘇格蘭人，年紀從青年到老爺爺都有，眼光對著相機，擺出刻意不笑的表情，彷彿在估量攝影師是否勝任。

渣甸作風時髦，但很少莽撞行事，公司合夥人以蘇格蘭人的精打細算來定案。他們擁有最快速的大型帆船，船上水手薪資優厚，並有企圖心最強的船長。他們引進了第一批汽船到中國沿海，為興建中國鐵路籌措資金。日本人一開放，他們馬上就在日本成立了子公司（英一番館）。美國內戰中斷了美商供應棉花給歐洲時，他們很快就進軍棉花業；中國在一八八〇年代重整軍備時，他們是槍砲製造商阿姆斯壯的代理。在很多方面開本地先河，例如保險業、運用電報、紡織品的織法、製糖業等。天星渡輪和山頂纜車開辦之初他們也都有份。他們為很多外強充任代理領事，而他們的買辦也往往憑著本身實力成為大人物——香港久已深具影響力的何氏王朝所興起的勢力，也是建立在一位渣甸買辦的財富上。

由上數種種來看，怡和已不僅是個公司而已，應該說是個國際性的功率因數，在很多國家裡都控有股份和股權。一九六一年該公司初次上市時，很含蓄地形容自家是「廣泛從事於遠東區的商貿和工業，經營推銷進出口業，工程產品的物流與服務，船運業，空運業，保險業，投資管理，經紀業，以及一般性的批發零售」。

雖然怡和不再是香港獲利最豐的上市公司，但業務仍然遍及很多方面，而且一直是洋行中最出名的，至今也依然最具象徵性。二十世紀初，這家公司的總部曾從香港遷到了上海，待了好些年，那時上海的發展看來更有前景。一九一二年，又遷回到香港，等到一九八四年宣布該公司總部又要遷移，這次要遷到百慕達去，整個東方都為之震撼。那時香港前途未定，信心動搖得最厲害，而這家堂堂大洋行則認為把總部遷出香港比較明智，消息傳開，造成了很破壞性的效果。股價大跌，成百家公司企業舉棋不定，不知道繼續做下去是否為明智之舉。

信心危機過去了，幾個月後，香港又恢復了經濟繁榮，但是總而言之，怡和遷移總部似乎是合法成分更多過合乎邏輯。公司大部分的財源依然繫於在香港的多元化業務運作，而它的香港公司也是旗下分公司之中最大規模的。中午的禮炮照樣發射，還是出自那尊製造於一九〇一年、可以發射三磅重砲彈的哈奇士砲，地點就在靠近昔日渣甸位於東角的公司舊址旁的碼頭上，剛好就是怡東酒店對面，這也是屬於怡和的產業；此外還有一個船鐘[20]，這時也會敲響八次，這儀式也是當年科沃德在《瘋狗與英國人》裡寫下而永留後世的情景：

在香港
他們敲響一面鑼
並在正午開砲發射
用來訓斥每個
來晚的同住者……

有來頭的訪客有時也會受邀主持這項儀式，還有一次是船政司本人百般挑剔地自己來發砲（「我比較喜歡砲聲很響」）。

第三名歷史最悠久的賺錢者是「滙豐」，豐富滙款之意，香港人乾脆稱之為「銀行」，名列香港獲利最豐的第二家上市公司。滙豐銀行是一八六四年由幾家本地公司商行聯合創辦的，而且不僅成為香港商業貿易與工業的動力泉源，更是整個遠東區的——日本大部分外國貿易當初都是靠滙豐協助籌資的，中國的鐵路發展也是。滙豐銀行的大廈高聳於香港，皇后像廣場上如今唯一還留存下來的那尊身穿大禮服的男子肖像，正是滙豐歷來最傑出的總經理、維多利亞時代的昃臣爵士。

這家銀行飽嘗過艱辛歲月——中國的變亂造成它在大陸的營運癱瘓掉，日軍占領香港的時期裡，滙豐總部曾暫時遷往倫敦，之後的韓戰與越戰衝突，最後再加上香港回歸中國的協議定案造成的重創。然而就像香港大多數機構一樣，老早就未雨綢繆把大部分資產外移到遠方，不僅分公司遍及全世界（通常是位於港口），而且買下很多子公司，例如金字招牌的紐約米特蘭銀行、英國米特蘭銀行、英屬中東銀行，在巴哈馬和新幾內亞也設有商人銀行。它在紐約、倫敦和雪梨都擁有投資管理公司，它有自屬的衛星網絡，不管你是採取了位於沙烏地阿拉伯的撒克保險公司的一項政策，或者在澤西島買入股票，又或者在塞普勒斯大眾銀行存放一筆押金，你都間接在跟香港銀行打交道（Hong Kong Bank，一如它賣廣告時徒勞無功地努力這樣重新命名）。它對中國了解很深——一八六五年就在中國開業了——這點給了它獨一無二、又非常有利可圖的地位：一九八七年被公認為全球第十六家最富有的銀行，但是它那位蘇格蘭總裁卻宣稱說，他要讓滙豐成為這些富裕銀行之中最強的一家。

如果說渣甸因為出現在科沃德筆下而不朽的話，那麼滙豐銀行則是因為奧登而不朽——這位詩人嗤笑「喜劇繆斯女神的寶貴殿堂」時，他心中想的是滙豐那座新建成的總部。事實上，滙豐銀行的歷史所以會被人記住，主要就是因為它的建築。開業的頭十年，滙豐的總部是租來的，從那之後，銀行主管先後建了三座滙豐自屬的辦公大樓，而且都在同一地點上：皇后大道中一號。這三座建築從此在香港一直極為出色，印在很多滙豐發行的鈔票上，並形成了驗證香港金融進步過程的建築索引。

第一座（一八八六年）是很受矚目的混合風格，由本地建築公司公和洋行（Palmer & Turner）興建的，該公司於一八六八年在香港開業，至今仍在。第一座滙豐總部大樓的一面是熱帶風情地中海風格，另一面則有龐然大圓頂；南正門面向皇后大道，北門面向沿著海濱新築成的寬廣優美海傍道。第二座建築（一九三五年）就是奧登紀念的那座，還特別指定同一家建築公司要建造成「世界最佳銀行」。照當時標準而言，它是座摩天大廈，由開羅一路到舊金山，它是最高的建築，屋頂上設有早期直升機的起降場，大廈裡設有相當於空調的設備以及壁球場。整個外層是用香港的花崗岩貼飾，為此銀行還買了自屬的採石場，銀行大堂有富麗的天花板鑲嵌畫，由上海一位俄羅斯畫家普德古斯基設計，並在威尼斯一座廢置教堂裡完成製作。整棟建築充滿象徵手法，普氏的教誨壁畫全部跟商貿與行業的祝福有關，還有門面上那些「有遠見的人」，看起來有點像亞述人，凝望著海濱。北面門口外有一對大於實體的獅像，一隻做咆哮狀，一隻就只望向前方，兩隻獅子綽號分別為「史提芬」和「施迪」，這是當年兩位銀行高級主管的名字。

這座建築開幕當日，港督因為盲腸炎住院去了，於是便由他的代表史密斯來主持開幕儀式，他表示：「還沒出生的後代人將來都會懷著像我們今天看待——譬如說，杜倫主教座堂——那種敬佩讚賞心情，來凝望這棟建築。」史密斯先生當時大概忘了他身在何處，因為香港這地方總是還等不及下一代成長，就會成為過去，把世界最佳銀行給拆掉再重建第三座總部。據說第三座（一九八五年）是建築成本空前高昂的寫字樓大廈，不但呈現了輝煌利潤以及財富帶來的奢華，也表現出了金融生活的實戰才智。這是由英國人霍朗明設計的，他把匯豐大廈建成了全香港最令人驚豔的矚目建築，起碼目前是如此，出於某些法律利益更多於為公眾著想的理由，整個地面層完全開放給公眾使用，成為通道，全香港的人從它下面經過就好像都沾了光。

筆者會多花些筆墨談這建築，因為它是真正開創香港現代結構建築之先河。中環的摩天大廈趕潮流卻無獨創性，一窩蜂跟隨每一種建築時尚風格，從幕牆到玻璃鏡全都照抄，匯豐銀行大廈卻宛如鶴立雞群矗立其間。大廈用包成灰色的鋼管築成，乍看之下會錯覺以為是塑膠管，整個建築像個用玻璃和金屬作成的箱子，倒置放著，用這些龐然鋼管紮成，外加一大堆桅杆和天線般的東西。整棟建築完全是新穎的現代風格，只除了門外那對斜躺著的獅子史提芬和施迪。

走進地面層那處四面皆通的開放平台，予人的第一印象是與世隔絕感。兩道長長的扶手電梯是請教過堪輿師而設成歪斜狀的，以陡峭斜線穿越過下層空間直通上層的辦公樓層，站在電梯上往樓上升去時，感覺就像搭乘吊籃升往不大歡迎訪客的飛艇去似的。不過就如同香港本身一樣，冷冰冰之中又帶有明顯的歡慶意味，因此這座出色的建築也逐漸向訪客顯露出大膽創新的親切感——一種滿不在乎的味道。它是如此充滿赤子之心的現代化，徹頭徹尾的最新水平，像個大膽匪類般滿意於自己！無論你望哪個方向都有讓你吃驚之處——讓陽光曲折射入辦公區的鏡子、縱橫交錯的扶手電梯、不加掩飾的鋼管形成的長方形景色。透過北面龐大的玻璃窗，可以看到海港全景，以及停泊其中的一排排船隻，看起來就像是在等著匯豐銀行發出信號，以便載著它們斬獲的利潤遠航而去。

10 平民商人

以上是香港資本主義社會裡的三大悠久公司企業，但是代代下來，香港最強勁的企業能量卻是源自於平民，他們所掌管的機構以及他們本人都同樣為人所記得。以下就是幾個例子：

- 都爹利（George Duddell）是香港第一個善於利用拍賣獲利的人，一八四五年他標到香港的鴉片專營權，花了八千二百五十元，然後轉租此權給華人業者，向每個業者收一千零十元的月租，從此發跡，後來還當起拍賣商，雖然一八五〇年被人發現他自己出價標下一艘船，但價格卻遠遠低於該船應有價格，可是照樣被香港政府任派他做官方拍賣官。他也開了一家麵包店，一八五七年發生毒麵包事件之後，洋人社群的麵包就大都由他的麵包店供應了，有一段時期他更成為香港第三大地主；他從那位缺乏經費的殖民查數官些利那裡，以一塊錢一片的代價買下四塊土地。到了一八七〇年代中期，都爹利離開了香港，走之前把他那棟位於海邊的漂亮寫字樓賣給了怡和，腰纏萬貫回英國去，據說是到布萊頓那裡安享餘年。
- 林文「船長」（John Lamont），蘇格蘭亞伯丁人，是個自學出身的船木工，他是香港第一個洋人造船商，在香港奠基時期來到這個殖民地，在東角緊鄰著渣甸的貨棧設了船台，不僅在這船台幫渣甸維修船隻，也在此造出了香港第一艘國外註冊的船隻，名為「天朝」，是艘狀若遊艇的縱帆船。後來他在東方成了名人，可能也是中國海最好的船木工，最後更在香港南岸的香港仔開設了造船廠[21]。他去世時，當時的港督曾按照當時的習慣，以個人身分邀大家為這位「原本很尋常的木匠」，但後來卻在香港出人頭地成了不凡人物的林文祝酒。

- 東印度公司在廣州仍保有租界的時候，愛德華．連（Edward Lane）是受雇於該公司的司膳總管；第一批洋人商店在剛成為殖民地的香港開設時，尼尼安．卡佛（Ninian Crawford）是其中一家店的職員。如今他們兩人的姓氏在香港家喻戶曉。兩人在這殖民地結合的力量，前前後後這兩個家族當過船舶屬具物料供應商，經營拍賣的房產，還有旅館業和烘焙業。連家曾有個人參與了「耆英號」遠征大業，卡佛家則有個人當過香港會的秘書，而他們最讓人記得的則是「連卡佛」，香港歷史最悠久也最高檔的百貨公司，如今雖然已歸華人擁有，但仍然是最金字招牌老字號的。

- 立僻（Douglas Lapraik），原籍不詳[22]，於一八四五年在香港開展他的生涯事業，當時年方二十四歲，是個鐘錶匠學徒，到了一八六六年已成為船東、造船廠老闆，也是香港一家大酒店的業主。他也曾投資過「耆英號」——有人說他喬裝改扮上廣州去買了那艘船，因為從前是禁止賣中國帆船給外國人的。林文在香港仔開設造船廠，他也是合夥人，所擁有的七艘汽船幾乎獨占了與福州、汕頭和廈門的商貿往來，畢打街的大鐘也是他贈給香港的。有很多年他都跟一位華人情婦同居，住在杜格拉斯堡，這是棟哥德風格的花俏豪宅，這建築至今還在，不過已改為大學生宿舍；但他後來回英格蘭卻娶了威特島的女人為妻，而且沒多久就去世了。

- 一八八三年，有個年輕人從巴格達來到香港，要人家稱他「凱立」，大概是以為這個英國殖民地比較喜歡愛爾蘭人更甚於猶太人吧。他的真名是以利亞撒．嘉道理（Ellis Kadoorie），和他哥哥以利（Elly）在香港建立了聞名的猶太人王朝。他們按照本地慣例先做起一般的仲介和代理生意，後來進軍旅館業，不久又取得中華電力公司控制權，該公司經營香港所有發電廠並供應一切所需電力。嘉道理家族在香港一直保有強大勢力，捐出龐大款項給各種慈善事業，是跑馬地的大豪客，而且不僅兩度有家人獲得授勳，就如筆者前面提到過的，更是香港所有獲封銜者之中的第一個。

- 遮打（Catchik Paul Chater），來自加爾各答的亞美尼亞基督徒，一八六四年抵達香港，年方十八歲。他從銀行職員做起，沒有多久，賺錢的事業都有他的份了——碼頭卸貨、電力、製繩業、電車、渡輪、銀行業、旅館業、土地買賣。他的香港九龍貨倉公司成了香港最主要的碼頭營運業者，他最高明的地產招數是參與中區填海計畫，結果創造出地球上最珍貴的一片建築用地。遮打忠君愛國，所有該去的場合和活動他都熱烈捧場（幾乎可說是所有，但港督府卻從來不肯接待他那位從擺花街[23]飛上枝頭做鳳凰的北歐嬌妻）。他是個共濟會會員、藝品收藏家、熱愛賽馬的人。後來他富有得幾乎令人難以置信，並在半山區為自己建造了一棟龐然但傖俗的豪宅，稱之為「雲石堂」[24]。一九二六年五月的一個早上他去世時，遺言交代要在十二小時內把他安葬入土，當天原本照常開門營業的證券交易所因此不得不匆匆提早結束營業時間，以便籌備他的喪禮。到了下午五點鐘，這位老富翁終於入土為安。

•香港第一個真正發了大財的華人則是何東，他是渣甸的買辦頭子；生於一八六二年，到了世紀交替時，他已經成為千萬富翁了。其實他只算半個華人，因為他是私生子，一般認為他是位比利時商人[25]所出。在他還沒有留起滿洲人式的鬍鬚之前，照片裡的他看起來活脫就是個洋人，長臉、長鼻、闊嘴，他也娶了歐亞混血兒為妻——渣甸一個合夥人的女兒。不過何東自視為華人，他的財富年年積攢的結果使他終於成為香港華人社會裡的大人物之一，日益受敬重，日益樂善好施，他是香港大學創辦人之一，一下子獻架軍機給中國政府用來對抗日本人，一下子又送兩架戰鬥機給英國皇家空軍。當然他也獲得封銜授勳，香港有條道路以他命名，他是第一個非洋人卻獲准在山頂擁有房子的——事實上是有四棟。一九五六年他去世時，儼然是個富豪家族的大家長，至今其家族仍有好幾個富豪，而且在香港生活中依然表現十分出眾。伯利（Oswald Birley）為他畫晚年時期的肖像時，何東曾想要把他二十二個勳章都戴上；但是伯利以美學理由婉拒他佩戴，不過卻另外為這些勳章畫了一幅，掛在何東肖像近旁。

何東爵士只不過是打頭陣的。「您希望孩子在英國一家歷史最悠久的名校公學就讀嗎？」這是一九八六年香港一家報紙上的廣告，「如果有此心願的話，就不容錯過此良機。崴平罕公學校長將於四月六日至十二日在港招生。何不致電文華酒店留言？彭佛先生獲悉留言後將會與您聯絡……。」

崴平罕公學（一五八四年創辦）的校長心目中想招收的學童可不是中上階層的英僑子女，而是不斷增長而且雄心勃勃賺錢的華人的子女。如今已有許多不同國籍的外國人都加入了英國人的行列在香港牟利，但香港的華人才真正是令人嘆為觀止、展現了資本主義思想體系的人才。在這方面，陳漢華大概可說是華人社群裡的模範與典型了，他是一九五〇年代香港很有錢的生意人，史學家許舒博士曾記錄了此人的生涯。陳氏在四十年前離開廣東，身上只有四塊錢。一塊錢用來付食費，兩塊錢按照習俗，寄回家當作紅包以討吉利，然後他就用那剩下的一塊錢逐漸發跡擴展出企業，到了一九五三年，他的公司在南亞大多數的大城市都有分公司和代理。

香港華人即使不是都像陳先生那樣成功，但不管哪個社會層面的華人都是賺錢能手，孜孜不倦的工作者。吉卜齡在《漂洋過海》一書中曾拿香港的勤勞居民和孟買懶洋洋的土著做比較，說他從來沒見過有哪個華人在大白天睡覺的，而且也幾乎沒見過遊手好閒、無所事事的華人——「我們去併吞中國吧！」他下結論說。香港華人很精明，即使是離島上的村民，在這些島根本還沒有租讓給英國人之前，不識字的仲介和錢莊就已經在經手錯綜複雜的貸款以及抵押等事宜；文盲一點都不礙事，許舒告訴我們說，「如果說在這個錯綜複雜的金錢競技場上還需要什麼其他條件的話，機會以及人際關係……顯而易見是必需的。」

香港華人更是投機天才。香港剛開始設置公共廁所時，腦筋動得快的華人就去霸著茅坑不拉屎，於是別人只好付錢請他們讓出廁所。一九〇〇年鼠疫猖獗，港府懸賞，只要交出一隻死老鼠給當局就可得到兩分錢，於是馬上從大陸絡繹不絕運來了各種鼠類。第一條電車軌才鋪設好，華人製造商馬上就設計出有凸緣車輪的手推車，可以套用在車軌上[26]使用。二次大戰期間，巴士和電車都停止運作，華人業者卻用平頂篷車載客到處去。

任職海事部的雇員被派駐到堪稱無人煙的青洲信號站，就在那裡養山羊當作副業[27]。日軍占領期間，實際上是華人黑市接掌了整個香港的糧食物流。一九七〇年代，港人首度開始對香港前途充滿懷疑，這時很多香港代理紛紛提供代為申請外國公民資格，算來有十幾個國家，其中有個最具說服力的代理甚至有本事賣給人一本「世界護照」，持此護照可到世界任何地方去居住。

他們非常會打聽會鑽，手法新穎。一九八〇年代末期，香港推銷商打通了一條長達二千五百哩的貿易新路線，橫越中國直抵新疆省，來到蘇聯邊境。他們賣電子產品，從空調到計算機（大部分是Shrap 838型號）都有，供蘇聯境內取貨。俄華仲介有時用大袋現金來支付貨款，有時以貨易貨，有時付黑市換來的美金；而香港這些貿易商每次這樣跑一趟下來就很容易賺了一倍以上。

香港華人大亨也是世界金融界所熟悉的人物。而香港那些尚未由華人控制的大公司也時刻處於華人接掌的威脅之下。邵逸夫爵士長了一張和善慈祥的瘦削臉孔，加上金絲邊眼鏡、高額、細長手指，看起來十足像個儒者，但他卻擁有兩家香港的電視台，也是舉世最成功的電影製作人之一。他的製片廠伸展位於新界西貢面海的高處，每年製作的影片數量比好萊塢拍的影片還多。胡應湘這位很有眼光的發展商修築了銜接香港和廣州之間的高速公路。出身買辦王朝家族的何鴻燊在澳門擁有經營賭場的特許權，此外也擁有多艘船隻，以便運載去那裡賭錢的人，他在港澳兩個城市都有豪宅。但是富甲一方的據說卻是金融家李嘉誠，他不但已經成了昔日最大英商洋行和記黃埔的主席，有很多附屬企業和子公司，而且也控有加拿大赫斯基石油有限公司。

上述這些人都是香港華人社會中受崇拜的本地大人物，此外還有那些搖滾歌手以及邵逸夫旗下的電影明星，再往社會階層數下去，還有成千上萬的香港華人在期待著有朝一日自己也能趕得上這些大人物。香港並沒有階級觀念的禁制，幾乎每個人都記得從前大家都捱過的苦日子，要不就是聽上一代講過而銘記於心，而且人人的抱負也都差不多很類似；在日本，打工仔對公司歸屬感很強，公司至上，香港華人卻沒有這種公司歸屬感，打工仔為自己打算，絕對不會公司至上，而且隨時準備轉工跳槽，只要能賺更多錢或者更有前途就行。

香港教育委員會在一八五〇年的報告評說，華人家長念念不忘教育的心思「僅次於追求獲利的熱中」。事實上這兩種熱中一直是齊頭並進的，一如斯邁爾斯[28]筆下自助的英格蘭曾經有過的情形。香港那些新冒起的中產階層非常能幹又有企圖心，還有無產階級大眾，也為孩子扣上顏色鮮豔上裝的鈕扣，送他們上學去，這完全就是活生生的例子，讓人看到自由企業所啟發的觀念。據說香港有三萬家酒樓、餐廳，而且幾乎都是家族經營；有四千八百艘漁船，每艘其實都是個體戶公司。最近一次我查到的資料，香港共有一萬七千五百二十八部計程車，其中一萬六千六百五十一部都是個體經營的自屬計程車。

12 — 計畫趕不上變化

英國取得香港之初，曾有項規畫，打算在跑馬地興建城中心，利用運河銜接通往海港，並在跑馬地山丘庇護的範圍內興建卸貨碼頭以及貨倉。還有項計畫是打算從澳洲引進綿羊、肉牛養殖業者，讓他們帶同牛群、羊群來到香港；想來香港島南的山坡也就會轉變成為牛羊吃草的地方，不用說，還有澳洲桉樹點綴其間，鐵皮頂的牧場房舍俯覽中國海，以及頭戴寬垂簷帽的華人牛仔策騎牧場上[29]。曾經還有過方案提議把整個長洲（人口四萬）夷為平地，用來興建新機場。

然而，無論何時，卻都不曾有過規畫或方案談在香港的賺錢之道。香港經濟的主力向來就在於它的彈性，因為沒有政府的插手干預，它向來都相當自由，很容易從一個理念轉換成另一個，換手法、換著重點。要是說它有時不免轉換得太令人心驚，但它也證實了很具恢復能力，經歷戰爭、革命、暴亂、股市崩盤甚至它的前途條約之後，都能迅速恢復平靜與平衡。隨著九七將近，我們見到香港依然以飛快步調在工作，而全世界也都逐漸看慣了；想到它這種很明顯勢不可擋的衝勁，簡直很難讓我記得就在我上輩子的年代裡，香港居然還會被人認為是大英帝國角落裡的一池死水呢！

01 原註：順便一提，雖然環境縮小，但這瀑布依然還在流，位於宜人的瀑布灣公園旁邊。

02 原註：對保險業者也是。這艘船由華人船東買下，要改造成為海上大學，結果卻在無法解釋的狀況下焚毀。

03 塞德港（Port Said）：位於埃及東北部。

04 原註：不過在萬那杜註冊登記的那艘船最大載重量高達四萬八千噸，實在大到無法停泊在萬那杜的碼頭。

05 原註：不過這動物群顯然不大有可能繁衍——因為要是一個外僑社交新人稱某個男人是「商人銀行家」的話，根據《香港閒談者》的詮釋，這是指他「完全不懂談情説愛」。譬如説（據我推斷）：「老天！真是個窩囊廢，這人簡直就是個商人銀行家！」

06 加萊（Calais）：法國北部北加萊大區加萊海峽省工業港口，臨多佛海峽，距英國多佛三十四公里，是距英國最近的渡口。

07 滕珀爾霍夫（Templehof）柏林一區。建有柏林主要機場。蘇聯封鎖西柏林期間（一九四八～四九）機場加以擴大。

08 原註：這就是第三章提到過的謝培英留連之地，他就在旁邊的人行道上生活。

09 香港電話收費按月計租，打本地電話不計多少通以及多少時間，都是固定費用，故一般商家都會樂意讓人借用電話。國際長途電話則不在此限。

10 黃金電腦商場位於深水埗區，事實上，該區的鴨寮街尤其以賣無線電儀器、影音產品馳名，有「電子街」之稱，但該區並不在油麻地區附近。廟街則有「男人街」之稱，亦有稱為「平民夜總會」者，有各式大排檔、本地風味的食肆、算命卜卦、各式生活用品等等，但並不以電子器材為主。兩個地點相隔有一段距離，作者此段描述不盡明確。

11 此種柳條編輪椅前面有一小輪，附有類似駕駛舵可供坐者主控方向，輪椅則由人從後面推動。通常為富有但體力差的老人使用。

12 原註：當時這酒店的電報地址很令人費解地正好叫做「克里姆林宮」（KREMLN）。

13 即今日的升降電梯。

14 原註：我問酒店經理，下次我去住時房間裡能否有隻貓，他説他認為這可以安排，還問我想要哪一種貓？

15 原註：尤其是勒卡雷以他為原型塑造了《榮譽學生》（倫敦，一九七七）裡的「老克羅」（Old Crow）之後，他就更出名了。

16 原文為Flying Junk，junk可以指中國式帆船，但也指廢舊雜物，此處有一語雙關的戲謔。

17 原註：「在我的建議下，伯特菲爾先生從本公司退休了，」史懷簡練寫道：「他很死摳，讓我很煩。」

18 原註：一九七〇年倫敦出版的《太古》一書中，作者卻認為「Nips」在這裡不是指日本人，而是指酒類份量。（nip指一小口酒、少量酒、一呷等。）

19 威廉．渣甸本人單身無嗣，後來由他兩名姪兒大衛與安德魯接管事業。

20 從十五世紀起，船上採用的報時鐘，每隔半小時敲一次。

21 香港仔曾有「林文巷」（Lamont's Lane）。

22 據香港大學歷史介紹校園建築內容提到，立僻乃蘇格蘭富商。立僻當年豪宅今日成為港大學生宿舍。

23 擺花街：位於中環，據曾民偉《香港百年情色史》，此街從前是洋妓聚居處，光顧者亦為洋人，傳說洋人召妓要買花博得青睞，因此花販雲集，而俗名擺花街。亦有一說謂此地洋妓在門前擺花就表示方便接客。

24 雲石堂（Marble Hall）：今名為「遮打堂」（Chater Hall）。

25 亦有說其生父為荷蘭人、英國人，名為何仕文，其生母施氏，兩人共育有九名子女，另一說則稱五子二女。子女皆跟在母親身邊長大，傾向華化；據說這是因為當時歧視華人，故其父母不同居在一起。

26 原註：沒多久這種推車就被視為非法，法規彙編裡依然可以見到違例建造此種推車者最高可罰款一百港元。

27 原註：那裡現在仍然有山羊，大概是供應給香港的酒樓餐廳。至於附近昂船洲繁衍的蛇，雖說有的也許是進了烹飪鍋裡，但卻不是華人企業家的產物，據說是日本人在二次大戰時，為了取得毒蛇血清而在這裡建了蛇坑，昂船洲的蛇就是當年留下來的後代。

28 斯邁爾斯（Samuel Smiles，1812-1904）：蘇格蘭作家，以訓誡性著作《自助》（一八五九）著稱，後續作品有《性格》（一八七一）、《節儉》（一八七五）和《責任》（一八八〇），均以維多利亞時代的價值觀念和工作信條為準繩。

29 原註：現在的香港有個頗令人費解的機構「香港農牧職工會」，要是有那些華人牛仔的話，想來必然可以為這機構增添生力軍。

第八章

一九二〇年代：時運不濟的時期

1920s：DOGDAYS

兩次世界大戰之間的歲月對於大英帝國每個領地來說，幾乎都是時運不濟的時期。一九一四到一八年的慘烈犧牲使得英國人民筋疲力盡，帝國理念的熱火因此逐漸冷卻，帝國主義的道德觀受到廣泛質疑，到處瀰漫著要求獨立自主的氣氛，因此越來越多大英帝國官員懷著歉意，要不，起碼也是懷著安撫和解的心情來處理他們的職務。此時那些雄心萬丈或闖勁十足的人已很少考慮選擇帝國公職來發展生涯了；在印度的公務員職位已逐步轉為由印度人擔任，而殖民地公職招收新人時，選人條件也以沉穩、舉止得體、勤勉為主，而且情願選大學畢業成績只拿到乙等的人。

英國的資本主義威勢此時也像是減弱了；它的製造生產國地位已被取代，作為商貿國家，它的霸權也逐漸沒落。英國商船隊在東方貿易領域裡已不再擁有實際的壟斷權。一九二六年英國國內的大罷工更兼隨後而來的大蕭條，彷彿向大家發出信號，標示出英國的繁榮已近尾聲——也許連英國的安定也告終了。

雖說大英帝國版圖到了一九三〇年代才擴張到頂點，但在之前卻很明顯可看出鼎盛時期已經成為過去。大不列顛已無法保有世界第一戰略強國的地位。表面上還仍維持住各種至尊派頭，實際上英國人心裡很清楚他們已不再是唯一稱霸海上的人了；英國人在一九二二年簽訂《華盛頓條約》同意裁減海軍軍備，在全球各地擁有的軍艦比例與美國同等，在東方海域則與日本同等。

所有這一切對香港造成的影響比對其他大多數殖民地更大。隨著福利國家概念試探性地逐漸成形，香港原先奉行的工商放任政策也就不合時代潮流，而就戰略地位而言，這個殖民地似乎亦失去了意義。英國人在華盛頓會議上也同意了凍結一一〇度經線以東的據點要塞，主要是指新加坡以東，實際上就是指香港。這個「最偏遠占領地」似乎已不再是寇松防衛線上的一環了，而派駐中國的中隊也逐步縮減。香港又再度成為一池死水——英國十幾個直轄殖民地中的一個，最小者之一，也絕不是最有錢的一個，因為有日益風光的上海大都會與它競爭，在上海已有七千名英國「上海人」，而且更自認他們「時髦」多了。一九二〇年代的帝國參考書上有略微提到香港，當年那些時尚遊客來東方旅行時雖然也往往順道來港，卻很少在此長時間逗留。

可想而知，香港那時有種像是到此為止的氣氛，雖然它仍然是大英帝國的第三大港口，可是無論就商業或帝國方面而言，都已經不可同日而語，沒有了我們早前所留意到的活力刺激感。它沉寂了下來。一九一九年一塊港幣值六先令兩便士，但整個一九二〇年代卻從來不曾高於三先令，所以說這個時期可不宜冒險建設。海港兩岸的雙子城則是唯一仍具份量的城鎮。當時即將開始風行歐洲和美國的現代主義風格則要再等二十年才傳到香港，因此這裡的人還是照四十年前的老方法蓋房子。

當然，從一八八〇年以來已經有了很多大轉變。維多利亞城因為遮打的填海計畫而轉了型，一八八〇年代，原來的海邊這時已經遠離海港一個街區了，新填地上出現了香港會的新會所，還有新建的最高法院以及大批商業大樓，全都面向一條新的濱海大道「干諾道」。皇后像廣場那時還叫做「皇家廣場」，面積增大了一倍，如今廣場上多了悼念陣亡者的紀念碑，還有維多利亞女王像，主要位於廣場中央的華蓋之下，另外在濱海大道上還有愛德華七世、喬治五世、雅麗珊王后以及以他為大道命名的干諾公爵肖像。（後來的愛德華八世則自己否決了為他立像的提議，建議把經費花在更好的用途上。）畢打街的鐘樓不見了，說是妨害交通，而渣甸洋行也棄置了在東角的總部，大部分丟空，貨倉裡的茶葉箱塞滿了文件檔案，到了一九二一年更向那棟首屈一指的大宅告別，還為此舉行了離情難捨的燭光晚餐。海港對面九龍那邊的海濱，這時可見到很突出的九廣鐵路終點火車站，以及四四方方龐然的半島酒店建築。

但是所有這一切新建築都脫不了殖民式建築的相沿風格——手拉搖扇的涼爽、柚木欄杆扶手、香港會的柱廊上面有蒙兀兒式的角樓，最高法院的連拱柱廊上面有個古典式大圓頂，火車站是印度拜占庭之類的風格，半島酒店帶有中國味道，而大多數寫字樓大廈則是形形色色的熱帶哥德式風格。海港中最搶眼的依然是那艘老舊別致的接待艦——原本是部隊運輸船「添馬艦」，但看起來很像古老的「維多・艾曼紐號」——海傍道現在延伸到西面，沿著海岸直抵殖民地開始之處「占領角」，在在似乎都讓人有「塵埃落定的香港」感覺，而且以後都會是這模樣。法國觀察家德芒戎（Aldert Demangeon）在一九二五年寫香港時做了總結，認定它像是「英格蘭的商業天才打造出來最感自豪的典範」。[01]

原本散布在維多利亞城後方山上的白色避暑別墅，此時也紛紛擴建到了香港島南面海灘，淺水灣開展了它的歡樂生涯，大家去那裡跳下午茶舞，欣賞日落。位於香港島西端的石澳，則有一群熱愛鄉間生活的外僑在那裡為自己興建了美觀的瓦頂平房，並有砂礫車道通往住所，還有花團錦簇的花壇，簡直宛如置身在倫敦區的綠帶某處。即使是九龍，雖然在世紀交替時爆炸般激長，但也跟香港一樣發展，火車站的鐘樓恰好取代了那座拆除的畢打街大鐘，在迷霧低降的日子裡，忠心耿耿指引著往來渡輪停靠到碼頭。

殖民地香港也自成一格定了型。過去將近八十年裡原本一直以英國領地形式生存著，外僑社群已經衍生出自己一套價值觀、禮儀以及約定俗成的做法，新來者很快就入境隨俗，又傳給後來者。在種族、職務以及居所等方面，它都有一套久已為人所熟知的尊卑制度。它有自己的海軍舞會以及木球比賽。到碼頭去為搭乘英國鐵行海運輪船的朋友送行，場面中有留聲機播出受人喜愛的歡樂音樂、橫幅與垂飾帶以及開香檳時的瓶塞爆響，都是生活的一部分；國王生日時在港督府裡舉行的慶生會也一樣，不管你對那位港督持何種看法。

每個人在這個社會裡都有自己待的地方——連卡佛百貨公司的鋪面巡視員住在他們的公司宿舍；中士的妻子住在美利軍營的眷屬宿舍裡；布政司的太太修頓夫人待在山頂她那間堂皇的客廳裡；在東方海域服役三十年的伍瑟罕艦長退役之後，住在位於九龍的房子裡，可以俯瞰港裡的船隻；嘉道理先生這位非常成功的金融家則住在彌敦道上占地極廣的住宅裡；船政司住在船政司公館，三軍總司令依然住在司令總部大樓；天文館長住在皇家天文台旁邊的公館裡；愛瑟．莫里森住擺花街，渣甸洋行大班如同以往在「山居」裡好吃好住，港督住他的府邸，如今已全部改用電力照明，府邸在上亞庫畢道植物園對面。

那些以前原本靈活善變又損人利己的商業大公司，到了這時期也儼然有了莊重之風——發財立品的格調。它們待在中國沿海已經有好幾代了，儘管歷經無常易變的時期，它們的商業優勢依然升至最高點，一如香港作為中國貿易中心地也達到它的鼎盛時期。廣州的民族主義者抱怨這些洋行在南中國握有經濟箝制力，而且它們在中國其他地方也很活躍。德國人已經被排除出了遠東區——「世界大戰並沒有對渣甸洋行造成災難性的衝擊影響。」該公司有位董事回顧時冷然寫道[02]——所有的外國人對手之中，他們只把日本人真正放在眼裡，而他們在中國事務上的參與到此時也不再是大冒險，而成了生意上的照本宣科而已。

它們擁有的船隻稱霸中國沿海，更提供了通往內陸的主要交通工具；鐵路、釀酒廠、皮草商、旅館業、紡織廠、報館等都有它們的投資。渣甸在中國所有主要城市都設有辦事處，日本、滿洲和台灣也有。滙豐銀行於一九二三年在上海蓋了辦公大樓，規模比在香港中環皇后大道一號的總部大廈還要大、還要壯觀——而這座大樓不過是由香港公和洋行建築師在上海外灘所設計的五、六棟大廈之一而已。

但是隨著公司傳統伴之而來的則是中老年化。有位太古公司的經理被問及對太古感到的隱憂究竟是什麼時，他解釋說太古已經逐漸由「一大堆五十到五十五歲或這歲數以上的老朽之人」主控了，太古老闆約翰・基思同・史懷自己也說，「東方那裡有太多尸位素餐的人高居首位」。年輕的約翰・凱瑟克初抵上海到那裡的渣甸公司做他第一份工作時，公司交給他的筆就是他父親用過的那枝；等他加入了公司，人家就提醒他，說他的祖父、伯祖、他父親還有他伯父全都分別在他們那年代裡做過上海公共租界董事會的總董。滙豐銀行的代表也是大亨要人，東方的大人物。失明的中國通熙禮爾（Guy Hillier）做了三十九年滙豐北京分行經理，當然也是這個首都裡最具影響力的人之一，而他的繼任者亞蘭先生於一九二五年敘述他和當時大軍閥段祺瑞會面經過，講到最後「元帥親自送我到他寓所門口，我的翻譯說他很少這麼給人面子的」。[03]

這一切顯然都在於香港，這個如此眾多勢力和利潤的源地，卻又腳踏實地多於浮誇。眾大班此時已不再對港督發出噓聲，醜聞沒有以前那樣鬧得如火如荼，也不再風行毀謗。有些虛飾作風已從這地方消失，一如從整體上來看它從大英帝國消失一樣。當一艘太古中國輪船公司的汽船行往廈門或福州時，已經能憑著長期經驗累積所練就出的技術而駕輕就熟了；汽船上的黃銅部分永遠擦得雪亮，黑色船殼是新油漆過的，公司旗幟傲然飄揚，遮陽篷清新潔白，菜單上提供有烤牛肉和約克郡布丁，也有魚翅和鴿蛋湯；但卻少了以前那種神氣活現的誇耀感，不管是屬於全盛帝國主義或非正規的誇耀感。

幾乎就像是回應這種逐漸收斂的公眾作風似的，香港殖民在私生活上卻活得更熱烈。整個西方世界的人生活都很熱烈，活在查爾斯頓舞和雞尾酒的日子裡，但在這個位於泱泱大中國旁側列島上的洋化小圍地裡，卻更可看出。

歐洲和美國的外僑社群依然處於英國人支配之下，但卻已經不再是絕對的了。德國僑圈因為戰爭而被趕出了香港，然而卻有政戰宣傳抹黑從前的回憶——譬如像這首本地編出來的勝利歌就是：

那德國佬已受到嚴厲處罰，
在泥地裡爬，
它是個齷齪髒東西，
雖然打起仗來還算中用。04

另一方面，美國人卻比以前多了——到了一九二〇年代末期大約有五百人——法國人多了、荷蘭人多了，更多的是日本人，而猶太人、印度人以及葡萄牙人的圈子也都出現了不少有錢又出眾的公民，挑戰了英國人一枝獨秀的優勢地位。

但英國人並不在乎，因為住在香港的英國人是那種依然以為自己正處於國家最有成就時期的人。這個偏遠占領地要逐漸染上大都會之風，還得要等上一段時間。香港就像渣甸洋行一樣，並沒有在一次大戰中受到太多牽累，人們多半自認為是受蒼天眷顧，一如四十年前的他們一樣。毛姆在描寫筆下一個在香港的人物時如此寫道：「對於這個命運安排她來到的中國，她只有不屑，根本不放在眼裡心上。」05而且無疑這個她恐怕還覺得自己比荷蘭人或日本人更優越（的確，曾經有兩位特別受皇家海軍軍官仰慕的混血日本小姐，當年卻被那些較為高傲的太太們認為不宜請來當賓客）。

一九二〇年代初期，訪客眼中所見到的香港很可笑又跟不上潮流，從前一八九〇年代最新的一切建設早就落伍了。舉例來說，你人在九龍，受邀到山頂去吃飯，你得先雇輛人力車載你到渡輪碼頭，搭天星小輪過海到中環，再雇一輛人力車到山頂纜車的山下站，轉乘纜車到山上站，再雇第三輛人力車來到主人家的前門——對於從戰後倫敦來到這裡的旅人而言，簡直時光倒流。街上聽到的市聲依然是從前那些喧嘩，華人流動小販的吆喝叫賣、電車鈴鐺，再加上海上船隻傳來的汽笛聲和引擎震動聲。

在這十年光陰中，情景轉變了。首先，大批汽車運抵香港——有個華人向港督抗議時稱這些汽車是「又咳又噴、喇叭亂響的妖魔」。港督自己則老早就乘坐汽車到處去，而不大乘坐山兜了，尤其是一九一二年有人意圖行刺梅含理爵士未遂之後。到了一九二九年，香港已經有一千四百輛私家車，大多數是美國製造的，但也有兩部勞斯萊斯，再加上二百四十七部計程車、一百五十輛巴士、四百四十六部卡車和四百六十架摩托車。路面開始出現塞車，而早在一九二五年，美國麵粉商衛舒爾就因為「恣意開快車」而被罰做兩個月苦工。

隨著時光荏苒，洋人社交生活也變得考究多了，但是講不好聽，仍然只屬於外省社會而已。電影院裡看到的影片是去年的（只有買包廂票的人才要穿上晚禮服），留聲機播放的唱片是老早流行過的（〈被偷掉的一個吻〉或者〈親愛的，在我心深處〉），這個圈子迫不及待要看倫敦傳來的社會新聞（《大都會新聞與八卦》），也經常去晚宴舞會、到淺水灣海灘參加海灘派對，那裡搭了一排一百二十座草棚，讓人在棚下吃野餐籃帶來的午餐，並有大汽船遊艇等候在離灘不遠處的海上，以便接載這些狂歡痛飲的人回家。這圈子的人菸癮很大，喝起酒來也不講究規矩——可以在飯前喝琴酒，吃飯時配威士忌，飯後喝白蘭地；港督梅含理爵士於一九一八年為一座飲用水水庫主持啟用典禮時曾經一針見血指出：由於大家普遍愛喝烈酒，因此下層洋人公務員往往只有一兩個能夠活到拿退休金。有時電車公司也安排晚間到北角海灘上郊遊的行程，一群群的人們於是一起在月光下夜泳，並欣賞樂隊演奏音樂。

這個社群還很以它的英國習氣自豪，有時甚至是頗為可笑的癖好；就以港督司徒拔爵士來說，他每個星期四上午和下午都要出席議會，說大可以每個星期四中午都吃牛雜，於是就組了一個餐會叫做「維多利亞牛雜迷」，還有會長和秘書，這個會就在港督府裡很搞笑地吃起洋蔥燉牛雜。與此同時，就像英語世界裡大多數社會一樣，英屬香港也開始變得有點美國化，電影院裡見到的是好萊塢明星，「香港廣播節目委員會」電台所播出的歌曲都是紐約的流行歌曲（只有星期天例外，因為這天的時段要特別保留給更重要的節目）。有個問答方式的啤酒廣告上問說「來瓶卡斯卡德啤酒？」而回答則完全是美國口語的「那當然！」（You Betcha!）

一九二二年威爾斯親王來港訪問三天，隨行有他的王室侍從武官蒙巴頓勛爵。大概那是當時香港特有作風，當他們首次走進看來顯然空盪無人的總督府花園裡時，突然響起一陣哨子聲，然後從花木叢後跳出一大群男女童子軍，據悉，「全都尖聲大喊大叫」。

山頂區矗立在這些外僑活動的最高峰上，到了此時，比起其他之前在印度興建的山中駐地更勢利。

山頂區是按照高度正式界定過範圍的——香港島七百八十八呎高度以上的所有地方都包括在內——而它這種充滿寓意、位於雲霧之中的環境，也意味著高度變成了一種讓人一心追求的念頭。這些自稱「山頂居民」的人不僅在地勢上居高臨下，更睥睨了住在這圈標準等高線以下那些房舍裡的人。

在她住上山頂之前
（那時代的一首流行歌的歌詞）
瑪提妲原本膽小又溫順，
但現在她卻敢去惹
她那些住在寶雲道的朋友
而且面露陰險厲害的笑容。

寶雲道？寶雲道在哪裡？咦，那不是在半山區嗎？離山頂區起碼還要再低二百呎的地方。

這個時期的山頂區已經成為很漂亮的住宅區了，曲徑半隱在林木之間，沿途有叢叢蕨類與灌木。馬路還沒有鋪設到這裡來，一九二六年才改為電力化的山頂纜車也就更加繁忙了；萬一你錯過了最後一班纜車上山，最後這班是晚上十一點四十五分由維多利亞城開出，那麼你還可以自己包一班纜車上山，這包車服務延續到凌晨三點鐘為止。然而，比較傳統的山頂大人物卻還是乘坐山兜讓人抬著上下山的時候多；有的則是乘山兜上山，騎單車下山；還有如賀立[06]者，他的住宅位於比山頂纜車總站低很多的地方，所以他喜歡藉助他「沒有馬達的轎車」，完成從纜車站到家的這段旅程，那是輛四輪車，可以讓他利用下坡滑行而一直來到家門口。

山頂區此時也出現了軍官宿舍，有不少住的是大公司所雇用的年輕助理，因此山頂區的社交生活也就活躍起來了。在山頂住宅區投下名片，是進入香港外僑社會不可或缺的自我介紹步驟，而每戶自重的人家也必然在大門口裝設名片箱；修頓夫人後來就寫說[07]：「名片箱是西方文明特有的象徵，東方就沒有。」橋牌局也很盛行，山頂酒店做的英式烤鬆餅依然風味絕佳；晚宴時間都很長，總共要吃六、七道大菜，出席者打黑色領結，有時還有菲律賓人樂隊演奏音樂，外加皇家海軍好意提供的年輕男士。

還有個令人肅然起敬的「居民協會」負責保持這個極樂之地的情調，甚至連洋人女家教都要先經過此會審核才准接受聘任（不過根據一九一八年所通過的《山頂區保護條例》，只有港督本人有權決定何人可以成為山頂區住戶）。運送民生物資去山頂的華人苦力禁止乘坐纜車，而且只准靠人力搬運沉重的煤炭、冰塊、糧食以及建築材料，走陡峭又常常遭雨水沖激的山徑上去。一九二一年，有個深富同情心的教士發現，有個才六歲的小苦力每天工作十二小時，一周工作六天，從海邊把重達五十八磅的煤炭搬運到山頂區一位權貴的住宅去。

再往這社會階梯下一兩層，位於山頂區和海邊商業區之間的半山區也住了很多洋人，這一區全部都

是住宅街道，但是到了一九二〇年代中期，香港島外連同隔海的九龍那邊的這種社會地位強調性有了個大轉變。二十年前當新界還沒有納入租界之前，像這樣的變動根本是很難以想像的，那時候的說法是：除了士兵和葡萄牙人之外，沒有人要住在九龍，而且幾乎任何體面的人都不會到九龍去，除非是到那邊的海邊去野餐。再說，九龍那邊也沒什麼好做的，只有懷有不正經興趣的男人才去。當年的通衢大道彌敦道只有半哩是大道，再過去就轉為凹凸不平的鄉間小路了，來到界限街這裡就告結束，界限街則有道竹籬笆標示邊界。過了界限街，就是中國種種令人費解的事物，迷信充斥之地，土匪和老虎出沒，是那些痞子去跟當地人賭博的地方，鴉片窟裡有各種不可告人的行徑。

到了一九二〇年代，新界已經成為香港的鄉間地區。人們到那裡去健行並野餐，去看圍村或者採集野花。嗜好打獵的人到米埔去射鴨，港督在粉嶺也有棟鄉間住宅（大多數在職港督都認為這裡比那座總督山頂別墅要好得多）。由於前去新界消閒作樂勢必要經由九龍，因此九龍也不再是個異國海邊名譽欠佳的圍地，搖身一變成了維多利亞城的雙子城，香港島這個殖民地的活力也移植了過來。

老派的夫人太太們依然會問男人「你結婚沒有？還是你是住在九龍？」但事實上，現在不僅往往有很多殷實華人、印度人和葡萄牙人認為這裡沒有香港島沉悶，比較對他們的胃口之外，也有個很體面的英國僑民社會在九龍定居了，住在位於這個城鎮邊緣寬敞又陰涼的殖民式住宅裡。工程師、中層官員、商船高級船員，都在此定居，還組成了「九龍納差餉人協會」，性質就跟那個更冠冕堂皇的山頂居民協會一樣，目的也是要盡量把華人大眾排除出他們的區域。到了一九二七年，社會比重又來了一次更大的轉變，因為半島酒店開幕了，這是香港最豪華高級的酒店，位於火車站到尖沙咀海邊的路上。

比起香港酒店的破舊長廊以及落伍的大廳，加上填海之後，它的地點也就顯得更加孤立落後，半島酒店卻截然不同；它總共有六層樓高，根據國際的豪華標準而設計，是真正為交通運輸而設的酒店，服務對象是那些從遠洋客輪下船的旅客，或是剛從廣州、北京、莫斯科、巴黎或倫敦搭火車抵達的乘客，但它也變成了所有人眼中最時髦的地方，來這裡跳舞或者舉行派對，是年輕洋人社交生活的焦點，而且整整三十年之中一直是全香港最為人所知的建築。

—

再說回一海之隔這邊的香港島，那些港督一直過著港督過的生活，總督府也經過了一次變形。我們在一八八〇年代見到的那棟宜人紳士別墅已經發展成為更具有英印模式的府邸，還加蓋了很大一部分，幾乎跟原來的房子一樣大，加蓋部分包括有舞會大廳、彈子房、晚宴廳、幾間牌局廳還有吸菸室。改建後第一位到總督府裡接受招待的大貴賓是尼古拉斯大公爵，也就是日後的俄國沙皇，我們前面已經提到過，他在香港的公共招待會上受到很冷淡的待遇，他在總督府裡的大部分時間都是耗在屋頂上，拿著望遠鏡看他自己的船。

一九二〇年代共有兩位總督進駐這府邸，兩人的作風呈強烈對比。先住進來的是司徒拔爵士，為人尖酸刻薄、有時非常專橫跋扈，不會說華語，而且認為應該對本地人施以體罰。其父即著名的歷史學家兼主教威廉·司徒拔，專長研究英格蘭政治體制與機構，司徒拔爵士本人也是牛津大學兩科優異生，素有機智、反應快、不浪擲光陰之譽。但諷刺的是，他所以名留香港並非因為他的獨裁性情，而是因為一項重修舊好之舉——歸還錦田的圍村鐵門。

這是吉慶圍的祖傳熟鐵鍛打的大門，吉慶圍是位於錦田的圍村，我們之前曾經提到過。一八九八年這圍村的鄧族這些鐵門獻給英國政府做為歸順表徵[08]，當時的總督卜力爵士後來就把這些鐵門運回他自己愛爾蘭的家裡去了。鄧族一直後悔獻出連環鐵門，因此不時請求歸還，司徒拔接手安排歸還了鐵門。起初沒有人知道這些鐵門下落，但後來終於追蹤到愛爾蘭而發現了它們，於是在一九二五年隆重典禮中重新把鐵門安裝回原處。事實上原本不止兩扇，而是總共有四扇，卜力挑了其中兩扇最好的留給了自己，不過歸還的兩扇看起來也夠美觀的了，門邊還嵌了一塊石碑，用中文和英文記述了這個故事（「足見英政府深仁大德……」）。

上述之舉並非司徒拔常見的為人作風，他是一輩子都深信應該以帝國鐵腕手段來治理領地的。他離港調職出任牙買加總督，據《英國傳記大辭典》說，他在那裡適得其所，把一切爭取民主的奮鬥努力都保持在「實事求是的範圍之內」，之後又調到了賽普勒斯島，島上那些不肯面對現實的臣民卻在不久之前才把總督府燒掉。他的總督生涯是以錫蘭總督告終，是少數做過四個殖民地總督的人之一；二次大戰期間他又成為主席，可以想見絕不會是個讓人釋然的主席，因為他出任主席的機構是「因良知而拒服兵役者裁判所」。

那些香港老鳥一定很喜歡司徒拔，儘管他有牛津派頭，而且很易想見他若處於香港一八九〇年代或甚至是在一八四〇年代，必然如魚得水。繼任他做港督的人則是個作風比較現代化的人，而且也沒那麼死硬派——這人徹底熱愛中國，會講官話和粵語，中國書法精湛；這位總督金文泰爵士是個在印度服役的英國陸軍軍官的兒子，崇尚古典文學藝術，兼且精通數國語言。他家人在香港有人脈，他本人於二十世紀之初也是從香港開展他的生涯的，但後來轉去英屬幾內亞和錫蘭服務，還做過一趟出名的橫越中亞之旅，之後才又回到了香港出任總督，思想觀念非常開明。他跟司徒拔不一樣，他絕對是屬於大英帝國新派、擺脫偏見而持有開明見解時期裡的人，勇於批評種族偏見，公然聲稱在香港實行華洋隔離區是「造成這個殖民地社會、士氣、智能，甚至是商業和物質進步開倒車之舉」。

在一九二〇年代說這些話是很危險的，因為在那時期的香港，即使如長洲島上也有類如山頂區的地方嚴禁華人居民涉足，而香港的洋人商店助理也不會夢想要去跟華人握手。然而金文泰卻言行合一，身體力行，甚至做到提名一位華人出任行政局非官守議員[09]，行政局也就是香港的內閣。如今華人經常成為港督府裡的座上客，這位港督一度還建議廢除掉那個殖民地聖地中的聖地香港會，另外設個聯誼會來取代它，開放給所有種族入會。

雖說香港那時未必看得出來，但金文泰的確代表了大英帝國在變動中；他也曾直言不諱言指出，洋人支配中國的日子就跟在印度的一樣，已經來到尾聲。到了一九二〇年代末期，英國已經宣布放棄了中國沿海三處租界，並原則上同意逐步放棄其他所有在中國的額外領地特權。但上述這些並沒有把香港這塊割地算進去，恐怕連金文泰也無法想像香港有一天會歸還給中國——「我無法相信大英帝國有朝一日會默許交還香港」。然而當年那時代有些人畢竟活到了今天，雖然他們沒有真的看到香港會被廢除掉，但卻看到了很多華人入會成為會員。

總之，不管你喜不喜歡——要是辦得到的話，就視若無睹好了——四千五百名住在香港的英國人周圍的確住著七十二萬五千名華人。

直到目前為止，香港華人一直是香港史上被動的觀察者，在訪客以及史學家眼中，華人只不過等同於模糊不清的背景，沒有清晰臉孔也沒有名字，只有其中幾個華人由於能迎合西方所需、所以才有資格受到注意。香港史書上很少出現華人名字，因為只有極少數華人在香港發展上扮演了公共角色；華人大眾似乎都不去注意公共事務，一心一意只顧謀生。司徒拔有一次曾說：「華人普遍對於公共事務漠不關心，簡直令人難以置信。」然而在香港這個時運不濟的十年中，華人卻表現了他們的力量。要是讓那些老手來回憶一九二〇年代的話，恐怕他們會記得的並非這時期的平平無奇或者無聊，而是這時期的麻煩事，從中國波及到香港，而香港則是頭一遭這麼受牽累，這也可說是最早的警訊，警告這個沾沾自喜又自滿的殖民地好戲還在後頭。

那時期的中國局面混亂無比，一九一一年革命成功，民心振奮，廢除了滿清帝制，但未幾這種興奮就因為隨之而來的種種而驅散了；包括革命者之間的衝突、新文化運動興起宣揚廢除一切傳統、中國共產黨的誕生，以及軍閥率自己的軍隊東征西討。一九二一年，北京落入軍閥勢力，革命之父孫逸仙在廣州被推選為中華民國非常大總統。他屢次遭英國人嚴厲痛斥，英國人依然視他為造反分子，而且在這種沒有合理像樣政策的情況下，英國人也寧願承認在北京統治的那人才是全中國的合法統治者。孫逸仙後來領導他的政體急轉左傾，使工會合法化，並欣然接受蘇聯援助，此舉進一步加深了大英帝國對他的反感，司徒拔爵士更視他如眼中釘。在這個政體的撐腰之下，興起了非常強大的革命性以及恐外的運動，以廣州為基地，無可避免地波及到了香港——這塊受外國人箝制的地方，外國資本家在中國這個角落裡坐擁獨立主權。

在香港有成千上萬的華人依然像那個運煤上山頂區的小苦力一樣，過著艱苦不堪的日子，工作時間長得殘酷，賺取的微薄工資令人心酸，而且往往病倒，往往因吸毒而糟蹋掉。這些華人只有少數是在香港出生的，可是他們已經不像早期第一批那些來香港定居的華人具有先鋒精神了；他們大多數都是從廣東省來的鄉下農民，突然一頭栽進了先進西方都市令人困惑的壓力之中。這些窮苦人的住宿情況比起一八八二年查維克的描述相差無幾，而且政府在改善方面做得很少。根據一九二四年的記載，荷李活道有個不露面的業主，把他名下的一棟出租建築轉租給二房東，二房東再將之分隔成很多戶分租出去，那些二房東又再把每戶寓所分隔成小隔間分租給別人——一戶寓所往往就住了二十五個人，而且經常還不止此數。根據官方估計，就在同一年裡，大約有四分之一的華人抽鴉片，香港至少有二千家鴉片窟。香港所有的現代化都只為照顧洋人而設計，而不是為了華人，香港廣播節目委員會電台的廣播只偶爾有個華語節目，電影院也只有一家有華語解畫佬——這人坐在銀幕旁邊跟著電影情節翻譯內容。

但是華人卻絕非如四十年前那般軟弱無能了。這點從金文泰的晚宴席上可以看出來，有錢有影響力的華人公民很多——而且每個月有增無減，他們由於中國的時局不穩而逃難到香港。受過高等教育的華人已經逐漸住進了許多洋人住宅區，至於何東爵士就更不用說了，老早在山頂區逞威多年。一九一一年在港督盧押爵士個人努力之下，成立了香港大學，到這時也源源不絕產生了不少華人畢業生。東華則已發展成很有勢力的社群組織。更具預兆性的是，此時也出現了很多活躍的華人工會——並非僅如以前的老式同業會如柴火商工商協會，或者人參鹿茸商會，以儒家的忠信理念為根本，而是現代化而且富戰鬥精神的工會，以革命性的馬克思主義為根本，而授意指使則來自廣州。

就像毛姆慧眼所察覺到的，外僑居民大眾對於華人大眾之中發生了什麼一點概念都沒有，他們在社交上遇到的華人都是笑容滿面、志趣相投，他們雇用的華人都是很討人喜歡又會逢迎。社會隔離讓他們跟大眾華人保持距離，而嚴刑懲罰則讓大眾懂得守規矩——舉例來說，竊取內有二十四元港幣的皮包的刑罰是十二個月苦工外加樺條鞭打十八下；洋人乘坐人力車時搶走他的帽子要罰三個月苦工。雖然一九一九年曾因為食糧價格引起本地暴動，一九二二年有過海員罷工，但是到了一九二〇年代中期，洋人才震驚發現原來平常的三合會和同業會的陰謀、在灣仔和九龍那些擁擠分租房間進行的常見犯罪活動、搶帽子或皮包，這些竟然都會導致政治性後果。

實在太震驚了！起初這些亂子不過被當成是華洋之間的小摩擦和牢騷而已，在山頂區更幾乎難以察覺；然而一九二五年孫逸仙去世後，接著上海發生反外國人變亂，終於爆發成為大規模的全面罷工，連帶也杯葛香港和廣東省之間的所有貿易往來，包括廣州在內，而香港絕大部分食糧卻是由廣東供應的。這正是自從印度兵變以來，英國人不時唯恐會發生、將近起義的狀況。有幾個星期，香港的經濟生活完全停止了。海員、學生、酒店員工、碼頭工人、家僕、巴士和電車司機全都不通知一聲就棄離職守。甚至連人力車也拒絕載客。糧食價格高漲，銀行出現擠提存款。

暴力相向的情況很多，暴力性的談話卻更多。一方面，領導罷工的人恫嚇工作者迫使他們罷工，另一方面，有個非正式的破壞罷工團體「保護勞動會」表現的凶惡程度也跟罷工這方半斤八兩。站在這兩者之間的是司徒拔爵士，他威脅要以九尾鞭對付這些恫嚇者，並主張由皇家海軍採取武力介入，就像從前做法一樣。謠言滿天飛，香港民心惶惶。俄共極端分子蠢蠢欲動。香港召集了義工，以應付可行措施，同時也宣布進入緊急狀態。「凡是擾亂這個殖民地太平的人，」司徒拔發表聲明說：「會受到的對待就是英國人會給予的那種：公正但嚴厲。」

到了這時節，山頂居民發現自己不得不親自接掌所有他們平時不慣於做的各種雜務，例如熨燙自己要穿的衣服、做自己要吃的飯、掩埋自己的糞便，甚至還要自己看顧孩子。義工維持了酒店和咖啡廳的運作、負責駕駛電車並派發郵件，皇家海軍則接掌了天星渡輪的服務，但卻做不大好——一家本地報紙對此有所抱怨，說海軍「整潔無瑕的制服加上絲手帕和勳帶等累贅」根本就不宜做這活兒。罷工領袖則鼓勵所有華人要他們離開香港，並散播謠言說英國人打算要在他們的食水供應下毒，一面又提供免費火車和汽船讓華人搭乘前往廣州。成千上萬的華人都走了，留下了半空的愁城一座。

英國船隻此時也突然遭到海盜的連串襲擊，局面更是每況愈下。有時這些海盜從中國帆船登上英國船隻，有時則以乘客身分搭上船，等船航行到外海就下手攻擊全體船員，迫使他們把船開往中國沿海某個隱蔽、與他們一鼻孔出氣的海港。事實上就曾有一艘從長洲開往中環的渡輪遭劫持，三名乘客的在港親友分別收到這三人被割下來的耳朵，於是為此而付出了巨額贖金。政府此時也養了一班特殊保安人員，其中很多都是白俄羅斯人，而不少駛往外海的船隻此時也都在船上加設了鐵柵欄，隔開乘客區和船橋與機房。

在這種種情況之下，罷工領袖提出的諸般要求聽起來也就不算太過分了，這些要求包括：每日工時以八小時為限，禁用童工，禁止警察不人道的粗暴行為，並終止山頂區的隔離政策，此外還要求勒令減低百分之二十五的房屋租金，以及在行政局設勞動代表。《南華早報》以標題「勞動者的不尋常表態」為這些訴求做了個總結，而這種種則嚴重損害了經濟信心。證券、股票和地價急劇下跌，很多人宣告破產——一九二五年九月每天就有二十宗。甚至還出現了一群商人代表出面請求司徒拔向英國申請三百萬貿易貸款來協助他們度過這個難關。由政府貸款給香港的大生意——這可真是顛三倒四的時代！

倫敦庫務署勉為其難地提供了這筆現款，然而此事倒沒有給英國納稅人帶來不便，畢竟那時大英帝國還在，所以不需從英國籌措這筆錢，而改由從西非貨幣發行局以及馬來西亞的海峽殖民地籌來。

——

總而言之，一九二〇年代對香港而言不是好年頭，但這些年也不算是太壞，只能說是時運不濟而已。政治危機沒有拖很久，也沒有發生過更壞的狀況。中國的模式又轉換了，廣州的敵意不再那麼強烈。到了一九二六年年底，罷工和杯葛都煙消雲散，就跟英國國內的大罷工一樣，這時的港督已經換了金文泰，他到珠江做了一趟親善之旅，一切算是塵埃落定。

在香港的殖民生活又重拾原有作風，一九二六年的秋天，連卡佛百貨公司的型錄宣布：「本公司不斷有大批款式迷人新晚裝運到，全部都是由本公司代表親往倫敦與巴黎精挑細選的。」華人又回復了原有的溫順，再沒有人會雇不到人力車了——「你只要到門口向外大喊一聲『車』，」有個英國女人毫無惡意記載說，「他們就會全部跑來，看誰能搶先來到門口。」

---

01 原註：見《大英帝國》（The British Empire），一九二五年倫敦出版。

02 原註：見《薊與玉》（The Thisle and the Jade），Alan Reid 著，一九八二年倫敦出版。

03 原註：引自《匯豐》，Maurice Collis 著，一九六五年於倫敦出版。

04 原註：引述自 Paul Gillingham 所著《在山上》（At the Peak），一九八三年於香港出版，本章參考其書甚多，謹此銘謝。

05 原註：見《愛的真諦》（The Painted Veil），一九二五年於倫敦出版。

06 賀立（R. C.Hurley）：曾活躍於香港的商業攝影師。

07 原註：見其所著《蚊帳之下》（Under the Mosquito Curtain），一九三五年於香港出版。

08 根據香港一般常見的記載，一八九九年四月英政府接管新界時，錦田居民不知英政府與滿清訂有私借條約，因此據守吉慶圍拒絕接管，雙方發生激戰，英軍以大砲轟擊，破村攻入之後折除連環鐵門，做為戰利品運回英國。後經鄧族屢次請求，才於一九二四年歸還部分。

09 非官守議員：官守和非官守，是指有官職在身和無官職在身之分，從前議員全部由港督指派。此為香港用法。

第九章

管控體系

CONTROL SYSTEMS

1－古老建築

皇后像廣場旁邊矗立著一座有列柱廊的圓頂建築，柱子是愛奧尼亞式，並有紅瓦屋頂，很難得沒有隨著歲月流逝而消失。這建築是在一九〇〇年大部分由韋伯爵士（Aston Webb）設計的，他是設計倫敦維多利亞與亞伯特博物館的建築師，香港這座建築原本是高等法院所在，後來高等法院搬到同一條路上另一棟有空調設備的高樓大廈裡去了。這座建築以前與帕拉底歐式的香港大會堂為鄰，但那座美麗的舊建築也拆除了；它旁邊本來還有哥德式風格的香港會會所，會所後來也變形成為摩天大廈。它有一面朝著木球場，整個球場後來也走了樣，只剩下原有球場中央的球道。它原本睥睨廣場上的維多利亞女王及其後繼者的肖像，直到日本軍隊把這幾位君王移走為止。在兩個世代的歲月裡，它主導了香港中區這塊舉行慶典之地，距離海邊只有一石之遙，直到填海把海面帶離它為止，而它的大圓頂更曾是香港島上天際線最崇高的表徵之一。

如今在周圍那些商業建築相形之下，它變矮小了，那些建築也使得以前那座美麗的廣場縮小成了一個過分講究的公共花園，被道路分割成了三段。還留在廣場上的紀念物有一個是表揚陣亡者的紀念碑，另一個還在原地的肖像則是滙豐銀行從前的總經理長臣爵士。有傳說稱這些公共花園本身之所以能得以保留，位於這塊世上最昂貴之一的地段上，是因為有利於匯豐銀行總行的風水，因為銀行就坐落在這些花園的前方；但事實上所以會保留這些空地，是根據一九〇一年匯豐和政府達成的協議：「無論何時」都會在這裡留下一塊空地。

不過這座圓頂老建築倖存下來了，而且經過精心修復，如今成為立法局的大本營，立法局是香港直轄地性質最接近國會的機構。現在每星期三下午立法局就在此召開會議，這也是著手探討香港體系的最佳地點，過去一個半世紀以來，香港就是靠這套體系來管理的；找個幾年前的星期三，譬如說，一九八六年的某個星期三吧，那時即將逼近的主權改變還沒到來，也還沒開始扭轉所有情況而使得英國人在香港不再能夠當家作主。

2 立法局

一九八六年間，立法局的會議可以說是充滿喜劇性的。香港的當權派都在那裡亮相了；其中有複姓的英國人，有英文名字叫麗塔、莉蒂雅、希爾頓或當諾的中國人，卻沒有日本人或美國人——這仍然是個英國殖民地議會，按它自己規矩來運作。香港脫不了香港本色，是個公關藝術之都，因此會議上永遠有電視攝影機對著，會議室兩邊有為攝影角度安排的窗口，很多照片就是從這裡拍攝的——「總督在辯論過程中喝口水，」第二天的圖說如此寫道，或者「鄧蓮如女士調整她的麥克風……」。

主持會議的是那位高高坐在桃花心木講台上的不幸總督——說他不幸，是因為他不但得要當發言人，而且多少還得當紀錄員，會議過程中一小時接一小時做著筆記，只有偶爾才自己停下來一會兒。幾位獲英國封爵的行政首長依其職責出席會議——布政司、財政司、律政司，一個挨一個坐在議員席的前排，宛如內閣閣員。出席的還有七個官守議員，由政務司到運輸司皆在座。二十二位非官守議員也在——大部分都是有頭面的各界人物——英人與華人銀行家、生意人、知名的公益贊助人，全部由總督委任。會議廳的另一邊坐的是經由選舉產生的二十四位占少數的議員，但並非經由直接民選，而是各區全體區議員組成的團體、全體區域市政局議員、全體市政局議員或功能組別推選出來——後者這個成員代表了法律界，某個業界，例如醫界或建築界。全體五十七位議員，四十七位是華人。

這是香港在仍然真正自主其命運的日子裡最接近代議政體的時期——英政府從來沒想過代議政體宜於此地，但香港卻走到最接近此政體的地步。香港享有絕對的言論自由和就業自由，但卻完全沒有選擇其統治者的自由。英國直轄殖民地體制最基本原則就是立法機關的大多數議員應該要由政府委任，而在香港也一直維持這基本原則。直到一九九一年之前唯一的直選是區域市政局，立法機構第一次有「任何」一種的選舉形式還是在一九八五年才開始的，即便如此，那時有投票資格的人口也只占很小部分——總共才七萬人左右而已。從那之後的一切改革都可視為受到施壓才產生的，因為一九八六年時，立法局還是屬於大英帝國自己的那套做法，在香港實行議會民主，議員可隨意出席或不出席會議。

那時是香港華人的政治抱負最高漲的時候，一九九七的前景已經改變了他們的視野，這點我們稍後就會看到，但直到在那不久之前，他們大多數都不想碰政治。由於受到儒家菁英專政觀念的薰陶，所以他們心理上都有準備讓英國人為他們治理一切，他們只管繼續過他們的日子就好。中文大學的加拿大社會心理學家彭邁克（Mlichael H. Bond）對他們這種心態有以下的分析[01]：「社會真相並非靠據理力爭的公開衝突而產生，而是有良知的領導者對於議題深思熟慮之後才發表出來。市民則以忠誠與接受來回報這番領導，以此表達他們的領情。」中國有句老話說，開始產生爭執的時候，就是朝向亂局邁去一步。

一九八六年，立法局所以會帶有喜劇感，是因為此時大勢已去，未來任何本質上的改變，只有經過北京中國政府的同意才能做出，不管這種同意是默許還是公開表態。因此立法局的表現就宛如某種一本正經模仿英國國會表現的諷仿表演。與會者的彬彬有禮、講究客套完全是西敏作風，說話口吻極盡挖苦，說笑也是點到為止，很有老練議員的分寸。坐在前排的那些第二級爵士才是握有實權的人——三個能幹但卻算是普通一般的英國人，就像任何時刻都可在駛往滑鐵盧的通勤火車上遇到的證券經紀，他們在地球另一面冒出來，搖身一變成了部長大人。當其中一位大官戲謔一番突圍之後，議會成員笑得多開心呀！而他則帶著如許收斂的謙遜在滿堂莞爾中重新就座。那些委任的議員，亦即諂媚與利己者的世代傳人，通常都以恭敬口吻向這內閣發言，完全就是西敏議會拐彎抹角的那套——「財政司大人閣下您可同意……？」——「我謹將此交託與我可敬的友人經濟局局長……」反觀那些推選出來的議員，一面保持國會議員應有禮儀，一面帶點蔑視態度展現出他們的獨立性——畢竟他們可算是香港空前未見的正式反對派，而且那年之前才首創。發言幾乎全用英語，但現場卻有華語同步翻譯，而且大部分發言雖然熱烈卻很枯燥乏味。話題通常都是無傷大雅，至於與會者的投票表決，講得不客氣根本就沒有效力。

原因是直到一九八六年為止，港督擁有絕對權力，立法局決定的任何事情，他可以取消，他規定的，立法局得要接受。眼前這位港督坐在這裡一副厭煩狀，可憐的傢伙，這時財政司大人正待進入通貨膨脹和匯率關係的第二輪辯論——港督的威權是《英王制誥》所授與的，而且他只聽命於倫敦的外交事務部[02]或者英王的決定。就跟他那些前任一樣，他也不僅是總督而已，或許不像從前的包令爵士般身兼無數職銜，但仍然擁有三軍總司令的名義，是立法局的當然主席，是英王的全權代表，官方出版的香港手冊以很含蓄迂迴的說法稱「盡其影響力主導事務」。他有個行政局來輔助他，行政局十四個議員都是依其職責或官方委派的，但是卻由港督來主持，並由他決定行政議員在哪些事務上提供意見，基本上反正他不是非得接受行政局的看法的。

不過他坐在那裡時，讓人覺得他看來有點疲倦的樣子（碰巧他就是深得人心的尤德爵士，那年上任後不久就去世了），很謙恭有禮地引導立法局辯論下一個主題——官方授權的租用業權轉讓是否應該給予優惠。一九八六年代末期任何一個星期三下午，在香港荒誕離奇的騷亂中，這個進行辯論的議會依然維持著禮數講究，不免予人愛麗絲夢遊仙境之感。

3　英國的影響

當然，事實上並不真的有胡鬧之處，香港少有胡鬧的——它可能是世上最會算計又深具用心的社會之一。立法局的權力到何程度，就像它配給到的民主體系分量多寡一樣，是經過仔細評估與謹慎控制之後，針對香港這個獨特環境而設定的，就像工程師控制蒸氣活門般，有時放有時收。

要是換成在地球的其他地理位置上，香港恐怕老早已經自治了，就跟英國別的殖民地差不多，我想，到最後就活脫會是另一個新加坡。但由於它要仰中國鼻息而活，坐落在中國的土壤上，跟中國的租權有終止期限，雖然是世上最先進的金融中心，然而它的憲政情況到了租期將盡之際——直到一九九一年——卻還跟半個世紀以前的甘比亞或牙買加的憲政情況半斤八兩。它是最後一個典型的英國直轄殖民地，即使連無力獨立的聖赫勒拿島（人口五一四七人）也都還憑著當選的大多數來完成立法。香港可說死而不僵，也可說是個不可思議的活化石：有部分是大英帝國遺風，但更帶有一個逝去中國的迴響——這個殖民地的徽章盾形左側是由一隻獅子托住，盾形右側則由一條龍托住，說來真是再恰當不過。

即使現在這地方也仍不脫那種君臣氣息，就和古老中國的君臣氣一樣，像一股淡淡不良氣氛般籠罩住所有事務。辦公室裡懸掛有女王肖像，女王誕辰園遊會是每年一度的社交盛事之一；香港遊艇會、高爾夫球會、警察全都欣然冠以「皇家」二字。榮幸獲得英女王榮譽獎章的公民在港督府裡接受頒贈時的照片都會在本地報紙上刊登得大大的，要是能在白金漢宮受勳成為香港的爵士那就更好了。王室成員到訪香港的事也永遠不會被忘記。英國王室成員第一個蒞臨香港的是艾弗烈王子，他於一八六九年乘「葛拉蒂號」軍艦抵達，有位本地史學家諾頓（J. W. Noton-Kyshe）形容為世界史上獨一無二之舉——「從來不曾有過王子往訪如此偏遠的化外之地」。後來也只有過一位在位的君主伊麗莎白二世步其後塵來訪香港，但是尚未登基為王而來到香港的卻有喬治五世，一八八一年來港；愛德華八世，一九二二年訪港。一九八六年尤德驟然去世之後，有些人還恭請王位繼承人查理王子來接任總督——堅決認為在香港王室魅力更可貴，行政經驗、對中國及其語文的認識、外交專長等反而在其次。

春天杜鵑花盛放的時節，女王的全權代表香港總督的府上花園會開放一天，供民眾入內參觀，這場合似乎對許多香港華人施加了莫名的強制力，讓我聯想到滿清時代某個中國傳統的節慶，譬如菊花或荷花盛開時的賞花活動。成千上萬的市民在杜鵑花日這天來參觀總督府花園，一整天裡人潮不斷湧向山上，來到大門警衛室哨兵站崗的地方，心情有部分像是過節（因為一家大小同來，還帶著相機），但也懷著部分敬畏之心。

當然，表面上花園本身是當天的焦點——加之而今周圍都是嚴峻的商業大廈阻斷了海景視野，花園裡的灌木和斜坡草坪也就顯得更宜人了。成群民眾在碎石園徑上漫步，沿途不斷拍攝有花朵背景的照片——幼童在花叢中綻放笑顏，一家家人在花架下擺著姿勢拍照——無論走到哪裡，花團錦簇之處必然見到定定的笑容，聽到相機按快門的聲響。但骨子裡這天的真正焦點卻不是花草，而是這個地方本身，以及它所代表的王室神秘氣氛；有一年的杜鵑花日，我在這花園裡，見到一個華人費了很大的勁恭恭敬敬抄下些英文，好像抄聖旨似的，都是些貼在各處的指示，例如：「請由此出」或者「請勿摘花」。

4 – 香港的英國軍團

有一回，有位侍從武官在港督府裡他的房間裡，向我示範如何把藍白色羽飾固定在他慶典戴的白色遮陽盔上（這頂遮陽盔的製造商是倫敦賀同父子公司）。這些羽飾有專用的羽飾盒，羽飾插入盔頂上的小孔中，盔頂內有栓帶繫住它們。直到一九九六年，港督、隨從、武裝衛兵、依然按照大英帝國傳統用這許多花哨行頭來裝扮，走出來讓人見了就想到香港還是個殖民地。

我們在前面幾十年裡已經見到過，那時羽飾盒常見得多，這是無可避免的大英帝國特色。香港直到過去半個世紀裡才逐漸演變成城邦形式，半自治，維持它自己跟外界強國的貿易關係。在二次大戰以前，香港自視為僅是大英帝國的另一個部門而已，而官員也把自己被任派到香港一事看成仕途上的一步；只要看看歷屆港督的來歷，或者看看之後他們調派到何處就可知，領地各有不同，例如科孚島、紐芬蘭、甘比亞、新威爾斯、錫蘭、馬來西亞、印度、婆羅洲，以及加勒比海的各殖民地。

大英帝國屬土之間常有的移植也就因此產生了。馬匹和按樹是從澳洲引進的，契約勞工前往南非謀生，瑞因先生的兔子來自英格蘭，已決犯被送往馬來西亞（事實上軒尼詩就曾經建議說大可以讓納閩[03]附屬於香港，作為香港的流放犯人之地）。那時香港華人也都擁有大英帝國的公民權了，得以在大英旗幟下的所有屬土旅行或定居。然而話說回來，香港成為殖民地之後的很多年裡，深深被壓在英屬印度之下，每個東方殖民地都一樣。英國的屬土之中就以在印度的這個帝國為最大，深具壓倒性，整個大英帝國都是圍著它轉。曾經如癡如醉寫過香港的寇松就揚言說：沒有了印度這屬土，整個大英帝國就失去重心了。

香港卻從來不曾跟英屬印度有正式關聯，從來沒有像亞丁或緬甸那樣要聽命於加爾各答，而且香港的防衛是由英軍負責，不是靠印度軍隊——吉卜齡在一八八八年曾經報導說那位總司令講來講去都是關於英軍的事，「那些事跟印度的軍隊事情非常、非常不同。」然而英印的影響卻非常深。船隻從加爾各答或孟買駛來，經常可以看到印度兵、錫克警察，印度斯坦語也融入了詞彙，帕西人富商、一般的英印生活方式——一切都使得來到香港的英國訪客感到他們仍處在英印帝國的圈子裡。吉卜齡認為香港「把加爾各答比了下去，加爾各答像個小村莊」，可是他也觀察到，即使是最富有的大班也對加爾各答懷有「奇特的敬意」。十九世紀末，從印度派來的土地測量員負責要去為新到手的新界繪製地圖；結果他們以家鄉的山名來為新界的高地命名：門迪普丘陵、科茲窩德山、切維厄特丘陵、南部丘陵，但是卻把主要河流命名為印度河與恆河[04]。

香港甚至在諜報大競賽（the Great Game）裡插了一腳，這是場英俄帝國為爭奪通往印度之路控制權而持續很久的間諜對間諜戰；二十世紀初，香港的金融家貸款給日本時，當時部分用意是要為日本撐腰以便對付俄國，迫使俄國減輕在偏遠興都庫什邊界對英印帝國造成的壓力。和印度的這種關聯帶來了幾許輝煌，無疑遠方這強大的屬土很為英國人帶來些安全感的保證。有這樣強大的勢力在那裡，他們在東方海域的霸權怎可能會動搖呢？香港首次招募自屬軍隊也是在印度的——香港軍團於一八九〇年招募了帕坦人、旁遮普人和孟加拉人組成軍隊，軍服華麗，有金、猩紅、藍、紅條紋。一九四一年日軍攻打香港，首當其衝迎戰的是拉傑普特人組成的部隊，戰爭結束，總督獲釋歸來，迎接他的是由齋浦爾衛兵組成的銅管樂隊。

另一個非常顯眼的大英帝國特色圖騰則是皇家海軍，其部隊歷年來在這些海域的規模大小各有不同，但通常都包括有最新型的船隻。一八九八年全新巡洋艦「威力號」（Powerful）駛進九龍的乾船塢之後，《海陸軍畫報》報導說：「大批深感興趣的參觀民眾每天川流不息湧到此地，以便目睹這艘赤裸裸、龐然怪物般的巡洋艦。」幾十年來，香港海港的景象也像是造船學的登記簿：一下子是黑白船身裝有大砲的快速帆船，一下子是有笨重砲塔的裝甲船——兩次大戰期間行駛的郡級巡洋艦上有傾斜的大煙囪，從長江駐地駛來的內河砲艇吃水很深（「蜂號」、「蚜號」、「小瓢蟲號」），歷經百戰的特遣艦隊由一艘最新型軍艦領航，這支艦隊在一九四五年光復了英國在香港的主權。

十九世紀最後那幾年裡，香港是皇家海軍在東方最大的海軍駐地，並有意結合加拿大西岸位於埃斯奎莫爾特（Esquimault）的海軍基地，以便讓皇家海軍可以稱霸整個北太平洋。直到一九三〇年代新加坡設防之前，位於維多利亞城的海軍船塢一直是皇家海軍在馬爾他島以東唯一的一流水準修船基地。香港那時沒有了皇家海軍也不算是香港了，因為皇家海軍不僅是香港的主要雇主之一，也為香港設定了社交步調。受邀到總督府去當然是無上光榮的事，大班的晚宴席上也許最豪華的，但是卻沒有什麼派對比得上海軍司令的接待艦上所開的派對，這艘艦停泊在海港裡，搭滿了白色遮陽篷，點綴著彩色小燈，沒有舞會比得上海軍舞會，大會堂裡裝飾了最精緻、別開生面的飾物，場面熱鬧又喜洋洋的，更何況永遠都有一批新到來精神飽滿又活潑的青年軍官主持大局。

對於海軍官兵來說，後來的那些歲月裡，也不再有像當年 China Fleet Club 那樣的海軍俱樂部了；這個海軍俱樂部建於一九三三年，就坐落在灣仔海軍船塢外面，來自世界各地的水兵都很熟悉俱樂部裡待客殷勤酒吧以及撞球室，這個俱樂部在東方提供了啤酒微醺、鄉土風味的典型英國風情。每個世代的皇家海軍都知道香港；反過來說，每個世代的香港華人從小到大也見慣了皇家海軍的存在。艦隊成員暱稱海軍船塢工人「老友」，油漆軍艦的舢舨姑娘在每艘軍艦上都有朋友。一九五九年海軍船塢關掉時，一眾海軍軍務大臣還用英國海軍用語洋洋灑灑寄語一番，回想華人勞工忠於職守的手藝，並很豪邁做了結語：「諸位大臣閣下謹此表達他們對於所有施於皇家海軍的恩惠萬分謝意。」

陸軍作風就沒有這麼豪邁了，反而像是侵入似的，香港從一開始就是個軍事重鎮。幾十個英國軍團，有來自英國本土也有來自印度，在履行他們的大英帝國職守過程中來到香港，有時是駐紮在這個殖民地，有時是途經此地前去中國境內打仗，這些軍團都在香港留下了印記。司令總部大樓在早期的照片裡顯得如此突出，而今已經改名為「旗杆屋」，設有茶具博物館，但卻依然是矗立在中環極少數殖民時期的老房子之一。附近還有幾處古老兵房，岌岌可危倖存到不久之前，挑高天花板的陰涼廳房、旋轉吊扇、濃綠花園以及固定百葉窗，為公務員提供了令人垂涎的老派宿舍；然而驟然間，他們全部以香港方式變了形，成為全新的公園，還有好幾個水池、噴泉、一座大型鳥舍、一間溫室，更有一家營業到凌晨兩點鐘的餐廳。

如今駐軍計有三千二百五十人，大部分都轉到補給站去了，兵房也都遷出並遠離中環，但是武裝部隊仍然保有他們位於從前海軍船塢地點上的總部，這個總部離皇后像廣場很近；建築高聳，底部卻窄縮，據說這是一九五〇年代建築師流行採用的樣式，但也有萬事通說這是保安設施，可以防止入侵者上到高處樓層去。國旗依然在此飄揚，偶爾也響起軍號聲，直升機從碼頭上起飛，海對面九龍那邊則泊著香港軍團那三艘特別設計、體積龐大的巡邏艦（以前本來有五艘，但另外兩艘已經於一九八〇年代賣給愛爾蘭海軍了）。

香港向來都自行負擔部分本身的防禦經費——一九九六年是百分之六十五——而它的軍力大部分時間都是用在遏止非法移民，然而直到如今依然隸屬於大英帝國軍隊體系的部分。香港軍團和皇家海軍共同遠離祖國執行任務，而香港也依然是英國陸軍可以派駐的少數幾個異國風情之地。因此，一九九六年，這個駐地的唯一步兵單位是一營來自尼泊爾的廓爾喀[05]傭兵，亦即英印帝國軍隊的最後繼承人，這也就很理所當然了。

大英帝國想法就跟寇松一樣，視香港為堡壘要塞——有要塞總司令以及要塞砲兵部隊，是個重鎮，使得英國得以由此在整個東方執行他們的帝國職務。第二次世界大戰證實了這是很荒謬的想法，如今也不再有人假裝這地方有能力抵抗一個強大敵人。皇家海軍乾船塢早已填平了，只有它們的混凝土形狀還在，讓人知道從前砲艇和潛水艇停泊之處，而人人也都知道駐軍所以還在，不過是維持現狀，直到那些兵房和大砲甚至或許連同旗杆屋都移交給人民解放軍為止。

5 ─ 殖民地擴大

這種帝國特質於一八九七年在香港達到頂點，也在大英帝國每個屬土上達到頂點，因為一八九七年是維多利亞女王登基六十周年慶典，帝國的加冕慶典，香港警察去倫敦參加慶祝遊行時，戴了斗笠形警帽，跟來自地球其他角落的同僚一起遊行過倫敦。就在那年的年底，英國向中國政府提出租下新界的要求，而一八九八年接收這處新領地，則成了這個殖民地整個歷史上最墨守帝國傳統規矩的盛事。

首先它是英國人在香港整個期間裡唯一出動軍隊鎮壓的例子，而且是典型的帝國主義那種鎮壓手法。其次，它也是全歐洲奪取中國行動的部分——比較狂熱的擴張主義者希望能夠迎頭趕上像在非洲的爭奪程度。在香港的人老早就竭力主張要把邊界從九龍往北擴展，部分原因是他們認為中國人可能有一天會攻擊這個殖民地，部分則是見到土地投機買賣的前景。然而時機一成熟，卻是因為基於原則，所以倫敦才授權去取得新界，至少這不是出於經濟理由，也不是為了畏懼中國；而是因為法國人、德國人、俄國人以及日本人通通都在中國沿海取得了他們的殖民地或勢力範圍。

英國人向來對於新界的大陸區和附近島嶼都有認識，除了視為流露渾然質樸的華風之地外，也是前往打獵的好地方。「搭乘大汽船遊艇在夜裡出發前往後海灣，」一八九六年那位駕駛「無引擎轎車」的賀立仁兄所出版的《打獵指南》建議說：「並帶同一艘舢舨或者方頭淺平底撐篙小船、小划艇。沿著許多村莊外圍踏出的小徑……一路射獵。幾小時之內，您會發現自己來到了青山灣的海邊，而您的大汽船遊艇已恭候在此，準備載您回到香港島。」戰略家覬覦這片大陸領土，視其為緩衝地帶，而那些島嶼則是屏障。他們提出的理由是：像以往的話，一支懷有敵意的軍隊駐守在界線街，也就是一八五六年以來英屬香港領土的最北界，這支軍隊就已經位於砲程可達香港島的範圍內；再說，任何人都看得出來，鄰近海面島嶼上要是有個敵人的話，那是多討厭的事。

此時的中國在各種內憂外患之下已經處於半衰竭狀態，因此英國人不費吹灰之力就弄到了他們的租地。根據中英北京條約，新的界線向北推進二十哩左右，直到山脈後面的平地部分。以大鵬灣到後海灣之間的這段深圳河（也就是英印地理繪圖員所命名的恆河）為界，隔開中國與九龍半島，河兩岸則都屬於英國。與此同時，大約有二百個島嶼及小島，包括面積比香港島大一倍的大嶼山在內，也都變成英國所有。租約訂為一個世紀，直到一九九七年終止——以英國人的標準來看，這算是天長地久了，但在中國人眼中不過是一瞬間——於是英華兩國專員聯手共同勘測這新邊界，但並非總是很準確。至今你仍然可以見到當年他們豎下的界碑東一處、西一處。

這就是強權！不提租金，也從來不用付。中國人只保留了在九龍城內的權力，中國官員仍可在城內各司其事（唯不得與保衛香港之武備有所妨礙）。英國人宣布從今而後新界將是「女王陛下殖民地香港的重要組成部分，正如它實際上已成為所殖民地的一部分一樣」。

兩廣總督被迫安撫這租地上的人民，告訴他們說英國人已經應允會「格外開恩」來對待他們，並囑咐他們服從新統治者的律法。至於英國人這邊，則自以為他們的新臣民會欣然接受這個主權的轉變——即使不是欣然的話，至少也是泰然處之，當時的港督卜力爵士就是這樣認為的。他告訴他們，女王祝他們興旺、幸福，一如她屬下其他地方的臣民一樣。

但是事情實際上進展並沒有那麼容易。卜力呼應了龍皇帝「戰兢遵命」的訓令，進一步警告當地人：不管他們多泰然處之，「全體都要毫無保留地聽命」。然而，並非全體當地人都照辦。兩廣總督也許認可這些新安排，但新界四百多個村莊的人民卻對它們深深懷疑。幾百年來雖然他們處在滿清搖顫但卻熟悉的治理下，但多少都是自行料理他們的事務，他們的土地占有制系統無限錯綜複雜，他們的氏族勢力龐大。他們唯恐英國人會大大破壞他們的傳統，尤其是損害了風水。有塊布告公然宣稱：「我們恨這些即將進入我們範圍的英國生番，因為他們來奪取我們的土地，害我們遭殃無窮。」

氏族父老組織了武裝隊伍，由鄧氏帶頭，村莊民兵靠傳令兵和信號鼓聲來召集，直到田裡大約集合了二千多壯丁。當英國人在大埔開始搭起一座草棚權充第一間警署時，就被暴民焚毀了。他們在辦事處升起英國旗，就遭到民兵攻擊。香港軍團的部隊出動了，並有砲兵部隊支援，還號召了軍艦從海上助陣——局勢看來似乎很緊張，有那麼一兩天，連香港的義勇軍都召集起來，萬一攻打到九龍的話，他們就準備應戰。原本英國強權傲然逕自擴張的行動，卻轉為不同於以往市區暴動的一場郊區暴動，在這事件中，香港華人挺身而出，真刀實槍反抗英國威權。

當然，他們抵抗不了多久的。港督對這次事件的轉折變化倒沒怎麼感到驚愕——他說，像這種突如其來的煩惱在愛爾蘭經常有——而且部隊和皇家海軍之間就很快自行擺平了抵抗對手。為了表示降服，鄧氏主要據地錦田的當地父老把那幾扇著名的祖傳大鐵門獻給了卜力，因為英軍已經砲毀了支撐大門的圍牆，大門也失去了實際用途了。如今從大澳到沙頭角都飄揚著英國米字旗，甚至連後海灣和大鵬灣的海域英國人也聲稱屬於他們了。《香港周刊》以帝國主義者之姿，得意非凡稱說是「另一片文明楔子嵌入了中國」！

這個殖民地一舉擴大了十倍面積，香港也立刻取得了全新地位和安全保障。然而第二次的《中英北京條約》卻訂得很不好；英方滿懷帝國式的自信強訂此約，可惜卻留下不同的詮釋空間。英方認為他們的租借就是割讓的意思，所以新界的整個主權因此也是屬於英方的——「女王陛下殖民地的重要組成部分」。中方則認為他們依然保有宗主政府的地位，因此新界居民仍屬於中國而非英國順民。中方後來譴責《北京條約》為「不平等條約」，說西方藉這些條約欺凌中國迫使屈從，雙方觀點的差異一直成為長痛，直到差不多一個世紀之後，即將期滿的租約昭示了這個英國直轄殖民地也將告終結。

同時，英國人很快就把他們的體制擴及到這些新到手的地區來，香港輔政司駱克主管推動行政建設，有一段時期他還揚言要驅逐所有曾經起來反抗過的人——「這些人不願意享有英國統治的福利，所以讓他們把精力轉移到更合他們意的土地去，對他們來說應該不是大苦事。」——而且他在興建那些警署時也很無情地毅然不理所有風水規矩。所以那些抗英父老們的看法還真的是對的了，如果說這種漠視宇宙力量的行徑不曾為村民本身帶來厄運的話，就長遠來說，大英帝國這小小一擊，日後終於倒過頭來回到國內，困擾了那些帝國主義者。

6 – 帝國排場遺風

此際擁有香港，對於英方來說是個利弊難測的資產——有的人一口咬定它是個累贅；它的帝國功能已經殘餘不多，從很多方面而言，根本難以算是殖民地，內政上實際已完全自治。它的貨幣與美元掛勾，而不是與英鎊掛勾。它的繁榮為英國經濟帶來的利益也只是最間接的，是透過英屬公司的繁榮而生。就戰略地位來說，它對英國已毫無意義可言；外交上，它近來已成為一種負擔，工業上更經常直接與英國本身的工業競爭。理想中的英國正式公民權早已在這最東方的屬土上被拋到九霄雲外了——繼而起之的是倫敦國會通過的法案，表明只有極少數香港公民夠資格擁有正式英國護照或居英權。

如今「殖民地」一詞在香港已成了禁忌，「輔政司」也已於一九七六年更名為「布政司」。一九七一年之後的歷屆港督也都不再由殖民事務領域的前任官員出任，而是在中國待過、經驗豐富的外交人員，而他們之下的政治顧問則來自外交部，讓人想到如今倫敦已視香港事務為外國政策方面的事，不再是帝國分內的職責。最近幾任港督已很少有全套羽飾裝扮出來亮相了；尤德以前是駐北京大使，寧可根本不做此打扮亮相。一九八二年，行政局要香港承諾分擔一千萬英鎊的福克蘭戰爭費用，可說是很令人震驚的開倒車之舉——過去殖民地必須應召解救受困宗主國，此舉可說是昔日這種作風的最後絕響。

如今不時還可以見到令人想起從前統治管轄的餘風，即使時至一九八七年，依然可在報刊上看到副布政司即將離港，成為開曼群島總督的消息。行政官員仍然有時獲頒英帝國官佐勳銜，獲此勳銜者不到六百名海外成員，而警察也仍然以得到殖民地警察勞績獎章為榮，獎章上有警棍浮雕圖案。郵票上有英女王頭像。香港軍團船隻的煙囪上有龍形紋章裝飾，多少仍流露出了從前那種不可一世之氣。

位於油麻地的警察局是棟森嚴、占地很廣的大樓，全部用有刺鐵絲網圍起，裝有無線電天線杆，總是讓我想起很久以前在巴勒斯坦見過的大英帝國警察局，而且到處也不時可見到地區官員的白房子，絕對不會認錯，房子的花園裡豎有旗杆。最好的那棟是位於大埔的「元洲仔官邸」，建於一九〇六年，作為大英帝國在新界當地的總部，矗立在堤道盡頭林木掩映中——以前孤零零坐落在吐露港的水域之間，頗有威尼斯風情，而今它後面緊貼著新市鎮的高樓大廈。它也不再是政府的官邸了，但是花園裡卻留有令人聯想起它往日官邸用途的墳塚，埋葬在此的是個英國青年，那位新界理民官的獨生子，他死於青山公路上的車禍。

雖然已將近尾聲，但偶爾還是可以在一個慶典或慶祝的日子裡看到從前那種大英帝國的排場，管樂隊奏樂，士官長大聲喊出口令，所有羽飾都出籠了，法官戴上假髮穿上紅袍，官員胸前丁鈴鐺郎掛了勳章，長劍、白手套，還有他閣下大人一身盛裝。我在陣亡將士紀念日這天觀望了類此場面，當時我站在一座小陽台上，陽台正好伸出在香港會正門上方[06]，我往下看著下方紀念碑、立法局大樓以及慶典活動，一切如昔；照樣大聲喝出口令，照樣唱了憂傷的古老讚美詩，照樣吹響了喇叭，照樣像從前一樣行禮致敬。

綠地四周圍起一道攔繩，一小群洋人三三兩兩站在那裡觀看，我猜大多是遊客。他們身後再過去的皇后像廣場上，那大批每星期天出動的菲律賓婦女正紛紛各自開始每周一次的歡聚、聊天、開懷大笑，忙著顧那些紙袋。在她們後方，這個大城市的生活照樣繼續著，對於這幾十個帝國主義者連同衛隊和樂手在戰爭紀念碑這裡舉行儀式全然毫無所覺。

7 — 末代港督

無論如何，香港雖然和英印帝國以及海上強權的強大聯繫都是助長威風的表徵，但話說回來，即使是在帝國鼎盛時期，香港也從來都跟其他殖民地不大一樣。它一直都不像它們。一八四二年在倫敦的殖民大臣史丹萊勛爵就曾寄語首任港督璞鼎查：無論就地理上、歷史上、經濟上而論，香港都是獨一無二的。史丹萊寫道：「由是之故，英國其他殖民地不曾開先例的做法，在香港反而要採這些做法。」

取得新界之後，這個殖民地更加奇異，成了英國屬土中性質最混雜的一個；它有部分土地的主權是永久性的，另一部分則是到一九九七年租約期滿；經過一段時間之後，情況就很明顯了：這兩部分唇齒相依，彼此都少不了另外那部分。其次，也沒有一塊屬土是如此地小人稠，如此深受古老異國文化所支配，而且與日俱增的先進而富有——「所有這一切財富，」吉卜齡就曾有過這樣的驚嘆：「就像是小說裡才會見到的那種財富！」就某種意義而言，香港向來也是對付外國的馬前卒而非殖民政策；不僅用它來對付中國，更用在英國與法、德、俄、日以及後來與美國的關係上，香港都扮演了無可避免的一角。

一八四三年官方有此說法：「占領香港不是出於殖民觀點，而是為了外交、商業和軍事上的目的。」的確，就一般「殖民地」意義而論的話，它很難稱得上是個殖民地。英國人從來不曾真的移居殖民於此地——他們很少人打算在此久留的，而且把香港當成家園永久定居下來的英國人只有少數幾個。然而任憑史丹萊有上述睿見，可是後來改稱為「外交及聯邦事務部」的當時藩政院（殖民部）在治理香港的手法上仍是墨守成規的。

直轄殖民地的體制結構多少都一樣，無論所取得的殖民地是在哪裡，於是統一標準的考績升等、官階、薪水等級全都照樣施用於香港[07]。政務專員也跟其他地方的政務專員很像。其中一個曾如此界定其職責為「土地法庭庭長、治安官、公共拍賣官……小型公共工程指揮、審理小宗債務的鄉間法官、土地稅務員、土地契約登記官、地方稅稅務員、婚姻糾紛仲裁官、林務官、農業「專家」（所謂的）、收地索償官……還有六、七樣職務我現在想不起來了。」

行政體制上的創新之舉，大概就是想出「都市」民政專員[08]這名堂，並於一九六八年著手實行，這倒真為這帝國傳奇平添了一個奇特的配置，以一個置身在一家店鋪樓上辦公室裡穿西裝青年，取代了頭戴木髓編製遮陽帽在鄉下巡迴的卡路瑟氏。除此之外，體制裡的一切都跟統一標準差不多，唯有規模大小和奢華程度不同而已：官方機構是所有直轄殖民地之中最大規模的一個，港督的薪水也一直是殖民地總督之中最高之一。

如果說總督地位在香港有時似乎比在其他地方的更氣派，那是因為這個殖民地刻意提高了他的地位。多數港督都是職業官員，英國中等階層男人；來到香港履職造就了他們。出眾的外表體態向來都被認為是他們功能不可或缺的部分；我一再聽到有人告訴我，說那位任期從一九七一年到一九八二年的港督麥理浩特別有效率，但卻不是提因為他有才智或果決，而是提他身高有六呎六吋。

在過去，港督是很闊氣地乘坐山兜到處去；直到一九四九年為止，山頂纜車的前排座位都是保留給他們坐的。而今的現任港督是所有各地英國官員之中除了女王之外，唯一有資格備有勞斯萊斯幻影型公務車的；除此之外，還有一艘很體面的專用遊艇「慕蓮夫人號」供他使用。一九九六年，他的年薪是二十四萬五千英鎊左右（英國首相年薪才七萬八千二百八十二英鎊）。從前的總督山頂別墅已經沒有了，一九四五年拆除該別墅時，原來的花園也改建為公共花園，但他仍有位於新界的粉嶺別墅，而且身為女王的全權代表，幾乎任何來訪這殖民地的人都由他來斟酌決定接待先後次序以及禮遇程度的輕重。

港督在香港是無可避免的研究題學。一九七三年香港大學語言學系[09]做過一項有關名詞、動詞和形容詞的調查，發現「港督」一詞是《南華早報》第三個最常用的字眼，可見這位首長的活動有多頻繁，外界對他的注意力有多過分。這些港督及其夫人為所有一切開幕、頒獎、接受致敬並主持每一項慶典，還有那些以歷屆港督大人命名的街道、建築、山巒以及機構，多到可笑的地步。

香港到目前為止，總共有過二十八任港督，在過去，他們都必然因為有此功勞而獲封勛銜，即使是那些並不稱職的也一樣，雖說其中許多位都可說是平平無奇，但的確也有幾位令人難以忘懷。舉例來說，盧押爵士（有盧押道紀念他），他是香港大學的創辦人，後來成為大英帝國主義經驗老到的前輩，研發出一套他稱之為「間接管制」、通行於殖民地的行政系統；他說起在香港期內所經歷的「如此持續不斷的敵意與嗤之以鼻的批評」時，稱之為是他這輩子空前絕後有過的。德庇時爵士，那位「開朗的小個子紳士」（爹核士街、摩星嶺）[10]，在牛津設了一項學中文的獎學金，到現在還在繼續頒發。包令（寶寧道）爵士據說精通十三種語言，曾經做過一段時期國會議員，編輯過《西敏評論》，撰文廣泛探討過歐洲文學的每一面，由芬蘭如尼文字[11]到波西米亞韻文皆有，他也是那首深受人喜愛的聖詩《榮耀寶架》（In the Cross of Christ I Gory）的撰詞人。

璞鼎查爵士（砵甸乍街、砵甸乍山）曾做了一趟由俾路支到信德的艱險旅程，並以此為題材寫成書。羅便臣爵士（羅便臣道、羅士敏道，因為後來他被封為「羅士敏勳爵」）更幾乎可說是維多利亞帝國的行政官，曾任很多地方的總督，包括紐西蘭、澳洲，其中最重要的是南非，曾盡力阻止英布戰爭爆發。彌敦爵士（彌敦道）以三十二歲單身漢身分就做了港督；他是唯一出任港督的猶太人，可惜後來他在愛爾蘭擔任國務副大臣時遇上「復活節起義」[12]，以致落得個臭名。一九八七年抵港就任總督的衛奕信爵士不僅曾編過《中國季刊》（The China Quarterly），也是位出色的登山能手；當人家問他日後離職時想要以什麼用他名字命名，他建議說找個某處的岩石表面就好（結果有條登山健行徑以他為名）。

他們的職務向來都不是份領乾薪的閒差，但卻因為各處於不同的歷史階段，其重要性也因此有了很大差異。包令爵士曾寫道：「在香港做總督的平時工作……實質上跟做樸茨茅斯市長的平時工作差不多。」至於盧押則說他的角色是要對蠢人有耐心，沒完沒了的簽他的名字，要同意藩政院大臣的建議，並確保中國主要鐵路幹線通道終點是在九龍。另一方面，包令個人曾導致一場對中國的戰爭，楊慕琦爵士則是英國殖民地總督之中唯一向敵軍投降交出殖民地者。近年來，隨著香港前途逐漸成為外交上的大議題，港督府也格外謹慎小心——講錯一句話很可能就引起信心危機，引起北京敵意或造成金融指數一落千丈。說來這個帝國故事也頗具奇特諷刺：大英這最後一塊殖民地的幾位末代港督，竟然從某些方面而言卻是歷屆港督之中最重要的。

8 — 行政體系

在香港他們稱「港英政府」而不是「英政府」，疑是為了要把它跟在倫敦的聯合王國政府區別開來，這一來更在我心目中有種難以歸類的感覺。這個政府由一個龐大的文職部門支撐，如今從上到下幾乎全都是華人公務員。高層資深的英僑公務員大部分已經消失，但是直到一九九〇年代，他們的薪水都極之優厚，而且配給有非常舒適的房子供他們居住。一九八六年，財政司的月薪大約六千五百英鎊，外加四百五十英鎊津貼，並有一棟附家具的大房子、一輛車，以及兩名家僕、一名廚子、一名司機；那年他的電費單是一萬五千英鎊，由政府支付。退休時他拿了整筆退休金，大約七萬二千英鎊，而不是領退休俸。這又讓我想到了古老中國，因為這種當官受禮遇的情況就跟天朝帝國著名的官僚系統一樣，他們自成另一個圈子，完全脫離庶民。

有很多年香港政府的高官都是隨意挑選的，政府班底很雜，有陸軍人士、船長或艦長，還有雜七雜八的冒險家，通常都是由澳洲漂泊到此，欲尋發財機會，像這類人如果懂得華語的話，可能還會被認為很可疑，而不是有利條件。這些有幸獲任的人之中有些是很勤奮能幹的人——譬如像史學家歐德理以及馬禮遜，據說後者尤其是當時最優秀的中國通，一八四三年他在澳門去世，璞鼎查形容為國家不可彌補的損失。其他的不過就是聊備一格，利用他們的官位來中飽私囊，這類人之中威廉·堅大概可以算是最典型的代表。

在香港還沒有正式成為殖民地之前，堅就已經來此紮根了。他原是砲兵部隊上尉，來歷不明（有說他曾在印度當過娃娃兵），一八四一年他出任大法官，有權依英國法律對英國居民執法，也有權按中國法律管華人。儘管他對兩邊法制都完全不通，沒有執行資格，可謂開了先例，但卻從此步步高升，做了典獄長，是立法局早期的成員，成為香港輔政司，最後還成了這個殖民地的護督——從沒沒無聞到最後結果，總共十三年時間。

但他的收穫還不僅是身居要職而已，更發了大財，富甲一方，成了外僑圈中大多數人的房東。他買賣房地產牟取暴利，還開發了一整條新街道來為自己投機牟利——這條街就乾脆叫「堅之道」，如今婉轉些改稱為「堅道」（還有一條堅巷）。堅退休回國返英格蘭之後，剛好就輪到名字叫做「赫丘力士」的羅便臣爵士上台，開始著手清理香港這馬廄牛棚裡積存已久的腐敗[13]。堅離港的時候，很多本地人都依依不捨去為他送行，這些人都是從他的名利中分到一杯羹的，而且那些華商還合送了他一面螺鈿鑲嵌鏡子，《倫敦新聞畫報》在報導這份謝禮時，模稜兩可評說：「無疑堅上校曾為他的華人朋友們出過很多力。」

堅只不過眾多這類人之中的一個，他們眼中的香港是個邊城，而此地所行的那套做法則是維多利亞持重作風鼎盛時期難以正式容忍的。一八五九年羅便臣來到香港上任時，駭然發現竟然沒有一個高官會講任何一種華語，因此兩年之後就創定了培訓方案，以便培養得體的專業公務員，做為政府班底。人選在英國招考，就跟招考英印文職公務員一樣，這是帝國系統的典範。考上之後要受兩年語文訓練，派到香港先從口譯員做起，而後才做行政官，如此漸漸提升了政府的水準。將近一個世紀裡，這類公務員幾乎都是英國人，幾乎都是公學出身、牛津或劍橋畢業，即使在香港的文職公務員中也截然不同自成一個階級——他們往往很有學問，永遠彬彬有禮，通常很老實，但卻傾向於連群而排外，而且也比較保守——他們通常都在這殖民地待上一輩子，彼此為伴[14]。二次世界大戰後，少數華人因時之便也成了培訓官員，後來這種培訓計畫取消了。可是至今在香港仍可見到當年這種培訓出來的資深高層行政官，而且講起他們是從香港培訓公務員做起時，依然深深以為你知道他們是在說什麼。

即便如此，直到九七將近，這班英僑公務員一直都是個很奇妙的大混合，從資深高層行政官到警官，集自於很多不同背景、很多不同的行政管理與技術訓練。他們有的是從其他喪失的殖民地那裡接收過來的——一九六〇年代很多是從非洲轉來香港的，更多則是在一九七〇年代從新加坡和馬來西亞接收過來的。有些可能是從民營企業轉行應徵來的，有的就像從前那樣，自己冒出來了，還有很多是簽了短期合約：至於那些在行政分部發展生涯的，按照英國殖民傳統，他們得要證明自己是萬能博士，什麼都會做才行。

一九八六年的財政司是太古集團前主席，布政司早年是做商船海員開始謀生的，在馬來西亞做過殖民官，而且是少數會講廣東話和福建語的外國人。律政司之前是倫敦國防部的一位顧問，也是《鄧氏商船條例》的合編者。首席大法官是直布羅陀前律政司，也是《瓦津格斯之骨》和《如何可以不靠律師》的作者。貿易署副署長以前曾幫王室訪問參觀公關部做過事，參事以前做過亞洲藝術節的統籌。一九九二年新上任的海事處處長，來負責管理這個全世界最大之一的海港的人，是個研究阿拉伯文化的專家，在倫敦大學亞非學院以及哈佛受的教育，之前他在房屋委員會服務，後來又在市政總署主管小販與街市。

現在政府公務員起碼總共有十八萬人，百分之九十九都是華人，因此政府成了香港最大的雇主。政府有關機構電話簿就有五百六十九頁之多；政府車輛管理處有七千輛以上的車，平均每哩路就有六又四分之一輛。在政府所有分支之中最為龐雜的要屬政府新聞處，也是政府對外的第一線，包括有二十七名總新聞主任，五十三名首席新聞主任，八十七名高級新聞主任，以及八十七名新聞主任與助理新聞主任。謠傳新聞處有時也會是個「假新聞部門」：一九八〇年代有位保守黨國會議員艾德利（Robert Adley）對香港前途的看法很異端，於是新聞處就故意損害他名譽，還有那些香港的改革派市民也覺得他們曾是這機構專長之下的受害者。

但主要看法則認為它是個龐大且很有技巧的宣傳工具，出版包羅萬有的書籍、小冊，從經濟摘要到建築指南一應俱全。它把海外記者、政客、生意人源源不絕帶到香港來，花心思去陪他們，然後送他們回國去傳播他們所接收到的香港真相。它在外國特派記者採訪任務過程中呵護有加，簡報政府官員形象，每年都印製香港的年度回顧報告，彩圖和數據都很豐富，在香港的銷售量比其他任何書都多。它還每天都出華文報紙新聞摘要，而且對寫書的人非常客氣。

來自世界許多地方的人都在這個機構裡找到了工作，形成了驚人的各式人等大雜燴，在全香港各政府辦公室裡都派有它的人，並有代表駐倫敦、布魯塞爾、東京、舊金山和紐約，他們彼此合作構成了一個最強大的宣傳機器：就以這個殖民地的規模而論的話，我會猜想它也是所有國家公關機器之中最大規模、最活躍也最積極的——對於這個管控系統而言，形象實在太重要了。

9 法官良莠不齊

在香港執行普通法的官員龐雜程度也不相上下，他們已不再援引中國習慣法了，而且也不用懂得任何一種華語——只除了在小過失的特別審訊中才用華語之外，其他時候法庭上用的語言是英語，再費力翻譯成廣東話、客家話、福佬話或蛋家話。法院分為四等，從裁判法院到上訴法庭，若是審嚴重的罪案時，就需召集七人組成的陪審團來定出判決。我曾經在很多年之中，花了很多天時間，耗在香港的法庭裡，從最高法院到地方法院[15]都去過，而我從來不曾在世界任何地方見過像這樣形形色色混雜的法官班底。

有些法官具有驚人的道地英國作風，完全就是普通法的化身，更不用說披掛了全套行頭，戴了垂肩假髮，穿了有搭扣的皮鞋，運用起他們那行拐彎抹角的講話方式流利得很。也有精通法律的華人法官，同樣披戴全副行頭，也同樣擺出官大人派頭，比起那些天生習於此者不遑多讓。我還很感親切地記得有位短小精悍的法官，我想大概是蘇格蘭人，好像老是坐立不安，一直沒靜止過，沒有稍停片刻——一下子頭朝這裡那裡點一下、歪一下的，一下子突然摘下眼鏡，一下子移動筆、重新整理文件、環顧法庭、整整假髮、放下筆、又拿起筆，完全就像某種機械操作的玩具，而且當然是香港製造的那種，過不久之後就會慢慢停止運轉而休息。

話說回來，要是香港所有這些法官水準都很高的話，那才真是奇蹟呢！因為對於他們大多數人而言，真正誘使他們來到這地方工作的，是金錢的誘惑力；在我看來，他們執行法律的素質也有很明顯的各種不同差別。英國人統治這個華人占百分之九十八的人口已有一百五十年了，審理起很多案件時仍然要採用英語，我對此的感受是：這實在也有夠丟臉的了。「怎麼回事？發生什麼事了？」口譯員在翻譯過程中遇到了棘手難譯之處而拖延了一下翻譯，法官有時就會急躁追問，而這呼聲聽在耳中實在很丟人。反之，見到以下這樣情景也很令人不忍：譬如有一天我就滿懷同情看著一個難民營青年被控在他那個悲慘的環境中犯了謀殺罪，審判他的卻是洋人法官，律師是英國人、澳洲人、印度人和紐西蘭人，另外有五個洋人和兩個華人組成的陪審團，所有人使用的語言是他聽不懂的，天高皇帝遠，他所置身之地是遠在世界另一方的君主屬下轄地！我是不會喜歡讓出現在香港法庭上的某些律師來為我辯護的，同樣也不會樂意讓某些法官來審我的。他們全都是專業人士，是文職公務員，但是其中就是有些比其他人更專業也更斯文有教養得多。

且看這個法官的例子，國籍是哪裡則不重要，他在這個早上出現在低等法院一個有空調的法庭裡主審一宗小案件。除了不僅拘泥於普通法所有細節之外，更可說是精通法律陳腔濫調的法官。證據法在他而言神聖不可侵犯，墨守法庭成規更如維生麵包般不可或缺，他獨坐在法官席上，審理跟華人庶民有關的案件，對方講的語言他聽不懂，他也老早把施展下馬威的功夫練得爐火純青。他不留情面地威嚇被告──「閉嘴，別再開口亂講一通。」他恫嚇證人──「必要的話，我會問你十次、百次、千次，直到這問題入了你那厚殼鈍腦袋裡為止。」他暴躁不耐煩地宣揚自己的重要性──「這裡是法庭，不是魚市場，現在是我在主審，你們搞懂了沒有？聽清楚了沒、我可不是在跟你們講德語或希臘語。」等到最後他判決某個悲慘的妓女罰款或者把某個不知所措的流動小販送去坐牢時，他沒有絲毫惋惜，沒有一點諒解，有的只是盡逞其威風的姿態[16]。

10 上訴到倫敦

當然，在帝國司法等級制度中，他地位很低的，在中國還沒收回香港之前，眼下這制度依然是層層而上，到最高的上訴法庭，也就是在倫敦的樞密院司法委員會，一如以往在大英帝國所有其他屬土情況一樣。

大英帝國法庭以前曾經是所有法庭之中最威嚴的，它的司法管轄範圍比羅馬帝國還要廣闊。它審理來自英國每個轄地的上訴案件，法官集自大英世界裡的各地，而它的上訴原告和被告也是來自大英旗幟飄揚之地。如今它的勢力已黯然萎縮，只有少數幾個地區還承認它的威權，但遠在倫敦的它依然代表了香港上訴人求公道的最後希望。

事實上很少有案件上訴到樞密院的——要離開香港去那裡上訴很不容易，而且所費不貲。過去那些上訴到此的案件之中，必然有些都令白廳的人為之心情沉重，這塊屬土上的事務竟然如此之錯綜複雜。土地保有權永遠都是最棘手的，而香港的法律事務也往往動輒侵犯到國際法。最棘手的案例就是英女王香港殖民地律政司對郭阿成一案，在一八六三年上到了司法委員會。

郭阿成是三百一十名在澳門登上一艘法國船的華人移民之一，準備前往秘魯去開展新天地。他們都是被賣豬仔的契約勞工，待遇形同奴隸，晚上被關到甲板下層去，並有武裝屏障把他們的船艙和船員住艙區隔開來。郭阿成一心以為啟程去開創新生活，並沒有料到會受到這樣待遇，在海上持了幾天之後，他和其他幾個人就攻擊了船長和船員，殺死了一些人，並迫使其他船員把船駛回中國去。那些有份參與海上喋血叛變的人都消失在人海中了，但郭阿成不久之後卻在香港露面，因為形跡可疑而被捕，等到他的身分確定之後，中國當局就提出了引渡要求。

結果要求被拒。香港首席按察司宣稱與中國的引渡條款並不適用於政治罪，而郭阿成犯下的行為已足以構成政治罪，何況海盜罪行在香港也是應由法院受理的，至於船上的環境條件，也還是有得爭議，並不足以讓謀殺可以情有可原——也就是在「自然第一律，亦即維護個人生存權利之下而犯下」的這部分。總而言之，首席按察司裁定：由於罪案是在外海的法國船上犯下的，只有法國可以要求引渡。

法國事實上是有考慮要求引渡的，但或許是寧願不要讓法國船上的內幕曝光，於是決定不追究下去。郭阿成獲釋了，但律政司又隨即下令重新逮捕他，控以海盜罪名，這種罪行不論是在哪個國籍船上犯下的，都要在香港受審；但首席按察司很快又下令再釋放他，所據理由是犯罪事實並未更變，因此同一被告不得二度處於被判罪的危險處境中。

不幸的郭阿成！中國人要捉拿他，法國人想抓他又不想抓他，在香港的英國人彼此之間又不能達成共識，六千哩外有五個顯赫大法官——柯維爾爵士、費力摩爵士、梅利許勛爵、皮克爵士、史密斯爵士——深思熟慮地考量他尷尬處境的對與錯，他遠離中國海域，事實上更遠離那艘前往秘魯的奴隸船。他們最後的決定是這樣的：從一方面說，犯下這宗謀殺的是華人順民，而非中國國民，而且是在中國領域外犯案的，因此違反的不是中國法律，故而郭阿成不得引渡到中國去。另一方面，律政司做得對，是應該重新逮捕郭阿成，以國際法控他海盜罪名，在香港審判他。

不過這個決定雖然法律書籍裡找到了一席之位，但終歸只是假設，因為那時郭阿成早已很明智地離開了香港，再也不回來，從此沒有了消息。

11 貪污舞弊醜聞不斷

說來可悲，有一點最使得香港行政與世界各地英國殖民地與眾不同的，就是它有聳人聽聞的傾向，從殖民地之初直到我們這時代，香港的官方一直周期性地因為被指控貪污而動搖，再加上爭吵與陰謀詭計而惡名昭彰，有時貪贓枉法，有時就只是光怪陸離。在亞洲的標準這些不過是事與願違，在大英帝國的標準則是奇觀，例如港督軒尼詩用雨傘攻擊首席律師，窮追猛打地使得那個受害人說他「光火到頗難以令人置信的地步」；這只不過是連串眾多丟人現眼事件中最鬧劇的一樁而已，在所有的英國殖民地中獨一無二。

從一八四五年到一八五五年的十年之中，發生過以下種種事件：首席按察司因為醉酒而遭解雇；總登記官被控跟海盜勾結；警司被控在妓院收紅包；署理府政司被控收賄；護督（堅）被控向市場攤販拿回扣；總督（包令，其子是怡和的一位董事）被控在招標發包時有徇私之嫌。

出現待遇優厚、受過良好教育的培訓官員之後，情況是改觀了，但是仍不時爆出醜聞，甚至連複姓官員也有鬧出醜聞的。一八九三年，連最體面的密邱－殷內司也因為交接庫務帳目不清而遭解雇（不過他回到英國繼續出任監獄督察）。一九三八年，空軍中校斯提勒－帕金斯來到這個殖民地，出任防空指揮官，他是位極受器重的民防專家，這個殖民地幾乎馬上就讓他腐敗了，他跟劉咪咪（音譯）小姐過從甚密，而她則是負責供應建築防空洞水泥塊的華人公司秘書。可惜，這些水泥塊卻有價格過昂之嫌，品質更無疑低於應有標準。結果就調查到斯提勒－帕金斯所管的部門來，揭發出各種營私舞弊，部門的主要建築師吞槍自殺，其中一個執行工程師意圖自殺，證人突然不見了蹤影，相關文件消失。斯提勒－帕金斯本人卻從來未曾被控，不過他那些防空建材有段時間在香港本地用語裡被稱為「劉咪咪水泥塊」。

比較近年的醜聞大都跟皇家警察部隊有關，直到不久之前，警察部隊的高級警司大多數都是英國人——二次世界大戰之後的那幾年裡，很多都因為失去了在巴勒斯坦、賽普勒斯和東非的職位之後來到遠東的。殖民地警察往往是帝國德行中最弱的一環，而他們在香港更是難擋生活中經常有油水可撈的誘惑。全球共有的賭博癖好、走私機會、古老的「紅包」習慣、毒品行業的龐大利潤、大財富的展示、香港慣有的「自己活也讓人家好活」的態度——這一切對於易受影響的那種警察都是很易造成毀滅性後果的，不管是英國人或華人。一八九八年，就有半數警察因為貪污而開除[17]。一九五二年加入警察部隊做副督察的洋人警官，有四個落得鋃鐺入獄的下場。一九六六年，三合會已無孔不入滲透到警方部隊裡，香港警務處處長也承認各界人士都在貪污，但他又很興沖沖補上一句「就金錢上的貪污而言，警察部隊可能還不是貪得最厲害的」。

勒卡雷寫的《榮譽學生》背景設在一九七四年的香港，他筆下已看厭人生百態的警司鄙夷地說：「貪污，他們遲早都會他媽的東窗事發！」一九七〇年代期間，這些敗壞名聲的警察一個接一個上了報紙頭條，起先是上香港本地報紙，後來則上了倫敦八卦報紙。後來更有一宗引起長期轟動的事件：督察麥理儂被發現跟一個華人有同性戀關係之後，據說開槍自殺，但很多人都認為是他同事想保護他們自己而謀殺了他。更出名的則是總警司葛柏，他還得過警察勞績獎章，後來有好幾年他成了本地的公敵。

葛柏與香港犯罪集團勾結瀆職而弄了很大一筆錢，就在當局對他展開調查快要逮到他時，他從香港溜掉了，回英國去住在蘇塞克斯的鄉村小屋裡過他的舒服日子，引渡不到他，而他的鄉村小屋則一年四季成了艦隊街攝影記者最愛之地。然而，香港官方用其他控告罪名終於在一九七五年把他弄回到香港，其他兩名污點證人警察提供了證據，一名是英國人，一名華人，葛柏於是被判決貪污瀆職罪名成立。他被判處四年徒刑，服刑三十一個月，之後就退隱到西班牙南部住在別墅裡，他在那地方找到了很多以前的同事、朋友以及跟他臭味相投的人。

香港街頭民眾可能不怎麼感到意外，因為大家都知道，警察部隊的下層階級幾乎無一例外都貪污，所以可想而知高層也照樣貪。令人敬畏的葉錫恩已經這樣講了很多年。然而警察貪污一再曝光貪污腐化，而香港的經濟絕大部分有賴於它的好名聲，而且要聞名於世界才行，因此就成立了廉政公署，我們之前在某次晚宴之後，已經在深夜見到它位於花園道停車場頂樓的辦公室所發出令人心驚膽寒的不夜燈光。第一個被委任組織調查行動委員會的是令人敬畏的帝國情報官百里渠爵士，曾在巴勒斯坦、黃金海岸、埃及、肯亞、賽普勒斯和亞丁服務過，在他指揮下，產生立竿見影的效果，很多次等角色的貪污犯都束手就擒，自知不清白的心虛警察也都急忙溜之大吉，到全世界各地找地方安身立命去了。

香港生活層面中依然繼續存在著小貪小污，據說考駕照、申請公屋、保住一個頗賺錢的街邊擦鞋檔，以及無數生活中的小事，都可以看得出賄賂痕跡。人家就告訴我說：有時消防員打開（或關掉）消防栓救火之前，就會先要求給紅包。不過話說回來，長期以來，警察這個最差勁的一群，近年來也不再惹麻煩了——自從一九七〇年代一百四十名警官因為涉嫌與犯罪集團勾結而被捕之後，而且在最後一次發威中有幾個還意圖硬闖入廉政公署銷毀證據。「香港絕對是最適合做警察的地方。」有一天我跟一位外僑警官待在眾所周知的邊界走私地點時我這樣說，我心裡想的是可能會出現的緊張刺激狀況。「自從有了廉政公署之後就不是啦！」他跟我擠擠眼說，他想到的是貪污瀆職。

12 惟有經濟自由

香港向來是靠最自由的自由企業而活，但是政府也的確制定了銀行業與證券市場需遵守的準則，不久前出手拯救幾家陷入困境的銀行，並於一九八七年大崩盤時被迫撤手不管期貨交易。它也操縱了港幣匯率，讓港幣跟美元掛勾。然而，經濟政策本質精神卻是任何事都決心一試，而且決不畫蛇添足，位於香港南方的對手新加坡那種僵化控制經濟的作風，正是香港引為反面教材的。稅率很低，貨幣流通沒有任何限制，而且由於香港仍保持做自由港，因此只有少數幾樣貨品（菸草、酒類、清涼飲料、汽油、化妝品）才要上關稅。市場得以不受任何束縛而盡情發揮。

但是除了經濟之外，官方的管控系統就遠不是很寬容隨便了，即使在今天，在表面看來無政府的中環寫字樓大廈區內，我總覺得還是可以窺伺到威權機構沿著「政府山」隨坡而下：從具有象徵性的山頂經過總督府及其花園，再經過聖約翰座堂與其圍地，過到對面政府辦公室，高等法院還有立法局大樓，來到依然位於海邊老船塢處的軍方總部。這頗像是連結英格蘭那些聖地的靈氣之線，又或者如滿洲皇帝要從紫禁城到天壇去祭神時必須行走的靈氣之路。

有時香港感覺是很英國式、管得太多了。一九五〇到六〇年代間，任何政治抗議跡象都會遭到強烈壓制，有種很諷刺性的清教徒精神仍然力圖掌握這地方——禁止賭博，只有在賽馬場和投注站可以賭；同性戀行為則何時何地都不合法；娼妓不合法；除了正式場合之外，放鞭炮也不合法（但香港人還是照常放鞭炮）；吃狗肉不合法（儘管餐廳裡佯稱之為山羊肉而照賣不誤）。有次在鄉間一部很小的巴士上，我抄下了以下的告示，這告示大大地貼在司機位旁：不准企立，車費不設找贖，請勿與司機談話，不准吸菸，請勿靠近車門企立，不准攜狗上車。[18]幾乎無論做什麼事情都要有執照，有時情況看來簡直就像是：剩下來勉強在天星碼頭外苟延殘喘的最後那幾個人力車夫，大概才是發執照的當局唯一不去理會的，因為就現實情況來說，他們已經不存在了。

警察部隊約共有二萬六千名男女，部隊之內還有其他部隊。重案組主要是針對黑社會，據說有二百名探員，監視並臥底到黑社會裡。政治部是政治警察部隊，有時針對共產黨活動，有時針對國民黨活動。政治部的高級警官幾乎全都是英國人，華人則不想在一九九七之後遭到秋後算帳，因此都不願冒這個險。普通警員則從來都不會離開你視野太久的，到處都可看到臉孔光滑、機器人般的華人警員騎在光潔無瑕的摩托警車上，或者駕駛著機動船、在巡邏簿上簽到，這些巡邏簿有時就吊掛在公共場所的釘子上，不知為何竟然沒被愛破壞公物者放在眼裡。無疑還是會有腐化的機緣場合，但是看起來卻是毫不循私苟且；在報紙上不斷可以看到無營業執照的市場攤位被迫遷移，無牌小販被罰款，而且眺望香港海域時，也很難得見不到一艘警船攔下行經的舢舨上去搜查。

一九五〇年代期間，一所慈善學校為了籌款演出而需搭建露天臨時舞台，結果光是申請許可證就得經華民政務司、警務處處長、消防局、市政局、建築事務監督、總會計師層層批准。這官僚體系依然無遠弗屆。「公園內嚴禁遙控玩具車以及其他類似機件」，維多利亞公園裡有這樣的告示嚴厲警告兒童；不守規矩者可被罰入獄二十四日，並且告知這些幼兒：相關法規見於《遊樂場地附例》第十七和十八條。有一次在寶蓮禪寺我還見到公告：收地特惠補償差餉修訂。在長洲一條華人破爛後街上，到處都是傾斜木屋以及睡覺的狗，我見到一塊很小、雜草叢生的荒地，位於兩間棚屋之間，滿地垃圾，但居然有張官方公告，很莊嚴地宣示：皇家產業。

從香港五光十色的外表上，你很難看出來香港其實是以很嚴格的區域規畫，來操縱其發展，尤其是在嚴謹規畫的新市鎮；如今想要扭轉一項規定，得要靠非常具說服力的堪輿師才行。直到一九九四年之前，九龍地區最多只准興建十二層樓高的建築，這也就解釋了為什麼連最新潮的新建築也通通看起來像單調的貨倉似的，至於香港島這邊的限制則每個地區又有不同。香港匯豐銀行總行有四十八層高，已經是它地點區域上可以蓋到最高的極限了；可是多虧了與北京的關係，因此新建的共產黨中國銀行就設計得比匯豐要高出很多、很多，而中國銀行剛好就位於區域規畫界線的另一邊。

香港是個有很多畫分區的地方——禁區、保安區、懲教所、戒毒所，並有驚人數量的監獄。政府設立的禁閉式難民營收留越南難民，也就是一九七〇年代乘船逃出越南的人。雖然難民營用有刺鐵絲網圍起，但一般管理還算人道，難民營的目的也很合邏輯——為難民提供容身之處，希留他們獲得許可而在別處長期定居，但一方面又要讓這經驗不太好受，免得鼓勵了更多其他難民前來；然而照香港官方做法，這些難民營卻流露出麻木不仁的氣氛，圍牆高豎，加上裡面的寮屋，還有懲教處臨時調派來穿制服、佩有皇家徽章的職員，隨著一年年慢慢過去，越來越多難民都被迫遣返回國，這些難民營也越來越像監獄。

更讓人感覺到的是一種趨向懲罰的本能，香港的法律和秩序一貫以來是重懲罰而非重改造，而且手段方式往往也很粗糙。即使到了一九二〇年代，還是常常罰人戴上枷鎖，那時的苦役也真的很辛苦。一種苦役意謂打鑽孔機和挑石子，兩樣輪流各做半小時，每天不超過八個半小時；另一種形式是轉動曲柄，曲柄的反力大約等於要拉十二磅重的東西，每天要拉一萬二千五百次。一九二三年，那位主教兒子總督司徒拔爵士聲稱，煽動罷工的華人應該「要用最有可能吸引到他們心深處感受的方法來對付才行，也就是『用九尾鞭伺候』」。

就以一個實行工商放任主義的殿堂來說，香港可算是很乖的地方了，施行體罰之外，法規彙編裡也仍然列有死刑，雖然多年來港督總是把死刑減輕為終生徒刑。有一次在大嶼山遇到一個英國人，很有軍人風度，他讓我搭便車，告訴我說他經常去客串電影臨時演員的經驗，通常都是扮演官方權威人士，結果原來他的正職是執行繯刑的劊子手。

些。

13 社會福利措施

但是到了最後這個十年，香港卻出人意表在很多方面半邁向了福利國家境界，雖然也許姍姍來遲了些。

在二次大戰之前，官方對於香港社會進步所持的態度是極之謹慎，所據理由是萬一環境條件易於過日子的話，周圍地區的人民恐怕就會湧了進來——跟管理越南難民營所持主張一樣。一九三六年有份官方報告上說：「以西方模式為基礎的改革，一定要等香港鄰近國家都有差不多程度時才能引進。」一九三〇年代期間，社會服務的極限幾乎就只是強迫華人經營的場所大掃除而已，一年起碼兩次；露宿街頭的人有幾千名，跟加爾各答一樣，一九三七年有位作家更在《北華捷報》上指出：香港有半數人口都在挨餓——「這個殖民地社會體系的成果不足以提供一般華人家庭可供溫飽的工資」。

事實上，比起大英帝國其他地區例如印度，或者備受忽視的加勒比海殖民地，更別提那些中國境內的租界，那時香港的環境條件都比它們算好多了；但是卻要到了一九四九年中國共產黨革命時，事態才有了急劇轉變。大批難民湧進了這個城市，使得之前發生的一切都成了小巫見大巫，而且更讓香港處於幾近難以治理的社會壓力之下。那位樂天逍遙的包令爵士曾經認為治理香港不會比治理樸茨茅斯更難，要是這時他來治理，就不會這樣說了。

因為一九四九年之後，香港有幾十萬人住在寮屋或者草棚裡，又或者亂七八糟擠在發臭舢舨裡，那種擁擠法恐怕七十年前的查維克看到了都會大感震驚。一九五二年的調查報告顯示：平均每一千戶華人家庭就有六百八十七戶是住在一個房間裡，一百二十戶是住一個房間的「一部分」；二十三戶家庭住在屋頂天台上，只有八戶家庭有房子住。當時根本就沒有公共房屋[19]。那時香港激增的新工業家抱著將就過渡的原則，因此八歲到八十歲的工人就在可怕的血汗工廠裡埋首工作，這些工廠遍及全香港，隱藏在分租房屋或公寓裡，那些勞工在此裝配玩具、做假髮，或者操作很危險的機器，工作時間長得駭人。

一九六〇年代期間，我在一個深夜抵達香港，下榻於九龍一家樸實旅館，望向窗外時，隔著一片黑暗以及一塊垃圾遍地的地方，有座陰沉的工業大廈，雖然已經差不多午夜了，每個窗口卻都還透出明亮燈光，而且各自呈現出一幅香港風情畫，但卻跟附近一帶都很不同，毫無樂趣地展示著。這個窗口裡可以見到四個女孩全神貫注操作著縫紉機，沉默而無笑容；那個窗口單獨有個脫了西裝只穿襯衫的男人，正在光禿禿的燈泡下埋首於檔案中。在這眺望過程中還看到八、九戶人家似乎是全擠在一個房間裡，我只看得到晃眼而過的幼兒四肢、層層帷簾、很多個水桶、披散的黑髮、床單。每個房間都燈火輝煌，每個房間都擠滿了人，隔著我們之間的黑暗夜色，可以聽到傳來的收音機響聲、機器碰撞聲、叫喊聲、小孩尖叫聲。

那時我想的是：換了在別的城市裡，窗外所有這一切的生活面可能會讓人感到心安，提醒我周遭存在的這一切是人情味的溫馨。在香港，我卻有截然不同的感受，彷彿根本沒有人去留意別人的存在。那時期的香港當然絕對沒有什麼社會良知可言，大多數洋人情願對周遭慘況視若無睹，大多數華人只管顧好他們自己的家庭。來訪的開明人士每每懷著不同的驚駭心情回到英國，隨即提出改革要求；但是在香港，卻認為政府的目的就是治理而已，提供儒家秩序以便私人企業能夠蓬勃發展。

倫敦的國會議員常常主張香港成立議會機構，用以補其不足處，而且也當場獲得少數思想現代化的人士支持。但是香港政府卻不願破壞現狀，套句香港最愛用的話來說：任何走向自治政府的措施都可能引起北京威權的不悅；北京可不會喜歡珠江口出現一個資本主義華人城邦這想法，更何況很多華人也不信任民選政府這個理念；支持共產黨或國民黨的人無論是哪一派要是大權在握，必然會讓另一派日子很不好過，而且說起來英國人總算是提供了頗有好處的獨裁，讓富人得以更富、而窮人比較沒有那麼窮。

於是社會政策和金融政策都採用了「由他去」的態度。哪知這個不久之前還很落伍守著殖民地獨裁作風的政府，竟然變成了直轄殖民地之中插手管起社會福利最多的政府，實在是英國帝國史上很驚人的一件事。以前就曾預見在二次大戰之後，英國實施的「從出生到老死」的公共福利制度也必得要推行到殖民地去，而且倫敦下達給香港戰後的第一個政府的指令，也說到「一個全面性的社會福利計畫」。但是多年來卻不見有任何行動，然後卻在驚人瞬間發生了。

最明顯的是發生在住屋上。有一年，香港這大批形形色色的貧苦難民全都被趕到那些很克難式的寮屋區去住，這些寮屋區延伸在山坡上，一片亂七八糟發出惡臭，集二十世紀一切苦難的常見症狀：帆布為頂的棚屋、在垃圾堆翻食的無主野狗、兩眼深陷的老婦縮在簡陋小屋角落裡、煩亂的防禦官員、工作過度的義工所做出的佳績、流鼻涕的小孩、腐臭的水溝、蒼蠅、半裸兒童和爛泥。街巷沿途擺有鐵皮箱，寮屋區的人可以把死老鼠扔到箱裡，平均每個月裝運量有一萬三千隻。

兩任總督過去了，出版過五、六份年度報告，然後驟然間我們卻見到五十萬人左右都住進了全新的公共屋村裡，這是香港空前未見的。政府已經被迫做起一項龐大的公共福利計畫以及市政規畫——基本上是迫於從中共大陸逃出來的失控難民潮，但特別是迫於一九五三年聖誕節發生的一場大火災，不但導致五萬災民流離失所，更引起了全世界的注意，看到了香港這些新興無產階級的困境。香港從此不再停滯，海港兩岸的雙子城在號稱史上最快速的興建計畫之下轉了型，幾年之間，成為綜合性、多重中心、政府制定管理規畫的大都會。

「如果你有大規模的問題，就要採用大規模的解決辦法。」在這個改革性階段初期出任總督的戴麟趾爵士勒令說。香港人口從一九五一到一九七一年之間增長了一倍，那些大塊而且通常很不好看的公共屋村也亂紛紛冒了出來，其中有些像營房大樓一樣印有大大的編號，有的建在宜於用來建公園的公共用地上，有些建在山坡地嶙峋如岩的斜坡上，就像八十年前新界那些抗英父老所預見的，一般風水全完蛋了。如今公共屋村最完美的典型見於七個位於新界的新市鎮，它們是香港第一批精心規畫的市區中心，也是社會干預出來的奇觀。新市鎮之間有新築的大道銜接，周遭工業興起，船隻沿著它們的貨艙停泊，電氣火車穿梭它們之間的車站，住在新市鎮的人口就跟住在最初的市區中心一樣多。

政府的房屋委員會如今是世界上最大的公共屋村房東，提供像樣住屋給所有這成千上萬貧困失所的人居住，這項挑戰似乎已經影響了政府在香港的整個本質。現在仍然有不少社會慘況，真是天知道──有一次，某位布政司曾經向我說這些是「資本主義的艱苦邊緣」。房屋持續嚴重地供不應求，人口激增了，每十年就增加了一百萬人口，速度比香港能建的房屋速度要快。令人沮喪的貧民窟大量存在──一九五〇年代匆匆蓋成的第一批徙置區現在已成了貧民窟──山坡上到處一片片灰雲狀的地帶仍然標示出違建木屋區所在。地下人行道有乞丐，巷子裡見得到露宿者。外地來訪記者百試不厭的採訪主題就是

「籠民」的生存狀況，這是窮困潦倒的貧民，在九龍或灣仔骯髒惡劣的床位公寓裡租住上鋪或下鋪床位，為了防盜賊，還用鐵絲網把床圍起來，就像住在籠子裡一樣。不用說，很多設在後街的工廠的工作規定也依然沒人去管。

然而，自從當年我從九龍那家旅館窗外望出去的那個寂寞夜晚之後，到現在情況令人難以想像得改善了很多；今天的香港有一半人口住在政府透過不同方式提供的公寓裡——雖然還是經常擁擠得嚇人，尤其是那些比較老舊的大廈，但起碼都有電燈、自來水，而且還可能有電話。香港不再有人沒飯吃而挨餓，公共福利方面也起碼可以保障不會有人真的一文不名，就算是籠民和露宿者。一九二〇年代有百分之九十人口是文盲；今天政府的預算有百分之二十一用在教育上，單就比例上而言是最大一筆。學校教育是免費的、而且是義務教育，一直到十五歲為止，除了老年人之外，已經見不到文盲了，甚至連住在船上的蛋家子女也有他們自己的學校，由魚類統營處興辦的免費學校——就像他們每年夏令營結束時用蛋家方言唱出的歌詞一樣：

> 魚類是海洋裡的寶藏，知識是書籍裡的寶藏，
> 我們就像海洋的孩子，勤奮又勇敢，
> 來吧！大家一起來，漁民的孩子們，
> 讓我們一同歡唱！

截至我寫作本書時，香港有七家大專院校，排名榜首的是香港大學，教學語言是英語，其次是中文大學，教學語言基本上以華語為主，還有科技大學等等。雖然如此，平均每個學額有兩名學生申請，據說出國深造的學生人數跟留在香港就學的一樣多——大約有四萬五千名（統計數字不是很準確，因為有太多香港人都是拿外國護照旅行）。

至於香港的保健方面，很多世代以來它已出了名是大英帝國裡最不衛生的地方之一，但這點也轉變了。那些可怕的疫疾老早都抑止了，衛生狀況也沒像以前那麼駭人[20]。醫療保健不是免費的，除非屬於赤貧者，但是收費非常便宜，而且水準大概也不比亞洲任何地方遜色。一九五三年嬰兒夭折率是千分之七十三點六，而今是千分之四點八；根據世界衛生組織指出：香港的平均壽命——還記得在一八八二年的平均壽命嗎？——現在比任何地方都要高，男性居民壽命為七十五點四歲，女性為八十一點四歲，有的是時間去賺錢。

14 重點在效率

然而話說回來，香港的大方向不是朝著福利前進，而是朝著效率前進，效率等於財富，等於安定，至今我們還是聽到華人主要想要的就是這個。儘管社會有改善，但香港尾聲的年代裡，它的治理哲學依然保持很講實際的放任主義精神：所有一切可以用得上的二十世紀現代化技術支援的，還是維多利亞時代的原則，包括自由貿易、自由企業、門戶開放，一九七〇年代曾有位財政司重新界定「正面性的不干預主義」[21]。

確實也是，香港整個目的重點都放在要在技術上超越鄰近地區，從前更常有人指出它和落後亞洲的對比，一世紀之前，從廣州沿珠江南下就像從一個世界來到另一個世界，廣州那時仍然是個城牆圍繞的傳播瘟疫城市，裡面有狹巷，臭氣沖天（「呼！」吉卜齡舒氣咕噥說：「我要回那艘汽船去。」）香港則裝備齊全，有蒸氣、煤氣、電力、電報和大砲等等所帶來的便利。精工打造的山頂纜車在山坡上爬上爬下，雙層電車在山下沿著海邊穿梭運載乘客。

事實上，電車依然在載客——如今已成為世上這類交通工具的最後一批，每月運載量高達一千一百萬名乘客，宛如中國帆船般緩緩搖晃著行走在電車軌上，硬梆梆的板椅吱嘎響[22]，而且一輛輛貼得很近，以至於前一輛和後一輛先後常常只有幾秒鐘時間之差。香港電車公司是唯一僅存的木蓋車頂雙層電車營造廠，雖說不是真的製造了這些電車，倒是維修、改造的成分居多，不斷更換配套、添加改良，因此從前那一百六十輛電車已經沒有一輛跟以前一樣，也沒有一輛可以真正追溯出年代歷史。

香港的規矩是只要最新款的，其他的都不行，然而電車可算是公共服務之中的最後懷舊機械裝置——人們對於最後幾輛人力車就沒有什麼懷舊之情，而最後那批山兜也於一九六五年被人發現棄置於一條街上。今天的公共交通系統被公認為非常出色——都市規畫權威人士郝爾（Peter Hall）曾經稱它[23]「堪稱為世上大都市之中最現代又有效率的公共交通系統」[24]。除了那一百六十輛電車之外，還有無數的舢舨，以及天星渡輪與一萬一千輛巴士、一萬七千輛計程車、地下鐵等，都在交通繁忙時刻提供了毫不遜於別處的服務，只要你摸到了連鑽帶推拉的竅門為自己找到個座位就行。

香港才建了一條海底隧道沒多久，就宣布說是「全球最繁忙的四線車道設施」，接著就開始動工興建另一條，然後又另一條！精心設計的天橋通道和地下道配備以無數扶手電梯，如網絡般銜接了中環寫字樓大廈。新界有個海灣堵起來了，排掉海水，讓雨水補充而成為船灣淡水湖。香港島開鑿了一條穿山隧道，銜接了中環與香港仔，九龍山丘則另有三條穿山隧道。樣樣事情都得要很體面像樣、整齊得當、光鮮亮麗。香港的地圖很精美，年度報告做得很豪華。有一次我看著一位高級警官乘坐他那艘很氣派的灰色巡邏船抵達長洲，船上柴油機轟隆響著飛馳而來，那位警官踏上岸時一板一眼和下屬行禮致敬，邁開大步走進鎮上，昂然高出於一群擾擾攘攘的老幼居民之上，我暗想這場面倒更像是好萊塢風格，反而沒有那麼像大英帝國作風。

15 — 政府與企業緊密合作

整體來說，大英帝國普遍風氣是小氣節儉的，香港自有其作風，是因為它的體制一直是在民營與公營企業之間取得平衡。退休的殖民地官員英葛倫斯在一九五〇年代應邀為殖民部寫了一本關於香港的書[25]，結論是不該把香港視同如其他地方一樣的殖民地，而該把香港當成一家百貨公司，那些具有領導性的公民，官方或非官方的，則是董事會。誠如我們所知，政府以及大商家之間，無論是英、華或其他外國大商家，兩者之間並未失掉多少互愛，但香港也的確慣於兩頭政治的治理。「民營企業萬歲！」——一九四五年英國社會黨政府任派的港督葛量洪爵士這樣寫道。

第一條海底隧道完成於一九七二年，隧道入口處可說把香港神髓表露無疑。這條隧道是全香港的十大幹線之一，銜接海港兩邊雙子城主要隧道，然而就在隧道高高的入口頂上標有以下字眼：海底隧道有限公司。每次都讓我想起大西鐵路公司興建的銜接得文郡和康瓦耳郡的添馬大橋，布律內爾[26]在橋上的題字——I. K.布律內爾，每個字母高大如人——堂皇散發出資本家的炫耀和精力。政府資助興建海底隧道，海底隧道公司承擔風險也賺取利潤[27]。

香港很多事務都是有賴這種緊密合作而成的。當初是港督盧押提議創辦香港大學，但是支付費用的卻是商業社群。如今中文大學的司庫通常是由香港匯豐銀行總裁兼任，而香港的第三家大學大部分經費則是由香港馬會出資。大部分的填海工程都是由民營企業來做，填海出來的啟德機場，地名本身就是紀念填出這塊地的兩個資本家何啟與區世德[28]。香港義勇軍的騎兵團是由渣甸養兵並指揮的，一九二二年之前並沒有官方的消防隊——每家商行各有自己的消防隊。巴士、電車、山頂纜車、渡輪、電話、電力服務全都是民營；所有基本服務之中，只有供水是公家部門負責。海港領航員屬於一家私人企業的成員，廣播和電視大部分都是商業性的，很多醫院和診所則由香港馬會或民營企業資助。

最顯著的，莫過於香港匯豐銀行實際上就等於是香港的中央銀行，堪稱現代世界裡極少數非政府事業而充當這樣角色者之一。它握有這個殖民地的儲備金，並與中國銀行、渣打銀行（此乃總行在倫敦的集團部分）負責發行香港面額十元及以上的鈔票；鈔票上有銀行的大廈圖案，並有總會計的簽名。五百元大鈔上的主角是兩爪交叉的「施迪」，一千元大鈔上的主角是張嘴吼的「史提芬」[29]。

香港政府擁有幾家大公司的股份，無怪乎本身也採用了許多商業作風和手法，譬如拍賣就一直是它的政策工具之一：殖民地之初就拍賣土地租權，拍賣鴉片特許權，以前就常拍賣廟祝職務，至今則仍在拍賣車牌號碼。最近幾年廣告業也對政府的態度產生了很深的影響，政府新聞處在很多方面其實等同一家龐大規模的公關公司，就跟所有民營公司一樣，製作大量豪華精美的小冊和報告，而位於九龍小山丘上的皇家香港天文台，建築肅穆，但每年發行的月曆，差點讓人以為會看到上面的每月照片是性感女郎，而不是大鵬灣的全景或廣東省的森林動態。「世上最大的住戶製造者之一」，這是香港房屋委員會對本身的形容。

在這個資本主義稜堡裡，上述一切看起來都很自然而然，這是個強調一切事務的體制，公營—民營攜手合作由來已久，彼此都能互惠。一九八〇年代中華電力公司董事會有六位成員獲封大英帝國爵士，而且就是在該公司委約英國製造商為中華電力公司青山發電廠生產器材設備之後不久，這是英國工業界所接過罕有的最大一筆訂單之一，因此中華電力公司的董事會主席也就變成了嘉道理勛爵了。

01 原註：《種族內在衝突：神話與現實》，一九八六年比佛利山出版。

02 現為「英國外交及聯邦事務部」。

03 納閩（Labuan）：東馬來西亞婆羅洲西北海外島嶼。一八四六年割讓給英國，一九〇六年併入海峽殖民地，一九四六年畫入北婆羅洲（今沙巴）殖民地。

04 原註：這些地名沒有沿用很久，而且早已改成中文地名了。

05 廓爾喀（Gurkha）：一七六八年以來尼泊爾的統治王朝，這個名字後指尼泊爾裔士兵，尤指服役於英—印陸軍中的尼泊爾士兵。廓爾喀是城鎮名，而非民族名稱。

06 原註：據說加蓋這陽台是等一九九七中央委員主席來港時，可以做為他行禮致意的看台。

07 原註：還有行話。以前早期某些殖民地的公務員有權拿額外假期，這是因為當時搭船返國的旅程時間很長。後來搭飛機普遍了，於是就改為邀他們把額外假期換成教育進修特權，而在香港，那些接受更換條件的人仍然很主動地歸類於「舊換新條款」。至今有些英僑官員仍然選擇在他們生涯告終返國時搭船。一九八八年，他們有不少人很滑頭地將此選擇詮釋成可搭乘「坎培拉」客輪做一趟昂貴豪華海上之旅，直到南安普敦船停為止。最能讓人學會磨鋭眼光最有利機會的訓練，莫過於在香港待過大半輩子。

08 原文為「urban District Officers」。但所見資料則是一九六八年成立「民政署」及推行「民政專員」制度，提供資源協助和主動搜集居民的意見。並無特別標明「都市」。

09 香港大學語言學系成立於一九九七年，此處原文應有誤。

10 上述二地名英文為 Davis Street，Mount Davis。

11 如尼文字（runes）：北歐、英國、斯堪地那維亞和冰島各日耳曼民族的文字體系，其起源不明，通用於約三至十六或十七世紀。

12 復活節起義（Easter Rising）：一九一六年四月二十四日復活節周在都柏林開始的愛爾蘭共和派反對當地英國政府的起義。英國軍隊展開鎮壓，在都柏林持續了一個星期巷戰，全市陷於癱瘓。起義行動失敗，揭竿者遭處決，但卻因此引起愛爾蘭人民公憤，終而造成愛爾蘭獨立。

13 此以希臘神話中赫丘力士的故事為喻；赫氏曾做十二大苦差，其中一項是幫一位國王清洗乾淨養有幾千頭牲畜的牛棚馬廄，而這些牛棚馬廄很多年都沒清洗過。

14 原註：一九三四年，有位殖民部官員形容他們眼中的香港是「所有殖民地之中除了馬來亞之外，最沾沾自喜、自鳴得意的。」引述自《帝國治下的香港》，諾曼．麥納斯著，一九八七年於香港出版。

15 此為回歸前的稱法，如今則稱高等法院與區域法院。

16 原註：我是按照活生生的真人來刻畫出這個不要臉的人，把他講的話一字不差地照寫出來，我希望他看了之後認得出他自己。

17 原註：這些不光彩的人包括了坤西督察，此人原是華人棄兒，戈登將軍在中國作戰時收容了他，並送他到英國受教育——「很好的年輕人」，將軍這樣認為，幸虧他在喀土木陣亡，沒能來得及看到真相。

18 這些均為香港用語。

19 公共房屋：香港政府為低收入居民提供的住宅。由政府出資興建和擁有業權，以廉價租金出租予居民。

20 原註：不過外國人在華人大牌檔看到那種洗碗碟方式都不會開胃的，再看到避風塘船上的小館子就更沒胃口，因為他們只是把盤子浸到港口裡浮垢的海浪中沖一沖而已。

21 原註：「關於這點，」我有個線人如此評論說：「尼祿是有史以來第一個會實行的人。」

22 香港電車如今已改為塑膠椅，而非昔日的木板椅。

23 原註：見《世界各地城市》（The World Cities），一九八四年倫敦出版。

24 原註：跟某日一位美國人跟我說的異曲同工；那天我們乘坐一艘由一個華人老婦操舵的破舊公共舢舨到大嶼山，下船之後美國人說：「我們伊利諾州就完全不是這麼回事。」

25 原註：《香港》，一九五二年倫敦出版。

26 布律內爾（Isambard Kingdom Brunel）：英國富有獨創性的土木工程師和機械工程師，設計了第一艘橫渡大西洋的輪船。一八三三年任大西鐵路總工程師。

27 作者所講的紅磡海底隧道已於一九九九年八月三十一日期滿，交還香港政府管理。

28 原註：A. Tack，並非拼錯——起碼機場原有的大門裝飾上是這樣顯示的。（譯按：此名有做「區世德」與「歐世德」，粵語「區」姓發音特別，與「歐」同音，有說兩姓同宗，乃「歐」姓者為隱姓而去掉欠字，但仍保持原姓發音。今做區世德。）

29 查一九九三年滙豐的五百與千元大鈔上正面皆為施迪，反面皆為史提芬與施迪。事實上，該年滙豐從十元到千元鈔票上的獅子皆同，但鈔票上的背景圖案不同。

第十章

一九四〇年代：戰爭與和平

1940s：WAR AND PEACE

九龍西北面，介於銀禧水塘和新界南海岸之間有道名為「走私嶺」的山脊，雖然這山本身光禿禿的，但是山北伸向林木蔥鬱的鄉間，山南過了葵涌高聳的局樓大廈，年復一年，大樓勢不可擋地不斷往高地興建。

一排高壓電杆橫越過這道山脊，供人遠足健行的麥理浩徑經過這附近，不遠處還有郊野公園的野餐地點，豎有布告欄；但是在最上面，幾乎就剛好位於電纜下方處，有個氛圍明顯很不愉快的地方，即使是陽光明媚的日子，健行者的歡笑迴響透過灌木叢傳過來，仍然令人有與世隔絕的孤單感。

摸索著沙地上去之後，可以見到半掩埋在土中、全部廢棄的防禦工事遺跡，有台階通往填了沙的掩體，水泥板上的槍眼、伸出地面的通風井，有倫敦街名如沙福茲貝里大道、攝政街地道，但卻哪裡都去不了的地道。這是個很陰森的地方，風不斷從山脊上吹過來，呼嘯在頭頂上的電纜間。破敗的地底碉堡到處是垃圾、糞便臭氣沖天，有時一條野狗突然從暗處地道出現，奔躍過你身邊竄到日光中，就像地底冒出來的惡魔似的，嚇得你心跳不已。綿延伸向北方的鄉野看起來荒蕪又悽涼。葵涌那些常見的高樓大廈剛好不在視野之內，似乎遙遠得很。

五十幾年前，走私嶺真真正正是荒郊野外，這處城門碉堡是香港軍隊的主陣地，也就是在這裡，一九四一年十二月九日的晚上，就在這直轄殖民地一百周年慶的這年，日本的第二十三軍下轄的第三十八師團襲擊這裡的掩體，從通風井拋手榴彈下去，用機關槍掃射這些樓梯，幾小時的戰鬥就攻破了英國人的防守陣地，這一來就使得一九四〇年代這十年在香港史上截然不同於其他年代。

日本人就跟其他外國人差不多，多年來一直威脅並欺壓中國。一九三三年他們已經占領了最北邊的滿洲，扶持滿洲遜帝溥儀、建立了傀儡王國滿洲國。一九三七年他們攻占北京，展開了漫長而時斷時續、向南進攻中國其他省的挺進。日軍的挺進促使中國地方上的內戰暫時停了下來，有一段時間國民黨和共產黨在蔣介石的指揮下聯軍抗日，首都定於重慶。日本人則在南京成立了第二個傀儡政府，扶持前國民黨政客汪精衛主政；自從一九三九年秋天他們就隱匿在廣州，從香港沿珠江北上就到的地方，而且還在與這個殖民地的邊界上駐紮軍隊（日軍在這裡有時還跟另一邊的英國哨兵交換啤酒，禮尚往來一番）。

英國參謀長委員會已經考量了幾年：萬一日本人轉移目標到香港的話，如何做才是上策。他們彼此之間的看法都不同，而且又不斷改變想法。此時新加坡已是英國在東方的主要堡壘，香港還很審慎地資助過新加坡二十五萬英鎊，用於防衛，然而香港本身的防衛卻很小手筆。總之，有的戰略家認為應該盡力久守抗敵，也有認為應該不惜代價撐到救兵來到為止。有時計畫是要防衛整個香港，有時又改為放棄新界和九龍半島而退守香港島，以香港島作為圍城時的抗守堡壘；有時又有建議說香港撤軍，完全不要做任何抵抗；或許，最常出現的建議則是象徵式抵禦就好，目的只在於意思到了，或做個榜樣而已。

到了一九四一年，大英帝國已經在跟德國和義大利作戰了，而日本則是這兩個國家的盟國，在倫敦的首相邱吉爾似乎也替那些參謀長拿定了主意。萬一日本人攻擊香港的話，不需要香港很認真抵抗，因為香港的駐軍只包括了兩個英國步兵營、兩個印度陸軍步兵營，一些固定式和移動式的大砲，一支當地志願軍，幾艘小軍艦，兩艘水上飛機，還有三架沒有魚雷的老爺魚雷轟炸機。「萬一日本跟我們打起仗來的話，」這位首相裁定說：「根本沒有一點機會可以撐住香港或解救它。」駐軍只能是象徵性的，而做做樣子的抵抗也是唯一合理的選擇。「我但願那裡再少一些部隊，可是再撤出任何部隊的話，就太引人注意而且很危險。」

一九四一年秋天的事態發展就是這樣。那時香港的一般看法認為：雖然日本人表現出來的行動有夠瘋狂了，但相信還不至於瘋狂到來攻打這個英國轄土中的著名前哨吧。香港從來沒有受到過攻擊，總之，以為香港是攻不破的。再說，香港一向就跟日本人有很老、很友善又有利潤的聯繫，香港有個很繁榮的日本人社群，香港的人也常常到日本去度假（「東方魅力，」誠如旅遊廣告上說的，「很令人妒羨地保存在最先進的東方文明中。」）。

《南華早報》界定公眾的反應是複雜一片，交織了信心、決心、緊張的預期、迴避，以及單純的聽天由命。在歐洲的衝突的確看起來很遙遠，然而就像英國所有的屬土一樣，正式而言，香港是自從一九三九年以來就算是處於戰備狀態，成年英國男人隨時有可能徵召入伍，而且一九四〇年的六月就已經強迫洋人妻子和兒女疏散到澳洲去（雖然有大約九百名婦女，而且很多都有兒女，用瞞騙手段設法留在香港）。重要的建築都用沙包圍住以防炸彈，海灘圍起了鐵絲網，而且也不時有停電演習，公共宣傳也出現了呼籲認購戰爭債券以及說話要小心——一如老虎啤酒製造商在他們的廣告裡告訴大眾市民的典型句子：

片言隻語的情報，
陷國於風險，
還是談談老虎啤酒吧！

但除此以外，其他情況都相當正常；船隻依然來來往往，泛美水上飛機依然抵達，沒有人有什麼物質短缺的。我們可從一九四一年九月的《南華早報》上看到：一名劫匪被判處五年苦役以及挨十二下九尾鞭。港督大人出席了費雯麗和勞倫斯．奧立佛主演的《忠魂鵑血離恨天》的全中國首映禮；「吉米廚房」餐廳在為新推出的美味午餐料理賣廣告；政府憲報上有為鋼線灣村興建旱廁招標的消息，以及刊登了永興織造廠欲申請的新商標圖案。

但就在同一個月，日本人占領了中南半島，而且並未遭到在那裡的法國維琪政權政府的反對，然而美英兩國隨即相繼針對此舉做出回應，禁止所有鋼鐵和石油輸往日本，這對日本是個沉重打擊——《紐約時報》認為這是「除了戰爭之外，最猛烈的打擊」——整個太平洋地區局勢立刻緊張了起來。香港這時也更加緊準備應戰。統一指揮的是印度軍隊的莫德庇少將，他很看好防禦香港的前景，認為香港實際上可以成為一個反攻基地，攻打在中國的日本人，而且他對要塞據點連線很有信心，這條防衛線的重點在城門碉堡，由新界東伸展到西。他以為這裡位於邊界南面大約十二哩遠處，就算敵軍入侵，這裡也足以守住夠久時間，以便讓九龍從容疏散到香港島，並在香港島上集結好軍力——而這軍力也夠撐到新加坡那邊援軍來到為止。地雷陣地也設好了，以防止從海上來的進攻，香港島上也完成了由七十二個砲台組成的砲火網。

莫名其妙地，邱吉爾也許是只顧著為其他地方的狀況操心，這時反倒轉為贊同莫德庇的看法，而且也被說服只要再增加些防禦工事，就足以讓香港做出有意義的抵禦。結果增加的就只是兩營半受過訓練的加拿大部隊，而且大部分只會講法語，於十一月十六日在香港登陸上岸，連重裝備都沒有，就這樣來協助這個無法防禦的殖民地。這兩營兵在渥太華是正式被歸納為「不宜用於軍事作戰行動」之列的。就在三個星期之後，十二月八日，日軍同時襲擊珍珠港並入侵馬來半島，越過中國邊界攻入香港，窮凶惡極地轟炸啟德機場，皇家空軍再也無力參戰了。日軍橫掃英國人在新界北面的前線衛兵，第二天晚上就殺到了城門碉堡。

日軍勢如破竹，莫德庇原本還認為這碉堡陣地可以拖上一星期，哪知幾小時就淪陷了，從那時到現在，這裡就一直不曾再派過駐軍和裝備。很多駐軍陣亡在他們的碉堡裡面，其他的則棄守。日軍並未稍停，轟炸機和砲兵不斷轟炸九龍，低空掃射船隻和道路，把英軍和印度部隊驅趕得倉皇逃往半島，上渡輪、舢舨、軍艦以及駁船，過海去香港島。四天之內，日軍就整個控制了九龍半島。最後一班天星渡輪撤退到卜公碼頭，最後一批筋疲力盡的後衛部隊也經由鯉魚門撤退到香港島上。香港島上驚恐萬分的英國人可以看到日軍第三十八師團集結在九龍海邊，聽到他們透過擴音器陰森可怕的喊話，交織著〈甜蜜家庭〉的錄音，從那熟悉的海港水道傳過來——「投降，日本人會保護你們！信賴日軍的仁慈！」

沒多久之後，日軍砲兵就隔著海港砲轟香港了，俯衝轟炸機呼嘯下衝向中環，我們在本書前面幾章裡曾經看著這個中環海邊在一個又一個十年之中，穩定地興起、繁榮富有，然而現在有史以來頭一遭，戰亂波及這裡。實在太難以想像了，一切就像夢境一樣，在這夢中，原本熟悉的一切驟然間都粉碎或者扭曲了。添馬艦炸沉了，灣仔多處燃火，火勢猛烈，皇后像廣場瀰漫著刺鼻濃煙。午夜時分，一枚砲彈擊中了跑馬地馬會的馬房，所有的馬匹都逃跑了，馬身血跡斑斑，戰慄著在街上到處倉皇奔馳。

到了十二月十三日，英軍所有兵力都集中在這個三十一平方哩的島上。「我們會抵擋敵軍，」有份官方公報這樣說，「直到戰況減輕。目前每個人該做的就只是固守住就好。」

在那荒山野嶺後面
（這是一名英軍在等待來襲時寫下的）
我們宛如受傷獅子般躺著，
啊，那母獅就在那裡
協助防衛她的安寧巢穴
並贏了艱苦戰鬥的日子……

那時的港督是楊慕琦爵士，相貌英俊，是個伊頓公學出身的保守派，兩個月前才從巴貝多調來香港接任。他的得力助手輔政司詹遜（Franklin Gimson）剛從英國派來，以前從未來過香港，而且就在日軍入侵那天抵達。邱吉爾遠在天邊，這位首相、軍閥式領袖、帝國主義者，曾經出言說大英帝國千秋萬歲長存，但此時卻又對徒勞無功的抵禦改變了想法。他在給港督的一個信息中說：「絕對不可以有投降的念頭……。每天你能夠守住的話，你和手下的人就會贏得你們終歸會得到的不朽榮譽。」

倫敦的內閣戰情室聽取到的意見認為，即使新界和九龍失守，香港島也應該可以至少守住四個月。結果只守了一個多星期，根本就沒撐到最後一兵一卒，在英國人下達投降以求生存的命令之下，十個文職公務員有七個投降了，還交出了大量物資給敵軍。整個防衛管控沒有效益，部隊通常都受道路限制而且沒有效率，裝備很差，作戰態度是落伍不合時代精神的。抗敵兵力包括印度人和不會講英語的加拿大人，上陣充任砲兵的工程師，沒有運輸工具重裝備的砲兵部隊，以及皇家空軍的地面部隊和皇家海軍的水兵。這是場軍靴截然相反的兩軍對陣——英軍這邊穿的是軍工靴，厚重又加了鉚釘的粗皮靴，自從英布戰爭以來款式就沒變過；另一方的日軍穿的是輕巧的日式戰鬥靴，柔韌、橡膠鞋底，走起路來沒有聲音。英軍打起仗來發出很響的沉重腳步聲，缺乏想像力又漫無軍紀；日軍則靈巧迅速、勇猛大膽而且隨機發揮。

然而打敗仗也情有可原。這是日本人和英國人空前未有過的對陣交鋒，結果英國人敗得驚人，因為他們懷著帝國的自滿，以為沒有一個亞洲人會是他們的對手。半個世紀以前，日本人還曾非常欽佩英國人的作戰能力；一九〇〇年八國聯軍攻北京時，英軍表現比其他任何軍隊都好，日本海軍大將東鄉平八郎於一九〇五年打贏了對馬海峽之戰，實際上還獲頒英國勳章。而現在，也不知究竟為什麼原因，英軍被認為無藥可救的差勁——短視、裝備嚴重不足，而且沒有能力在夜間作戰。訓練有素的日本強兵如此駭人，輕而易舉就把英軍趕出了九龍半島渡海到對岸，實在讓英國人驚駭莫名，莫德庇與手下士兵從此一直未曾真正恢復自信。香港就在走私嶺一戰失守了。

第三十八師團的情報蒐集得很好。戰前在香港的那個日本大社群（直到日軍入侵那天，還有八十個日本人留下來）裡有很多是間諜——香港大酒店裡那個馳名的理髮師，我們在前面篇章裡稍微提到過的，結果真正身分卻原來是個海軍司令。日本師團不但有完善的英國部署地圖，更不乏當地嚮導。有了這些有利條件在手，日軍擬定了攻占香港島的計畫，簡單、精準，而且執行起來順當無比。首先從地面和空中猛烈轟炸這個島，接著，在十二月十八日晚上，先頭部隊在東角登陸，東角距離以前的渣甸洋行總行不遠。接下來他們橫越島中央直線挺進，攀過山頂東面的高地區，把英國人部署的兵力一切為二；

島東與島西。最後才分別進攻這兩個切開的部分，一舉殲滅。

在這場戰役過程中，躲在掩體下港督府裡的總督發了一份個人咨文，呼應了邱吉爾的作風——「奮戰下去！為國王和帝國堅守下去，上帝會在你們這最好時刻保佑大家」——邱吉爾自己則示意這個島的每個部分都必須堅守住，必要的話，就挨家挨戶打巷戰。為了提升士氣，官方還支持一些不斷重複出現的報導，說是中國軍隊正前來香港解救。直到珍珠港事變的實情大白之前，本來還指望美國海軍會來救援的；在皇家海軍兩艘主艦「卻敵號」和「威爾斯親王號」在南海被炸沉之前，還指望新加坡會有救兵來到。但這全都成了泡影。英國人一點機會都沒有，他們部署的兵力已經無可挽回地被切割分散了，很快就縮為七零八落、各顧各的作戰單位，完全沒有整體而連貫的抵禦，只能以無能為力的連串抵禦行動和半處於扣扳機反擊的狀態，見到哪裡見到有敵軍就還擊。那些沒有受過完全正規訓練的倒楣加拿大人，才剛抵達這個陌生環境不久，根本連他們的機動重裝備都沒有運達，連東南西北都還搞不清楚，甚至連英國最著名的砲兵軍團之一的皇家蘇格蘭人，打起仗來也沒有了把握。對於每個人而言，這是一場浴火——只有幾個人是曾經在歐洲或非洲見過戰鬥的，還有很少幾個是在第一次大戰中很不同的環境下打過仗的老兵。他們根本就沒有希望，再說對於整個戰爭大局而言，他們抵不抵抗其實都沒什麼分別；說來實在是個大悲劇，之前費了這麼多唇舌，後來又送了這麼多性命，顯示的卻是如此悽慘的一點。

英軍在聖誕節投降了，反倒讓日軍喜出望外，日方原本還預期至少要再打上一個月的。死傷數字一直不曾正式統計出來，但據說英方有二千人死亡，一千三百人受重傷，而日軍則更多。平民死亡人數至少有四千名，幾乎全是華人。大約有九千名英印與加拿大士兵成為戰俘。這場抵禦並不算丟人現眼，但卻絕對不是邱吉爾似乎會想要見到的可歌可泣那種；香港失守對於大英帝國是奇恥大辱，也揭開了死傷更慘重的新加坡失守的序幕。

然而，面對這個驚人又可怕的新敵人，英方還是有些人以昔日的精神和熱情應戰，充分表現出足智多謀和勇氣，尤其很多香港義勇軍，包括英人和華人，留下了英勇的榜樣。他們對這地方知之甚詳而且有利害關係，無論何時英軍在戰事中暫時領先得分（或者紀錄上看來似乎如此），香港人都有一份功勞。在位於香港島北岸的北角發電廠有過一場最絕決的後衛戰鬥，參戰的是四個軍官和五十五個義勇軍組成的特衛團，這是一位保險公司經理休斯組織的，這團人的年紀全部在五十五歲以上，各有不同外號，如「休斯隊的」和「馬瑟斯隊的」，分別由渣甸大班帕特森和一名第一次大戰的退伍軍人率領。團裡有一名七十歲的二等兵，是前港督德輔的姪兒；另一名六十七歲的義勇軍和記（現已改為和記黃埔）的大班。這些香港棟梁老紳士在發電廠整整堅守了十四小時，對抗日軍毫不鬆懈的迫擊砲掩護下，不斷重複的攻擊，直到彈藥用盡才投降。

皇家海軍也一樣，盡忠職守維護它的傳統精神。那艘內河老砲艇「蟬號」在獨臂艦長柏德羅指揮下，在戰區裡到處衝鋒陷陣，時而在新界沿海用它三吋口徑小砲轟炸日軍，時而載人渡過海港到香港島，時而猛攻日軍入侵的小艦隊，雖然它船齡已有三十年，卻依然表現出大無畏的勇猛之風，直到最後捱了六十四小時的轟炸攻擊之後，終於被炸沉在博寮海峽。第二艦隊的五艘迫擊砲魚雷艇氣勢洶洶航經青洲，槍砲齊射，以全速衝向那些正運載日軍過海港的中國帆船、駁船、舢舨，忽左忽右炸沉船隻，直到艦隊損失了兩艘船，一艘嚴重損壞，半數水手傷亡。

少數陸軍士兵和海軍水手逃往中國未被日本占領的地區去，至於其他，則於一九四一年聖誕節那天，在港督兼三軍總司令楊慕琦爵士帶領下投降，也交出了他的管治權，受降的是日本皇軍中將酒井隆。這是英國直轄殖民地有史以來首次向敵軍投降的一個。「我以前認為，」香港義勇軍的一名葡萄牙籍軍官說，「而且也奉命教我的部隊要奮戰到最後一兵一卒，最後一顆子彈。因此聽到要我們屈從投降，對我實在是個嚴重打擊。」

——

所有的英國人幾乎全都被關起來了，士兵關在九龍的戰俘營裡，平民關在赤柱海邊的拘留營裡，總督先是有幾個星期扣留在半島酒店的一間套房裡，準備稍後跟其他重要俘虜一起用船送往滿洲國——解決了英國人之後，日本人就可以放手處置香港了。一九四二年二月，日本派來了一位軍人總督，這就是中國通磯谷廉介中將，據說他還寫得一手好書法，而且精通茶道，然而他發布的第一份告諭，卻聲明：「其有違反道義，不守範圍者……，本督當以軍律處治。」告諭長期附在皇后像廣場維多利亞女王像的基座上，這是很諷刺的警告，一如四十四年前卜力剛征服了新界當地人之後所發出的恐嚇。

日本人說過會把香港融入他們的大東亞共榮圈，他們把行政中心設在滙豐銀行大廈（磯谷占用了位於九樓的總裁樓層），一船船的戰利品運回了日本國內，幾乎把香港所有的汽車都運走了——有個美國記者在那年一月橫渡海港時，數過總共有二十六艘船甲板上都擺滿了汽車。但事態演變到後來卻可看出香港對於共榮圈的好處並不多，對於日本軍隊的作用也不大，長遠下去，恐怕更是日本人的累贅而非資產。奉東京方面下達的命令，香港不得納入日軍占領的中國行政之內，而這個行政區則是由廣州的珠江以北算起；也從來沒有把香港歸給兩個傀儡政權其中之一去管，這兩個傀儡政權在日本人的支持下統治了大部分的中國。香港一直就維持由軍人出任總督，成了「香港淪陷區」。

日本人在香港沒有什麼建設，連他們的征服紀念物也很少。港督府由一位二十六歲的鐵路工程師藤村正一改建過，由一家大阪公司重新裝潢過，並由京都一位園藝家重新規畫過園景，港督府加建了一座很高的有簷塔樓增添日式風情。在中環上方的金馬倫山的山頂上舉行了隆重的奠基儀式，興建了紀念日軍陣亡者的「神風神社」，並有神官主禮，還在石造紀念塔底下埋了一把鎮靈刀，此塔原本要蓋到八十呎高，由十二根水泥柱腳支撐，塔上刻有十五呎高的漢字「忠靈塔」。除此之外，這些新來的香港統治者幾乎就沒興建什麼了，只是見到什麼合用就用，彷彿這些一向就是屬於他們的：日本摔角隊獲得的獎章上面本該刻有該會所的圖案的，然而這圖案卻是香港滙豐銀行的淺浮雕。

大部分日本人在香港的行徑很可鄙，戰役期間，他們捆綁了俘虜手腳之後，還不斷反覆用刺刀刺俘虜，他們屠殺軍醫院裡的醫生、護士和病患。英軍投降之後，日軍馬上故意放縱部隊肆意非為，到處姦淫擄掠。他們對待俘虜，不管是軍人還是平民都一樣，同樣都很殘酷、不老實，而且顯然變化莫測——可憐的莫德庇將軍有一次據說為了指甲縫骯髒就被毒打一頓。要說日本正規陸軍，更常見的是日本海軍，有時還表現得很正派的話，那麼日本憲兵則是無法說出口的壞透了，跟蓋世太保一樣，折磨起受害者駕輕就熟、而且殘忍無比。

這場醜陋的占領若有任何邏輯目標可言的話，那就是以一個帝國取代另一個帝國，而日軍也竭盡所能去敗壞他們之前的占領者，刻意毀壞英國人的紀錄，以他們自己一套也不遜色的複雜官僚系統取代英國人的行政系統，然而他們的手法卻毫無連貫性。另一方面，他們對待華人非常惡毒自大——舉例來說，過往行人見了日本兵而沒有鞠躬的話，運氣好的是被日軍打耳光或用槍托揍一下，最不幸的可能就被扔到牢裡。另一方面，日本人又很努力去贏得華人的合作。他們經常雄辯滔滔地問哪一個更好？是英國人那種腐敗異國人作風、頹廢、重物質、自私的習性好呢？還是皇軍那種王者作風以及日本人和華人同樣共有的儒家風範好呢？

整個日據時期，日本人刊印了一份英文報紙《香港日報》，這份報紙在戰前就屬於日本老闆所有。事後來看這份刊物的檔案，令人在透視這個淪陷殖民地當時生活時感到不寒而慄——不久前這個殖民地的主子還是姓司徒拔、帕特森以及修頓夫人，而今它卻落到磯谷和日本憲兵手裡了。

當然，這是份政戰宣傳報紙，是預備給那些既看不懂中文又看不懂日文的人看的——也就是少數仍留在香港的中立者，那些合作的印度人以及在拘留營裡的俘虜。這報紙要務之一就是製造一種一切正常的印象，採用的是頗文謅謅的英文，至於筆調，至少在起初那幾年是很輕鬆活潑的。例如，「旁觀者」在他的專欄「放眼世界」裡提供俏皮話（「如今很多男人都是靠老婆汗水養活」），而「城中事」專欄則力圖維持一種時髦閒話的氣氛（「繼本地的敵意之後，立刻出現強烈對比，城中如今可以見到許多美女出現了，穿著打扮非常漂亮，而且通常沒有男伴陪同」）。

分類小廣告也散發出一種日常氣息；有出售相機的、房間要出租的，講英語的中立人士徵求日語教師，華人紳士需要找一位日本合夥人從事外銷出口生意。「吉米廚房」仍然是上餐廳的好地方，不過香港大酒店裡的小吃吧就改為供應天婦羅了，午餐時刻有手風琴名家皮洛－烏斯基演奏。收音機仍聽得到哈利．洛伊及其樂隊老虎－襤褸人演奏的音樂，前維也納國家劇院的成員斯坦史奈德夫人繼續開班教唱歌。

但是漸漸地，甚至連《香港日報》也浮現出一股惡毒的張力，雖然形式是熟悉的，風格也一絲不苟維持原狀，但是報紙卻一天一天變成一種提醒，提醒香港全然處在任由征服者擺布之下，也全然遠離朋友。對於那些被俘虜的英國人來說，還有什麼事情會比知道「德國和義大利高官」已經「來過他們的殖民地考察」更叫人沮喪的呢？歐洲的消息只能經由那些中立國家傳來，例如葡萄牙、西班牙、瑞典，或者是維琪政府統治下的法國，隨著一年年過去，報導也把英國描述得越來越像是美國的附庸國。有關日本人對戰俘或敵方平民的種種暴行，也以一種懶得加以掩飾的挖苦打發掉了，因為在香港人人都知道真相：這些都是英國政戰宣傳機器搞出來的花樣，據報導，東京有位發言人就是這樣說的，所以都是「異想天開的」。

這報紙還不斷暗示說，甚至連原本對英國忠心耿耿的順民也離棄了英國。「香港善後處理委員會」的委員代表香港人向天皇致賀，向他恭賀日本人的勝利。「華民代表會」則下達指令：第二天是海軍日，紀念一九〇五年日本打贏俄國，因此所有商行店鋪以及居民都要掛日本國旗。印度獨立聯盟的主席克立希那先生捐獻二萬日幣給新戰爭武器基金……。

有時還流露出更露骨的冷然勝利感，「犯法的人有苦頭吃了！」有篇社論這樣警告說，而且不時還會刊登無情通告的全文。在即將來臨的住戶檢查結束之後，營業場所骯髒的東主會受到重罰——一九四二年某日，《香港日報》這樣說。報紙並告誡讀者：英國人統治香港的時期，英語算是官話，但現在最重要的語言卻是日語了；此外，報紙上每天都刊登有日語教學，外加一句日語古老諺語，有時還滿精闢的。

《香港日報》想要展現出一種印象，是日軍的占領很讓人放心、有效率、嚴格但通常寬大為懷。說真的，日本人的行政也的確有幾樣優點，它所成立對當地父老負責的代表團理論上是讓香港人比在英國人統治時更接近於自治。日本人在各市鎮對家家戶戶展開的無情檢查也做到了檢疫效果；他們的工程師拓建了機場，並在海港裡鋪設了第一條海底電纜，恢復了香港島的電力供應（不過船隻下錨時往往拖到電纜，直到一九八〇年代才更新了這電纜）。

但總的來說，日本人這三年的占領完全白費了時間，而這些征服者也只展現出他們最惡劣的一面。對比之下，英國人倒成了完美典範。以前那些港督也許浮誇自負，但起碼不會因為他們經過時你沒有立正而把你扔進牢裡去。英國人的警察有時會欺壓人，而且經常不老實，但是跟日本憲兵一比，他們就成了天使，日本憲兵的線人之多就像可怕的天羅地網，而且他們那些臨時酷刑小室就豎立在韋伯爵士設計的高等法院遊廊下。

日本人大部分精力都用在改造這個地方，起碼表面上樣樣都日化了，商店、銀行、酒店、賽馬會甚至馬匹，全部都換上日本名字，連卡佛變成了「松坂屋」，員工拍的合照就跟以前連卡佛時期一樣，在公司正門外圍著他們的日本經理齊齊合影。半島酒店成了軍政廳，吉米廚房改稱西門咖啡廳，皇后大道改稱中明治通。那位軍人總督事實上並沒有遷入他重新規畫過的總督府裡，反而喜歡住在淺水灣徵用來的住宅，但日軍哨兵照樣在上亞庫畢道原有的警衛室站崗，當然，太陽旗也大大飄揚在新建的塔樓上。天星渡輪也被徵用了，有些還用來航駛到廣州——是這些渡輪有史以來首次航行出維多利亞海港以外。皇后像廣場所有王室人物的雕像全部都移走了（《香港日報》很諂媚地觀察說：「很合邏輯的步驟。」），用船運回日本準備熔解掉。

這是怎麼一回事？日本人肯定有時不免會這樣尋思，在那些年裡他們看守著那些俘虜，並眼見著香港落到他們手裡之後，就每況愈下陷入慘境。因為經歷了之前打仗時飛機的轟炸、地面砲轟以及焚燒之後，這地方卻並未在大東亞共榮圈的支持下復原。新界地區多少變成了無政府狀態，土匪幫、海盜、共產黨解放團體、支持南京傀儡政府的人在這裡你爭我奪，更充斥著國民黨、共產黨以及不在眼前的英國人還有日本人自己的特務。那些市鎮都越來越骯髒、貧困、人去樓空、慘澹。學校裡沒有了人，食物和燃料非常短缺，而日本人則用強迫手法驅人出境，把華人盡量趕回中國大陸去，據說有時還把老弱婦孺棄置在無人荒島上或人跡罕見的中國海岸。日本人的目標是每天要減掉一千名華人人口，而在他們整個占領期間，每個月減掉了二萬三千人。

香港這次的變形是多麼惡夢般的驟然，沒有生機，幸而來得快也去得快！就彷彿香港一個世紀的殖民地歷史一下子就被否定掉了，這地方馳名的絢爛全部被壓熄了，而且生命力也逐漸白白浪費掉。隨著戰爭局勢轉為對日本不利，又或許日本人終於明白，香港逐漸證明是個毫無用途的到手之物，這個大英帝國的第三大港口也就日趨陷入赤貧中了。金錢失去了意義，三合會經營的黑市實際上負起了餵養人口的責任。到了一九四五年，海港兩岸的雙子城已經半呈荒城狀。

隨著每個月慢慢過去，甚至連《香港日報》也都反映出這種悽慘糟透的感覺，文章悄悄出現了叫苦、自我合理化的調調。一九四五年五月的一篇社論說，日本人不是為他們自己作戰，而是為了大東亞幾億人而戰。「城中事」專欄老早就已經失去了原有的浮誇和神氣，縮減成為一連串官僚通告——即將來臨的自行車駕照檢查、電話費加價。但仍不時對希特勒歌功頌德，明治戲院電影廣告上則刊登了一部全女班製作的電影《穿制服的少女》，不過現在報紙上也會出現德軍在歐洲節節失利的消息，甚至提到集中營的恐怖情況。等到原子彈落在廣島了，這消息成了這份報紙頭條：「敵軍的最後一張牌」，《香港日報》這樣稱它，卻不是很有信服力。

最後出刊的那份，幾乎也就是在裕仁天皇投降之際，這份報紙上包括有篇社論〈健康就是財富〉，是講日本人在香港的醫療成就，有篇隨筆文章談形成日本國民性格的種種因素，有篇報導講蘇門答臘感激日本所施恩惠，此外還有徵求「一套女士用的高爾夫球用具」的廣告，最後、但不見得是最令人費解的，則是一句日本古老諺語（「東風過馬耳」）。

占領之初，當英軍俘虜步向他們的戰俘營時，他們發現那些華人旁觀者都很主動去幫他們背起軍囊，而在整個占領期間，華人流動小販也都有辦法透過圍住的鐵絲網，賣吃食以及難得的奢侈品給這些洋人俘虜。有時他們的價格很離譜，但他們卻很樂意接受支票或者戰爭結束才能拿到錢的借據——要是真的結束，一切恢復正常的話。在這樣惡劣的時期，就跟在其他惡劣時期一樣，唯一能預期他們會展現的就是他們平常商業上的水漲船高了；但更叫人驚訝的，卻是他們對這個殖民強權所經常流露出來的赤膽忠心，而這個強權在以前卻並非一直很為他們著想的。

當然，也有很多華人靠攏日軍。帶領第三十八師團一路挺進的第五縱隊大多數都是華人，而且在打敗香港之後，日本人也找到了他們所需配額的漢奸，成立了三個傀儡組織，「香港善後處理委員會」、「華民代表會」、「中華廠商聯合會」，而且有些很知名的華人加入他們，為此而放棄了他們的英國頭銜；羅旭龢爵士在戰前是立法局資深議員，也是香港知名人士之一，原本自行定英文姓名叫 Robert Kotewall，現在變成了 Lo Kuku-Wo。新界本來有「亞洲繁榮社」，成員即俗稱的「勝利友」。有些華人，起碼是在占領剛開始時，只因為同是亞洲人之故所以支持日本人，有些則相信南京的傀儡政府，事實上這個南京政權是真正致力於中華傳統志趣的——據說這個政府羅致的詩人比世上任何政府都多——但卻視日本人的威脅性不如國民黨或共產黨要大。有些成了日本憲兵的線人和密探，一如以前他們幫英國殖民地做的事情一樣。

但是一般而言，他們並不是背信忘義的那種人。就算當年那些日子裡幾乎沒有所謂的香港華人愛國者，大部分人無疑還是忠於中國，當時的中國飽受日本野蠻的侵略，也有很多華人對英國人表露了忠誠可靠的個人感情。有個美國情報員報告那時情況說：「會讓人以為英國人一定深得這許多人的人心。」而且的確也真的有很多華人冒著可怕風險去協助他們的殖民主子，偷運信息和藥物給那些俘虜、協助他們逃亡，還跟在中國大後方的英軍部隊保持不斷聯繫。幫英國人工作的特務包括有總督的一個前任司機、總督府的一個車房助理、一名醫院廚師、一名船塢職員以及幾個學生。這些戰爭大英雄之中有一個是醫學院的學生陳夏（音譯），日軍侵入香港時他逃到中國去，但後來一再潛回香港，為英國人擔任驚險的情報任務，雖然兩度被日本憲兵逮捕——羅旭龢以及其他幾個人則聲稱，在投降之前，有英國高官曾特地要求他們屆時與日本人合作，以便顧及華人社群的利益。至於其他人則很少是出於政治動機，而只是純然顧他們自己求生而已。

大部分民眾的另一取捨也不是比較英勇的，想的也不過就是盡量苦撐下去，如果見到有人去樓空的洋人住宅，就去搜括一番，或者拆下木材當柴火，能拿到黑市賣的就拿去賣，那時黑市到處都有，而且也如以往，是靠靈活頭腦和家族關係來運作。

英國人及他們的帝國士兵幾乎全都成了俘虜，但有一些被釋放了，少數幾個則逍遙在外。華人公務員很快就都釋放了，印度戰俘則選擇加入「印度國家軍隊」，這是由日本人資助的爭取印度獨立的軍隊，並為這些占領威權充任警衛與副手。在占領初期幾個月裡，為數不少的銀行家及其眷屬都被安置在維多利亞城幾家較為差勁的旅館裡，以便日本人可以用上他們的專長，日軍也羈押了政府醫生克拉克。（香港大學的病理學教授則受命繼續做他細菌實驗室裡的工作，但他沒有從命，反而自殺了。）

免不了也有少數幾個冒險家設法保住了他們的自由，或假裝是中立的順民，或乾脆就卑顏仰息。有幾個人設法逃到了中國，其中幾個在香港大學澳洲籍的生理系教授賴廉士率領下，組成了情報單位「英軍服務團」。資助該團的人包括約翰．凱瑟克，他是前渣甸成員，這時在重慶英國大使館做情報員。英軍服務團的運作以中國大後方做本營，但經常派密使到香港去，並跟戰俘營保持聯繫。有一段時期還抱有一宗大計，想安排所有戰俘來個大逃亡，而且在整個日治期間，困在香港的英國人和外界唯一的直接聯繫就是靠它。

鐵絲網內的生活則非常英式，雖然隨著營養不良以及疾病，使得上下的信念皆日趨降低。幾千名士兵被送往日本當勞工（但有一千多名則在船上因為遭美國潛水艇的魚雷襲擊而死亡），還有很多則被派去做工程，例如拓建啟德機場。期間斷續有過逃往中國大後方的行動，少數幾個人也真的做到了，還有幾個官員與平民因為跟英國服務團有接觸而遭槍決。除此之外，漫長的囚禁生活不脫悲慘模式標準，這是落入日本人手中所有戰俘共有的遭遇——苦悶、飢餓、健康不良、斷續受到的殘酷對待以及不斷施予的侮辱。

赤柱拘留營裡的情況卻又頗為不同。拘禁在這裡的平民自行以一種很怪異的具體而微方式，在他們之間重建了香港和平時期大同小異的各種特色。拘留民詹遜這位高級官員不曾對他的營友放棄過他的政府職權，他聲稱，「香港的英國政府仍然存在而且在運作中，只有在受日本人阻撓的地方才無法行使權力」；事實上，他也宣稱由於身為這個直轄殖民地輔政司，他應該主導這個淪陷區政府的外交政策——也就是處理殖民地跟處於此地的俘虜之間的關係。他抗拒所有提出英國平民應該遣返回國的提議。因為不久前美國人就都被遣返回國了，理由是這樣一來，等到戰後，可能就會損害到香港的地位，而且一些營友連署請他改變態度時，他還稱他們是不忠於英國，不為英國著想。

至於拘留營裡的人，你也可以想見他們表現大概如何，畢竟他們不過就是香港的縮影，包括男女、兒童、各階層的人，被剝奪了他們的僕役，扔進了彼此相濡以沫的親密社會裡。他們為等級與先後次序而吵架；他們組委員會；他們演戲、懷念從前大好時光，經過日本人身邊時按照規定鞠躬，隨著光陰過去，他們在照顧自己時也變得遠比從前善於隨機應變。那些生意人一如香港傳統，發出不滿嘀咕，抱怨詹遜也抱怨政府，很多人認為這要怪政府沒有宣布香港是個開放城市，所以才會有這挫敗。詹遜也很不意外地嘀咕這些生意人：「他們就只會想到可以讓他們賺錢和退休的世界，除此之外看來什麼都會不想」。

私底下，在他們的階級之間，仍然有些英勇的人在奮鬥，跟這城市保持了某些連結——跟占領初期那幾個月關在旅館裡的銀行家，跟繼續維持供應醫藥到營裡的克拉克，直到克拉克被捕、受酷刑、囚禁。不時也會從賴廉士及英國服務團那裡傳來年少氣盛般的信息。「需要你的是大英帝國，而非赤柱」，有份這樣的信息慫恿那些年輕的拘留民設法逃亡。另一信息則問說：「有多少賓客會對自由債券感興趣？」滙豐銀行總司理祁禮賓爵士被控以間諜罪名，受到很可怕的對待。一九四三年十月，七個平民在赤柱海灘被斬首，幾乎就在營區的視野之內，只因為他們擁有一部收音機；其中包括了殖民地前任軍防司。

我們回顧時，見到一個接一個悲劇表徵，促使了鐵網內的這個社群日趨持重與成熟，營區高處的墳場內將就湊合的悽涼小墓碑增多了；一下子是這個，一下子是那個，營友就這樣被帶走，受到酷刑、囚禁，或者死去。詹遜發布的一份簽名通告上寫道：「謹以最深遺憾奉告諸君，祁禮賓爵士已於本月二十二日早上七點三十分逝世於赤柱監獄醫院」——而每個人都看得懂字裡行間不言而喻的恐怖慘況。牢房裡有一則拼字有誤的牆上塗鴉，旁邊還畫了一份月曆，上有日子，寫道：「瓦特森於一九四三年七月七日於赤柱拘留營被捕，十月十九日受軍法審判，無答辯，判處死刑，執行日期日曆停止時……」

整個期間不屈不撓的詹遜堅決維護他的職權，及至日本向盟軍無條件投降的消息在一九四五年八月十六日傳到赤柱時，他立刻就執行職權，這時營裡每個人都已經心力交瘁。日本人士氣一落千丈，拘留民則處於半餓壞的狀態中。詹遜宣布自己是署理港督兼英王六世陛下在英國直轄殖民地香港的代表時，無人反對。直到十一天之後，倫敦才有咨文抵達，正式授權他這樣做，咨文是由英國服務團一名情報員

經由澳門送達的，然而那時詹遜老早已經在皇后大道的辦公室裡跟一群行政職員安頓好了，選這裡的辦公室是刻意要靠近滙豐銀行。到了八月三十日，《南華早報》再度出現香港街頭，這報紙已經有差不多四年的時間不曾出現過。這次出刊只有一張報紙，全部內容只有七段，是份受人鍾愛的「號外」，以下就是該報的開首：

自從一九四一年十二月以來，香港政府首次對香港人民發布的公報於今晨十一點鐘刊出，內容如下：「海軍少將夏慤率其強大艦隊候於香港外海，海軍船塢正在準備於今日中午迎接他的到來……。」

詹遜的行動很可能已經改變了歷史方向。盟國之間本已協議那些光復的地區應該向前來解放他們者投降，但實際上並沒有人來解放香港，按照邏輯（而且日本人自己也這樣認為）就應該向這個地區所屬的軍區最高司令投降，這樣說來，就應該向蔣介石投降，而我們也知道蔣介石對於英國人在香港的合法性很有異議。要是把殖民地交給有美國撐腰的蔣介石，而蔣介石又根本對大英帝國很沒有信心，很可能就意味英國國旗從此不會飄揚在港督府了。

然而詹遜卻創造了「既成事實，無可爭辯」的局面，無人得以扭轉，因此兩星期之後，日本人投降，交出他們占領了三年七個月的香港時，是把他們的佩刀交給海軍少將夏慤，他在旗艦「敏捷號」巡洋艦上指揮，率領軍艦「安神號」、兩艘航空母艦、八艘驅逐艦、八艘潛水艇以及一隊掃雷艇組成的艦隊，駛入了灰暗、荒涼、海面漂浮著沉船殘骸的海港裡。「梅德斯通號」艦長沙德韋爾是率先抵達赤柱者之一。有個欣喜若狂的拘留民形容他「非常可愛開朗，肉呼呼又寶里寶氣的」，而皇家海軍的來到的確神奇地恢復了士氣和信心，一切宛若回到了從前！海軍提供影片給電影院放映，為慶祝大會提供伴舞樂隊，過了三年沒有什麼尋歡作樂可言的日子，據《南華早報》告訴我們，這時的香港「在精於韻律的艦隊成員專精指導下」，大跳起吉特巴舞來。

在短得驚人的時日裡，香港很快恢復了元氣——大概比二次大戰任何烽火之地的占領區都更快。英國軍政府從倉遜手裡接管了香港，八個月後又交出給恢復原狀的殖民政府；沒多久，香港各方面的生活都幾乎恢復正常了，而英國人也差不多把他們受辱痕跡抹去了。

他們讓那座火車站塔樓般的日本塔留在港督府內；之前原本要在那山上更高處興建另一棟新府邸的，不過既然日本人已經整個重建過原有的總督府，因此英國人就放棄建新府的念頭了，而這座塔樓也成了香港最為人熟悉的建築形象，裡面的房間也深受歷屆總督夫人的喜愛——有很多陽光充足的小房間，可以從陡峭的木樓梯爬上去到房間裡，很適合在那裡繡花或練書法。至於那座經過神官祝福的神風神社，日本人無暇興建完畢，英國陸軍嘗試過幾次之後，終於把它炸燬了；如今只能見到它那龐大的基座，已經成了三座名為「嘉樂苑」公寓大廈的墩座，位於馬己仙峽道高處，依然意氣風發眺望著亞洲最耀武揚威之一的景緻。

他們審判了幾個日本官與民，控以戰爭罪行，以令人敬畏的正義在赤柱處決了幾個，有幾個處以徒刑，有幾個則發現是無辜的。他們絞死了一個香港華人，因為這人是叛徒，為日本憲兵做爪牙，但卻決定唯有那些曾經直接協助日本人對民眾施以暴行的人才應該因通敵罪而處刑；到最後大概總共有五十個不同種族的人都被判有罪。他們用新鈔票取代了日本軍票，是當月就從倫敦空運來的。他們承兌所謂的「迫簽紙幣」——也就是日本人在沒有相對的金融支持下發行的匯豐銀行鈔票；這種嚴格來說不合法的貨幣曾經被人拿來炒高，到了一九四六年正式獲得認可時，又造就出好幾個有錢人。他們也承兌戰時的借據，即使有時是對最囂張的奸商也不例外。

他們在香港島的柴灣山上、美麗的國殤紀念墳場悼念他們的死難者，墳場面向東面海域，不同國籍的將士並排埋葬在此，讓人緬懷，來自溫尼伯的手榴彈兵葬在擔任步兵的拉其普特人旁邊，密德塞克斯軍團的六名鼓手葬在一群可憐的無名同袍旁邊。他們為聖公會座堂近旁範圍內唯一的一座墳墓豎了石碑，這裡葬的是香港義勇軍的二等兵馬克斯威爾，陣亡於一九四一年十二月二十三日。

他們從添馬艦搶救出了一些木材，用這些木材幫聖公會座堂做了新的門。他們在日本找到了那些從皇后像廣場掠奪去的國王與女王像，仍然算完整；然而已經時不我予，因此只有維多利亞女王像重新豎起來——而且遠離中環的事務中心，被安置在銅鑼灣的維多利亞公園裡，也就是有那個有遊樂場細則規定不准兒童在此像座基下玩遙控汽車的地方。

他們確認了詹遜的殖民職務，以後他又去出任新加坡總督一職。他們恢復了楊慕琦中斷的總督職務，賦予賴廉士教授職務，他還成了香港大學的校長。他們頒了十字勳章給陳夏，但一直不很肯定羅旭龢爵士究竟是功是過，但由於他是他們很多人的老朋友，何況又是香港最有錢的人之一，整體來說，他們就只對他存疑而已。

這番善後料理還有一點很引人注目之處，就是反責之聲迅速消滅，人人唯一的目標就是回到做正事上。香港百廢待舉，轟炸留下的破壞到處可見，海港裡都是沉船殘骸，樣樣都黯然殘舊沒有重新油漆過。整個香港只剩下了一百五十輛汽車，一九三九年已經有一萬七千部電話，這時已減少到剩下一萬部。沒有時間去責怪，無論官商、英人華人、平民和軍人，都馬上展開修復破壞的行動。海軍司令夏慤在率領艦隊長驅直入香港海港的那天，就已經界定了自己的任務：要把香港還原成為「有自由、食物、法律和秩序而且有穩定貨幣」的社會。這番工作很成功，這個殖民地的信心恢復得其快無比，到了一九四五年的年底，人口已經回到了一百六十萬——剛好就是一九四一年初的人口數目——而何東爵士及其夫人也得以用從前的風格來慶祝他們結婚六十年，也就是在香港酒店有總督出席的情況下慶祝。

隨著那些解放軍人以及投降的日軍紛紛隨其部隊離港，許多赤柱拘留營出來的人也各自歸國去休養，來香港找機會的新人亦如潮水般一波波來到；不止是從中國來的，這時中國的國民黨和共產黨又重新繼續打起之前的戰爭；也有從歐洲、澳洲和美國來的——全新世代的貿易商、貨商、投機者、企業家。在戰後瀰漫的自由帝國主義氣氛中，也曾出現過計畫，要給香港人民某種程度的自治，但公眾的反應卻無動於衷，因此這些計畫很快就束之高閣。香港所有的復甦精力都投注在牟利上，兩年之內，所有的港區都修復了，海港裡的沉船都打撈起來了，單單一年之內，就有四萬六千艘船隻在這港口結關。滙豐銀行恢復了往日的輝煌，老字號洋行也都迅速恢復了元氣，甚至連日本人社群不久之後也再度興旺起來。

就在這場戰禍過後，我們已經察覺到這個摩天大廈城邦的第一輪試探性的輪廓就快出現了。

然而香港畢竟深深又永遠地被戰爭經驗改變了。政府雖然很快復原了那種盛觀，但予人的感覺再也不像是個英國殖民地，它的平衡已經永久轉移了。賴廉士在一九四二年曾說過：英國人已經成了所謂的「跑掉的英國人」，而海軍司令夏慤率領解放艦隊抵達時，見到香港飄揚的大部分是中國國旗，中國帆船或屋頂上幾乎沒有一面是英國國旗。戰後，這些殖民者似乎也並未經常因為他們的軍伍失敗而遭到奚落——畢竟他們還是以勝利者之姿歸來了，何況還有中國那句老話，「最後笑者才是勝者」——但這兩個種族之間的關係難免因為這些事件而扭轉了，英國人再也無法感到他們樣樣都比亞洲人強了，雖然種族歧視的心態依然會繼續存留，但是歧視的形式卻消失了。

最後那些殘餘的隔離政策也取消了——到了一九四〇年代末期，只要負擔得起，任何人都可以住到山頂區去。香港會也勉強開始收起華人會員來。戰後重返香港的老居民很驚訝地發現新出現的這種自由自在的種族關係，而外僑的社交生活從此亦不復以往——淺水灣酒店的茶會不再那麼不可言喻了，香港會也不曾如此這般難以形容地像個俱樂部，至於那些海水浴場的沙灘，以前曾讓他們安然懷念起伯恩茅斯，如今卻擠滿了亞洲人。沒多久，華人就無孔不入進到每個生活層面裡，無論是社交或經濟的，而且挑戰起英國人在香港金融上的主導地位。

香港也越來越表現得像個半自治的國家，大英帝國此時已經在迅速瓦解中，因為一個又一個殖民地紛紛取得自治或宣告獨立，但香港卻不在其中，似乎沒有任何一種常見的抱負標準適用於這個獨特的殖民地，證明了當初寇松的看法是對的，他早就預言說：一旦失掉印度之後，帝國其他部分也都會跟著失去，但香港卻不在其中。香港跟著不同的鼓聲邁步前進，操作自己的經濟事務，搖身一變成了全新、甚至更加閃耀的形象，而且的確也是這個帝國的附屬領土之一，而這個帝國不久就縮減到只剩下一些雜七雜八的貧困島嶼了，這些島嶼還都有能力獨立自主。隨著歲月流逝，傲慢自大的大英帝國也淡入成為大致上和藹可親的英聯邦，相繼在倫敦主政的幾任政府也學會了如何把香港當成永久的例外來處理。

事實上，帝國時期的結束，使得香港青黃不接，但與此同時，另一個強大的歷史進程也緊接而來；因為一九四〇年最後那年，共產黨入主中國，一切又再度改變了。

第十一章

地主

THE LANDLORD

1 三不管的城寨

一直到前幾年，要是你走在機場北面的東頭村道上，這條路剛好過了九龍和新界的界線，你會見到路的右邊有一排建築群，即使以這玄妙之地的標準來看，也屬於很古怪的區域。你可以見到一家接著一家牙科密醫診所，玻璃正門朝著大街，櫥窗擺滿了浸泡的膿腫、產生不良影響的智齒圖解、整排咧開的假牙，每家診所櫥窗裡面可以看到有把牙醫診椅，有時在顧客上門之間的空檔，那位牙醫就索性自己斜躺在上面，而他那裝飾用的金魚（可以安撫病人緊張情緒），就在他背景處亮著燈光的水族箱裡盤旋游著。

香港到處還是有密醫和牙科密醫在執業，不過在此的這些執業者卻有歷史性理由，他們認為這裡是政府的規定以及督察監管不到的範圍，因為東頭村道的路這邊就是從前九龍城寨的城牆處，要是你還記得的話，這就是從前滿清在英國人來到香港之前就已經保有、做為城寨總部的地方，一八九八年新界租讓時，他們仍在此範圍內保有管轄權。

當年他們那時代這裡是有城牆的城寨，一八四七年又特別重修過，以防禦隔海的英國人。城寨有六座敵樓，城牆厚達十五呎，有五百名駐軍和一所衙門，安穩地坐落城寨中央。城寨大砲是黑身紅口，城寨也會有很激烈的場面：有些照片裡可以看到定罪的罪犯跪在城門外，脖子上掛了大牌子，還有皇家海軍逮捕到的海盜在附近海灘上遭衙門斬首的情景。

當英國人把新界拿到手之後，很快就倚仗著《北京條約》上文字含糊處而把九龍的中國官員擺脫掉了，繼之而來法律上的含糊其詞、避開正題，也一直未能為這城寨地位定案，於是就變成了「三不管」地帶，一般就俗稱它為「城寨」。每次英方提議要拆除這個地方時，中方就提出反對；英國人也從來不把他們常用的市政規定施加在這個地方，到了一九七〇年代，據說真正管城寨行政的是三合會。

城寨周圍的香港處在發展之中時，它卻變成了著名的壞蛋安樂窩。英國人因為一直、也不很絕對肯定他們對城寨的權利，於是就由得它去，讓它自生自滅。一九三三年，城寨也差點真的就滅掉，只剩下四百居民，到了一九四〇年，城寨所有房舍幾乎都拆除了。然而二次大戰之後，它卻驚人地復甦，那時有成千擅自占地而居的人遷居進來，到了一九八〇年代末期，估計已有三萬人住在這裡面。

到這時，城寨也不復滿清時代設防城鎮的模樣，城牆全部被日本人拆掉用來做擴建機場的碎石，城寨裡的建築只有幾座是三十年以上歷史的。然而，它予人感覺仍然像是香港裡的飛地，額外的領域，甚至有點很不真實的感覺。這是個很嚇人的貧民窟，沒有任何四輪車輛可以進到這窟裡——因為裡面沒有一條街夠寬的——建築物有些高達十樓或十二樓，交錯密集緊貼在一起，看起來就像龐然大物的石工整體，加上外層交疊的建構、梯子、走道、水管和電纜，而且只能靠發出惡臭的風井來通風。

迷宮般的黑暗巷道從這邊穿透這龐然大物，再從另一面出來，實際上，白天光線根本就射不進來，鬆垮垂懸的電纜吊在低矮天花板上，因濕氣而滴著水，令人驚恐。它就像個地堡，有時似乎只有你一個人，周圍所有的門戶都上了鎖。有時巷子裡突然亮著一家洗衣店或血汗工廠的燈光，還有很響的中國音樂。在這個迷宮一處通風的空間裡矗立著那座古老衙門，是棟低矮的木造建築，用來當學校以及社區中心，讓人感到：即使在這時，此地也是個緊密交織、團結異常、同聲同氣的社群，完全跟外面那個殖民地分開。香港的公共衛生條例沒有在這裡實施，這裡也不理會火災的風險，唯一強迫須遵守的規定，就是關於建築物的高度——那時候啟德機場的飛機是呼嘯掠過附近建築屋頂的。

中國政府就跟港英政府一樣，對城寨的看法也是模稜兩可、含糊不定，他們一方面從未放棄過對城寨範圍裡所擁有的主權，而且不時拿這個做做文章；另一方面他們又覺得要是特別對城寨小題大作的話，很可能反而等於承認英國對香港有完整的權利。這個貧民窟也就繼續保持它怪異的提醒功能，宛若中國在香港的舞台，中國人以微妙的、耐心的、貓與老鼠般的方式，看著這個殖民地的進展。

一九九三年，九龍城寨終於拆除了，中英雙方對它不再持有不同意見[01]，如今在城寨原址上的是座很雅致的中式公園，老衙門仍在，大大修飾過，像座博物館似地位於公園中央。隨著城寨的消失，香港也少了一個古老的驚險刺激地。雖然就我個人經驗，城寨裡的每個人都很和藹可親，後來那幾年香港警察也到裡面巡邏了，但仍然不停警告遊客：為了安全起見，切勿進入這個地方；有時也會見到遊客經過這裡，隔著距離窺伺裡面那個毫不引人的活動範圍時，彷彿在享受著一陣時空錯置之感，神秘東方、不可思議中國的最後顫慄。

2 特殊關係

我所以說不可思議中國的最後顫慄，是因為理論上——起碼一九八四年的中英聯合聲明首次為中英在香港的關係帶來了開誠布公，在那之前，沒有一件事情是直接了當的，而對城寨地位模糊不明確的觀點看法也可視為範例，跟中英雙方對這個殖民地本身所持態度一樣曖昧。

起碼，自從滿清滅亡之後，中方就否認英方有權待在香港，他們堅稱香港和九龍的割讓以及租借新界，全都屬於不平等條約之列，也就是說，外國人以無情的軍事力量趁中國暫時積弱不振的時候很不公平地強迫中國簽下的條約。不平等條約在十九世紀末最盛，當時英、德、法、俄、葡、日都在中國沿海取得了租界，還加上一個美國，在條約口岸以及勢力範圍內享盡所有特權。

儘管英方不斷否認，但事實上無可否認這些條約的確是不平等，中方的確是在壓力之下被迫割讓這些地方的，但卻沒有任何回報。隨著中國的復興，這些外國權利也一項項廢除了，大部分租界都是在兩次大戰之間結束的——英國在一九三〇年撤出了威海衛[02]——到了一九四四年，所有在條約口岸的外國權利全部都正式廢除。上海那個國際大租界也在一九四五年告終。到了二十世紀下半葉，中國沿海就只剩下兩個始作俑者的外國飛地：葡萄牙人的澳門，葡萄牙人在這裡已經有四百年了，但因為這地方實在太小，因此幾乎沒有什麼意義；還有就是英國人的香港。

甚至在講到香港（六百四十萬人口）和中華人民共和國（十二億人口）之間的關係時，都似乎有點滑稽——倒像是成為俘虜的詹遜跟日本帝國的外交關係似的。但是這關係並不僅是一個小殖民地和大國之間的關係而已，而是兩股龐大的歷史力量之間的關係——是兩種文化、傳統、體制、種族和價值觀之間的關係。這是接近其霸權地位鼎盛時期的現代化西方那股無可抗拒的能量，放在中國邊緣這個香港殖民地；也是傳統中國文明的無能跌至谷底時讓這事情發生了；是雙方逐漸趨於平等，加上科技的散播吸收了雙方，現在把這個關聯帶到了高潮結局。

3 香港對中國的提醒與帶頭作用

香港面積只有它龐大主體國的九千分之一，經常被喻為中國皮膚上的寄生蟲，有時從太平山頂眺望大陸那邊，可以感受到九龍山區後方就是中國宛若無盡大地的開始之處，這片大地伸向遠方直到西藏或蒙古，在我看來，中國那些領導人眼中的香港必然也不過像是皮膚上惱人的癢處差不多。然而這個明喻卻是不實的。香港的角色從來都不是被動或僅是過度活躍而已；這個殖民地曾經是很多更強大勢力的中介，在跟中國打交道時，它也盡其所能以赴。

它在歷史上大部分時候是具威脅性多過受到威脅；從一開始，它就反抗中國的法律和傳統，無論是跟天朝皇帝有關的或者是在禁止輸出中國技術給外國人方面。它一再成為攻擊中國大陸的基地，並在一八六〇年額爾金勛爵侮辱滿清時發揮至極，還有在摧毀北京避暑山莊時。的確，整個十九世紀期間，這個殖民地一直鄙視中國。一八九五年，在中國最慘痛和受辱的這個世紀的末期，據怡和洋行耆紫薇的觀察，他說，「我也難說究竟寬容對待中國會不會對中國是件好事；因為這樣一來它可能會好了瘡疤忘了痛，忘掉了逆境以及至苦帶來的教訓。」無論時局是好是壞，西方一直從香港監測著中國，這個殖民地向來都是針對大陸的諜報與政宣活動基地。今天聳立在這個殖民地空中探測的電子大天線和碟式天線其實都是位於英格蘭喬丁漢的通訊總部的前哨，也是英美遍布全球竊聽系統的部分，其他則是英國廣播公司華語節目的定向天線，用來對這個人民共和國最偏遠的角落廣播的。即使是今天，對中國事務報導最全面的，是在香港的媒體，無論是用中文或英文，很多版面都專門用來報導北京的全國人民代表大會的會議，無數條新聞都留下了紀錄，而這些在人民共和國內卻是永不會見天日的。

在北京或廣州的敵對主權也慣常在這裡，在英國旗幟的掩護下，做他們的顛覆準備功夫；擁護共和政體者對抗滿清，共產黨對抗國民黨，國民黨對抗共產黨。周恩來於一九二七年在香港尋求庇護，那是他在中國興起到掌權過程早期的事；而當時在台灣，仍然夢想著反攻大陸的國民黨威權，也向來用香港做為基地，方便他們在南中國行動謀畫。很多敗北的軍閥也曾撤退到香港來計畫捲土重來——例如最著名的「將軍」李福林，就帶著九名妻妾住在新界一座堅固設防的豪宅裡，過了很多年儼如南面王的奢華生活。

西方帝國主義向來既是發展的工具、也是用來剝削的武器，而香港也不斷投射新生命力到奄奄一息的龐大中國去，無論好壞，因為它持續不斷施壓尋求跟中國做生意的管道，而漸漸打開了這個國家，使它走進現代化的現實世界中。即使是鴉片貿易，起碼也指導了華人金融家現代匯兌手法，示範了當代船堅砲利之術的好處，也協助打開了那些滿大人的雙眼，讓他們看清事實：外國人也許是蠻夷，但卻不一定是傻瓜。最初跟香港洋行打交道的仲介，還有後來為洋行服務的華人買辦，是最早真正的大都會華人之一，同時扮演了啟蒙與貪婪的媒介角色。西方技術也嫁接到東方的基礎上，中國甦醒的第一個象徵是種混合式設計的中國帆船，叫做「火船」[03]，有中國船身和西式索具[04]。

後來香港的商人和銀行家也在中國本身的工業革命上扮演了帶頭角色，雖然成績不過爾爾。他們認為中國正在向西方的輸出開放龐大新市場，還有其廣無比的投資良機。雖然他們免不了要在中國烏煙瘴氣的貪污腐敗、重重障礙、無知和誤解中摸索前進，但仍不斷敦促遲鈍的滿洲威權邁向進步，而香港也不大像讓中國發癢的寄生蟲了，倒像是會螫人的黃蜂，嗡嗡發出鳴聲，不時螫一下這個昏睡巨人，好讓他醒來。

十九世紀的蒸氣工具大部分也是透過香港仲介傳到中國去的。美商旗昌洋行、顛地洋行、怡和洋行以及太古的那些結實堅固的內河汽船成了進入中國內陸的主要交通工具，香港的汽船也主宰了沿海貿易。全中國第一條鐵路是由怡和洋行興建的，這是條古老奇特的窄軌鐵路，銜接上海和吳淞，於一八七六年通車，但並沒有維持很久，滿清政府對於這個開端很排斥，不過這條鐵路卻開啟了龐大的興建鐵路熱潮，這股熱潮讓中國在十九世紀末轉了型。到最後，怡和洋行與香港匯豐銀行組聯營企業，以資助並發展這個系統的大部分，也就理所當然了。

大量金錢從香港注入了大陸，除了投資的金錢之外，中國政府也一再向香港貸款，香港匯豐銀行變成了北京的最大勢力之一。有好幾年中國所有關稅都是直接付給匯豐銀行，而中國在一九三五年放棄銀本位制度時，所有交出給政府的白銀都是儲存在匯豐銀行的地窖裡。軍閥也來到香港來籌款打他們的仗，一九三〇年代中國抗日戰爭時，百分之七十的中國軍費是經由這個殖民地轉過去的。

從香港去的工程師協助治理每年的黃河氾濫，中國第一部升降電梯是由怡和洋行安裝的。香港也供電給中國電力網絡，甚至還有過這個小之又小的殖民地協助減輕中國食物短缺的問題。奧曼尼（F. D. Ommanney）一九五〇年代住在香港，他就報導過[05]，中國鬧大饑荒時，他的女傭回廣州探親，為那些挨餓的親戚帶過邊境的，包括有兩隻雞、一隻鴨、一包水果、臘腸、雞蛋、茶葉和甜食、大量乾燥大餅以三大袋裝得滿滿的鍋巴，都是從飯鍋底刮下來的。

4 氣壓調節室

「神仙洞府」是十九世紀中國學者魏源對香港的形容，中國學者經常以客套與詩意的誇張來表達他們自己，但無疑地，中國人向來也對香港的精湛技術以及快速的轉變感到驚訝。早在一八四五年有個廣州高官曾經寫了一首稱道這個殖民地的頌詩，形容它是建在岩石上的白色皇城，建築在晨光中閃耀——「然而不久之前此地只見髒亂漁家陋舍，如今安在？——似秋天離去的燕子般消失了！」一八七〇年詩人王佐賢（音譯）說這殖民地是「宛若捲入一片樂歌之中，群山酒肉氾濫」。政治家王道（音譯）[06]把它比喻為一行飛雁，而維新政治家康有為則非常推崇這個殖民地的管理策略，曾經寫過「建築壯觀，行行道路井然有序，警察儀表莊嚴……。」

香港曾經是邊界彼端與海岸以北的中國最有力的榜樣，中國見到這個殖民地，就跟見到現代化本身的體現差不多，而這個小殖民地和那龐大共和國之間在物質成就上的強烈對比，也會造成一種激勵——香港平均每二十二人就擁有一輛汽車，中國卻平均每一萬零二百二十人才有一輛！中國在管理技術、建設上，在建築、金融方面，都向香港看齊。電腦時代絕大部分是通過香港才在大陸開展的，外界簽約時不可或缺的公司法概念，本來是共黨中國完全不懂的，也經由香港的法律社群而逐漸滲入了中國。

當初盧押創辦香港大學時，他是有意使之成為中國的一個知識榜樣——一座英國的學海燈塔，光芒照亮四周。香港也一直是基督教傳福音布道者的基地，即使是在毛澤東時代，也照樣經由這個不很基督教文化的殖民地把基督教教義投射到中國去；有個改宗的組織「新生命文學」設有專差帶聖經進大陸，而「中華研究中心」也像之前許多布道團體一樣，因為「許多中國人心靈空虛」的事實而表達了它的關切。

尤其如今在這個人民共和國裡陣陣復甦的資本主義意識形態，也在香港找到了就近的榜樣，幾乎是難以視若無睹。幾百萬共產黨同志都在香港有親戚，其中很多更到過香港、見識過這地方，話說回來，歷史也證實了中國向來都不曾擺脫過香港模式。當年孫逸仙這個在香港求學的醫學院學生，就是在此地醞釀出那些推翻君主專政以及驅逐天朝王國、終而建立起強國地位的種種想法。有段時間因為認為他會危及香港的太平以及良好秩序，所以禁止他入境香港，但二十五年之後，他卻在香港大學告訴一群聽眾說：他的革命靈感就是來自於香港本身——他深深受這個殖民地井然有序的平靜與安全保障所影響，比較起來，五十哩之外位於廣東省的家鄉卻處於失序和沒有安全保障中。「兩個政府相異之處令我印象深刻……。」

我想，大概除了最民智未開或最偏遠地方的鄉下人之外，其他所有中國人都知道香港，它是擴及全世界各大小華人社群的大中華圈中的大都會，這個非正式的遼闊帝國裡，每個角落都跟這個殖民地有親友或經濟上的聯繫，匯往大陸家鄉的款項是經由香港轉寄的，大中華圈的國民也經常途經香港進出大陸，於是香港成了候見室，或者更該說是氣壓調節室，大中華的人潮——也就是人民共和國界定的「海外華僑」川流不息經此出入大陸。

有一次我搭乘中國船隻從香港前往上海，發現這船本身完全就是個華人世界的縮影。隨著我們離了香港這門檻進入到大陸範圍之內，船上也像個家庭大團聚似的。船員全部都是人民共和國的國民，開朗、能幹，很樂意為你從船上小吃吧送來一條包在油紙裡瘦巴巴的鴨腿，而你穿過一扇標有「船員專用」字樣的門時，他們也很識相地假裝沒看見。乘客中包括有各種華人，有到海外探完親回來的老年人，有來自台灣和菲律賓的華僑，有香港學生，有貿易任務在身的華裔美籍生意人，還有兩個學院中人，結束了在歐洲的研究回到國內。

整整三天我們的船航行在南中國海上，從來不曾形單影隻過，因為附近總是見得到漁船，而且也很少有看不到沿岸景緻的時候，每次出現地標特色時，乘客就興奮地彼此指點看著。等到航行到了長江口，逆流上溯往上海時，這趟經驗對我更加倍充滿寓意，感到自己像是置身在一群歸家的流浪者之中；但我也感到彷彿隨著所有從香港北航到中國的船隻後浪，重溫了鴉片走私者、運茶葉的飛剪船、太古和怡和洋行的汽船，以及本書中所出現那大批銜接香港與大陸的中國帆船與舢舨所航行過的路線。走筆至此，眺望窗外的香港海港，我依然見到那同一艘船「上海號」，船尾飄著紅旗，正在從駁船上把貨裝載到船上去，準備著下一趟的返國之航。

5 革命前後

然而話說回來，就算香港這四百多平方哩的彈丸之地對中國產生了驚人的大影響，人民共和國三百七十萬平方哩面積對香港更具有赫然壓倒性。就實體而言，無論在這個殖民地哪個地方，都擺脫不了中國，也無法忽略這個事實：香港在地理和地質上都是屬於中國的一部分，不但大部分的用水有賴於這個龐大鄰居供應，連大部分糧食都是。當我從太平山頂眺望，審視景色，發現望著這片海陸交織的全景時，很難分得出哪些島嶼和山巒屬於英方，哪些屬於中方。

在華人心目中，香港一直就是中國的一部分，中國就是中國，傳統上每個中國人也只能是個中國的國民，因此外國人來中國占領了一小塊地方，這占領是不會讓這地方跟它祖國疏遠的。自始至終，各政權下的華人表現的態度通常都是推託敷衍，很少為香港大動肝火，而採取讓這最後的不平等條約逐漸失效而告結束——開啟一九八四年談判的也是英方，不是中方。

一八四二年香港被拿走時，中方執迷不悟地以為中國是世界中心，它的國名就用了「中」字，而「中土之國」一稱也表明了中國是一切事務環繞運轉的中心，中國對待西方派來的使節有如奴僕或後生小子，林則徐這位派到廣州的欽差大臣還嚴厲譴責過維多利亞女王，指她縱容繼續販毒——這位滿大人勸她，「貴國王接到此文，即將如何嚴禁斷絕緣由，遠行移覆，幸毋諉說遲延，佇切盼切⋯⋯。」

讀香港歷史的時候，我不免有一種感覺：割讓這個殖民地給英國人，有點像是給一個倔強頑抗的小孩玩具，只不過為了哄他平下氣來。當然也有過很長時期中方索性就由得事情擱在一旁，似乎也不怎麼擔心香港的地位。通常他們是實質上無能為力做任何事情，但其他時候似乎就是奉行漠不關心政策。當他們真的插手管這個殖民地的事務時，大多是拐彎抹角的，卻不見得總是無效。首次發生這種情形是在一八六〇年代，當時所謂的封鎖香港。所以會發動封鎖，是因為中方厭惡大量從香港走私貨品到中國境內的情況——誠如駐北京的英國公使所承認：如今香港已經成了「幾乎像是個龐大走私碼頭」的地方了。

英國人堅稱：香港是自由港，因此要靠中國當局自行阻止非法貿易。中方於是買下幾艘全新（英國人建造的）砲艇，在周圍島嶼上設立了新的海關關哨，（有時由中華帝國海關屬下的英國關員主管），在十九年裡截查所有進出香港的中國船隻。這個拖延很久、有時又懶散的行動終於奏效了，到了一八八六年，英國人正式承認由他們負責緝查進出香港的走私活動。至今在這些列島上仍不時可見到封鎖時期殘存下來的海關關哨，而城門碉堡陣地所在的「走私嶺」一名也記取了當年這番爭執。

一九一一年的革命推翻了滿清，民族主義在中國高漲，這時也突然出現了連串華人侵擾香港的事務，包括官方的和非官方的。這個殖民地在之前已經很盡力置身在外，免受顛覆活動的連累，這也就是為什麼孫逸仙在一八八六年被香港驅逐出境——他苦口婆心跟英國人說他只是試圖要「把我的苦難同胞從奴役下解救出來」，但英國人卻不為所動。不過在君主制度崩潰之後，香港卻發現本身被捲入得更深，絕大部分的華人都熱中起革命來，而且也真的認為要推翻英國的殖民統治革命才算完滿，結果滿清的結束反倒引起了香港首次真正的政治騷亂。洋人在街上受到攻擊，警察被人扔石頭，洋人商店遭到抵制，手持刺刀的士兵在市區裡巡邏，並且還從印度派來了援軍。港督梅含理爵士也就是在這個時期遭人行刺而未遂，英國人被這事件激怒了，他們的殖民地總督在當地遭到實質上的攻擊，這是很少有的情況，然而香港的華人對此似乎沒有那麼震驚，而當年唯一的一份華文報紙根本就不願報導此事[07]。

之後又有過一九二〇年代的連串罷工和抵制造成的破壞，一九四九年中國的共產黨革命又再度扭轉了兩邊關係，派了幹部帶著他們的小紅書蜂擁到香港，為這個殖民地拖長又混亂的最後一幕設定了場景。雖然英國政府是率先承認這個新的共黨政權者之一，然而在人民共和國與西方衝突的不安歲月裡，它照樣在這個殖民地施展了很多種挑釁、煽動。一九六二年五月，那時中國的情況特別惡劣，在完全沒有預先示警之下，中國就突然放出了七萬名難民越過邊界，使得這個殖民地的食物和住屋資源陷入嚴重不足。一九六七年，駐北京的英國大使館遭到文化大革命的激進分子砸搶，受到邊界彼端事件的激勵，香港也出現了前所未有最暴力的暴動。暴民在街上遊蕩，搖著紅旗，手揮《毛語錄》，在港督府大門外串聯了幾千人，而大門則貼滿了宣傳標語。

那時也到處有放炸彈事件，焚燒汽車，據說還有許多不利的信息從共黨政治局傳到港督這裡，於是出現了一個很出名、又有彈性的香港傳說——也就是，每個到港訪客例必聽到這個說法：毛澤東只要在北京拿起電話就可以叫英國人滾出這個殖民地。緊張的外僑以為香港就快完蛋了，還有一段時期看來到了乾燥季節時，中方可能會拒絕供水給這個殖民地，以此來迫使英國人放棄香港。結果像以往一樣，很準時地在十月一日那天，電話從邊界彼方打來了，傳來了那位平靜如常的謀畫者聲音，問說這個殖民地是否已經準備好要關掉活塞，這真是香港有史以來大大鬆了一口氣的重要時刻之一。

時候還沒到，中方還沒有意願要在他們那個歷史時刻收回香港，而他們的代行干預只不過是一種顯顯顏色的手段。也許他們是希望迫使香港政府為息事寧人而做出些丟臉姿態，事實上他們就這樣迫使澳門政府做了，但如果他們有此意圖的話，卻並未如願以償。總督官邸安然無恙完全不受大門外的情況所影響，大部分靠著警方堅定又靈巧的行動而結束掉了這場危機，破例地有普遍支持的民眾做後盾——在一九六七年事件之後，警方躍升為與運動家和天文學者同列的王室階級，成為「皇家香港警務處」，也絕對不是巧合了。

一切事務又恢復了原有的正常狀態，接下來的十年裡，中國繼續保持禁止幾乎所有外國人入境，而遊客最刺激的旅行之一就是去落馬洲看看，這是一座山丘，頂上有一所警察局，可以從這裡眺望西北部廣東省的平野——在當年看來，完全就是個太平無事、鄉野風光的地區，使得中國看似最後一個淳樸之地，偏遠又永遠遙不可及。附近小路兩旁都是賣紀念品的攤販，這些流動小販所出售的不僅是常見的扇子、草編蚱蜢、陶瓷神像，還賣毛主席的小紅書；我還很清楚記得這地方所留給我那種離奇又可望不可及的心癢感覺，小販一個接一個拿這本冊子在我眼前晃著，而他們背後遠方則是那個遼闊靜默充滿強制力的祖國。

6 — 中英角力

沿著滙豐銀行所在的那條路不遠處，矗立著一座世界最高之一的建築，高高聳立在立法局大圓頂之上，巍然居高臨下俯臨山坡上的港督府及其高處地區，不免令人意想——到頭來終於破壞風水了。這座大廈是共產黨的中國銀行香港總行，相對於滙豐銀行的四十七層樓，它卻有七十層樓高。即使在中共革命之前，那時也已經擺明了中國人的銀行一定要象徵性地比英國人的銀行高，而且最好還是全香港最高的建築。設計中國銀行的是首批接受在共黨中國興建委約的美籍華裔建築師之一的貝聿銘[08]，他創造出來的中國銀行風格，雖然絕對沒有驕矜自負、盛氣凌人的味道，但卻像宣告了香港不僅在地緣上是中國的一部分，在功能上也是。

就某些方面而言，香港有點像是中國首都的輔佐之都——相對於北京是政治首都，香港是金融首都，一如鹿特丹和海牙。嘉道理爵士曾經比喻香港為人民共和國的免稅區，由英國人管理，當然中國政府本身在香港也有很強大的金融利害關係，老早就在香港學習並精通了資本家賺錢的方法。中國銀行最初是國民黨創辦的，而今則是人民共和國處理外國金融交易的主要代理，也是所有中國政府銀行之中最有錢也最老練的，人民共和國大約有百分之三十五的外幣都是由它經手轉給北京，它也負責照顧如今那幾百家由共黨中國擁有或部分擁有的香港企業。

有時這些很難詳述，因為中國在香港的業務活動太難以界定了，不僅跟政治與外交的曖昧利益糾纏不清，也跟密集的資本主義網絡糾纏不清，據說中共業務總共包括了十三家銀行、許多家房地產公司、航空公司、旅館、商店、加油站、電影院、貨倉、幾種不同的工廠，有的人還說也包括了妓院。通常很難以分得出它們和資本家擁有的公司企業有何不同——華潤（集團）公司這個國營的龐大行號是負責監督所有中國海外經濟業務的，但它非常著重西方式管理體系，一九八七年更聘了一位英國人出任本地業務經理。

像這種經濟上的聯合其實並不新鮮，不管英國人在他們的霸權時代公開表現出來的態度是怎樣的，私底下連他們自己都一直心裡有數：這個殖民地從來都不可能真的脫離它的根源——這是英國屬土之中其祖國並非英格蘭的一塊占領地。事實上香港幾乎不過就是個最大的條約口岸，只不過剛好飄揚著英國國旗而已。許多最富冒險進取精神的中國人懷其才能和投資，到上海或廈門去發展，因為在這裡打交道的企業家所說的經濟語言是他們聽得懂的，然一般而言，他們也有共同目標，這些人之中也很多走得更遠，越過了邊界進入香港，直到一九四〇年之前，他們都可隨意來去自如——那時中國通往香港的通路沒有管制。

所以組成香港人口的一波波相繼而來的移民並不把自己當作移民，在他們眼中，他們只不過是從中國的一部分移居到另一部分而已。香港就像中國的壓力閥，每回中國有動亂，政治或政體起變化，就會造成幾千個移民過深圳河到香港來。一九〇〇年那場恐外症的義和拳之亂造成了一波謹慎從事的新來者——當時在中國跟外國人有關連是很危險的，因此許多為外國公司做事的中國人認為，到香港來生活在外國國旗下是為上策。一九一一年國民革命之後，來港的人更多，一九三〇年代對日戰爭期間也是，而到現在更不斷有龐大數量的人逃離中共治下，來到香港，香港的武裝部隊而今主要功能是防止非法中國移民，為此任務還動用到直升機、快艇、電子偵測器，以及六千五百萬燭光的探光燈……。

不得已的時候，這些移民又會遷移回到大陸去——一八九四年香港鬧瘟疫時走掉了八萬人，第一次世界大戰時走掉六萬人，而一九八六年農曆新年時則有五十萬人越過邊界，只為去探往廣東的親友。因為這些人往往不是出於意識形態的理由而來到香港的——可以這麼說，不是為了原則。生意人和實業家來這裡是因為香港地方好賺錢；地主緊跟著他們向來慣於存放在這個殖民地的資本而來；宗教信徒為了逃離中國社會的世俗化而來到香港，無論是處於國民黨反迷信的偏見時代，或處於共產黨偏向於無神論的治下；大嶼山的佛教禪寺大多是由大陸來的移民興建的，而且就像香港以往是個疲於戰爭的美軍休假和休閒中心，同樣也是精神上筋疲力盡的基督教傳教士的休閒與休假之地。

通常是政治把他們帶到香港來，這個殖民地也一直見得到中國人的政治色彩，各時期不同黨派分別支持他們的情報員和操縱者，而且通常把他們在大陸的錯綜複雜長期爭鬥延伸到香港來。在我們這時代主要的競爭是共產黨對國民黨；共產黨索性就視香港是他們的，等著時候到了就來接收；至於在台灣的國民黨領導人，一方面把離島金門和馬祖當作對抗共黨中國的軍事前線，一方面又視香港為他們的政治前線。兩邊在這個殖民地都各有許多熱情支持者，並各有忠貞報紙和工會；多年來香港本地的共產黨都會去出席在北京舉行的人民代表大會，參加的是廣東省代表團，而新界海邊小村調景嶺則從一九五〇年以來住的全都是傾國民黨的難民。即使是現在，雙方依然強烈地互別苗頭；每到十月一日慶祝一九四九年共黨革命周年慶時，香港到處飄揚著共產黨的紅旗，從中國銀行大廈到默默無名的勞工工會寫字樓、激進分子租下的高處窗口到處可見；九天之後是十月十日雙十節，慶祝一九一一年國民革命周年，於是就輪到國民黨的國旗出來亮相了。

對意識形態持騎牆態度，政治與犯罪之間界線不分明，但在香港卻強力代表了中國的，一直是三合會。早期英國人忌諱他們，不只因為他們是犯罪組織，也因為他們是煽動恐外的人，而且在他們那時代還曾經在各種政治行動中很活躍——經濟抵制、罷工、暴動、二次大戰中的反日行動。一般據說他們跟國民黨是一夥的，而且肯定跟北京的共產黨沒有交情，因為共產黨對待三合會非常無情；一九六〇年代，他們曾經協助香港警方控制這些文化大革命的外流人口，這種關係很易搭上，因為三合會向來都為警方提供一些它部署最好的線人。

不過話說回來，很多華人流氓痞子都發現來香港很方便，法規沒有大陸的嚴酷，而且傳統上起碼也易於擺平法律的威力。晚至一九五〇年初期，大陸海盜仍然肆虐於這個殖民地的水域裡，而香港漁民也獲准攜帶武器用以自衛。如今在大陸垂涎走私的人，尤其走私毒品者，都會雄心勃勃指望靠這個直轄殖民地發財。有的犯罪集團拿手安排大陸非法移民偷渡來港，而香港有史以來最大宗劫案，是一九七五年劫持一輛銀行裝甲運鈔車，下手的是前紅衛兵，在文化大革命瓦解之後帶著他們的才能來這個殖民地發展。

至於中國在香港的外交代表，正式來說是從來沒有過——沒有領事、沒有高級專員。以前周恩來曾經建議過北京或者可在香港設一個外交機構，但是英方婉拒了這個提議——據信葛量洪說過這話：因為這個殖民地容不下兩位總督。然而，一九四〇年代的國民黨政府卻派有正式駐港代表——中國海軍司令陳策，這位迷人的軍官很矮小，是個妙趣橫生的人，在抗日戰爭長江的某次行動裡失去了一條腿[09]，很有英國海軍名將納爾遜的風範；香港淪陷時，他衝勁十足，乘著一艘皇家海軍魚雷艇突圍逃出，後來還做了廣州市長，並獲英國頒發帝國騎士司令勳章。

在他之後就沒有了正式的駐港中國代表，但是有很多年照樣有個大家都默認的中共政府官方代表形式存在，只不過偽裝成與假想對手鬥爭與虛擊。有很長的時期，外界認為這代表形式是居於中國銀行大廈裡，在香港跟北京疏遠的長期歲月裡，所有各種壞事都在這裡面搞出來的——外人見到這裡半夜還亮著燈光時，就謠傳說那是策畫陰謀者所亮的燈光，在醞釀顛覆活動或在教戰中。

後來中國在香港的非正式主要代表換成了新華社的社長，新華社的辦公大樓坐落在跑馬地的馬場旁邊，不很顯目，裡面還包括有員工宿舍。多年來它的使館功能越來越公開：一九六〇年代局勢緊張的時候，新華社社長成了北京的信使，把北京的警告傳達給這個殖民地；到了一九八〇年代更以人民共和國政府代言人身分發表正式聲明，形同外交人員出席重大聚會場合，而且平時表現也差不多就像個專員。

當北京希望要對這個殖民地有所示意時，這些示意就會出現在新華社出版的香港雜誌《鏡報》裡的專欄上。當北京感到有必要做個不明言的主權表示時，新華社社長就上了照片，照片中的他側身謹慎行經九龍城寨大老鼠出沒的窄道裡。一九八〇年代初期，香港整個前途難卜，緊張不安的那幾個月裡，股價疲弱，北京和怡和洋行同樣憂心，這時經常都是新華社社長被授意出來做些關於和平協議的安撫聲明。

所以說，中國已深入香港整體而處於牢固地位，並且在香港所有活動裡扮演了很老練、有時很果斷的角色。然而即使是現在，中國在這個不斷現代化的地方有時卻顯出離奇的幼稚、老派守舊，偶爾我想到它在香港的情形時，不免就讓我又興起當年邊界部開放時代，在落馬洲山上眺望它的感覺。如果在香港還有什麼地方可以找到結實、老式風格的手藝、鄉下人的工藝品、平常家用餐具，那就是中國國貨公司了，價格低廉，服務態度很隨便，讓我很矛盾地想起很久以前在英國的鄉下布料零售商，或者美國中西部的五金店。

有時也會見到一艘由中國駛來的中式帆船，真正沒有引擎只靠風帆航行的船，無聲無息悄悄航行過港口裡其他貨船之間，看起來簡直無限古老！宛若某種古老飛行生物的薄膜般航行著，甲板上衣衫破爛、瘦骨嶙峋的中國人忘我地倚身躺著。

7 ─ 邊界逐漸消失

香港和中國邊界山頂上的崗哨，可以見到迷彩與沙包，情景不亞於當年英印統治鼎盛時期，開伯爾山口要塞的陣仗，至今大英帝國的軍隊依然在此居高臨下防守中港邊界。他們屬於軍警部隊，在這之前，邊境是由一端的大鵬灣延伸到另一端的後海灣，總共二十五哩長，有兩重密密的有刺鐵絲網隔開，高度有九、十呎，兩重鐵絲網之間有一條窄道，跟這鐵絲網一樣長。

乘車行走在這條獨特的通衢，夾在兩邊糾結的鐵網之間，可說是香港最奇異的短途旅行之一。即是已經到了一九九〇年代，這個殖民地快要回歸了，整個邊界地帶依然封鎖不對遊客開放，而這條緊貼著邊界的獨特道路也更加嚴禁涉足。乘著越野車曲折行駛在這條長廊裡，鐵絲網內不大會遇到其他車輛，透過鐵絲網的網眼望過去，深圳河峽谷看起來仍然像個原型邊界。

沿著這條路的另一邊，在河彼岸的中國境內，有時還會見到汽車和單調無生氣的褐色卡車；坐落在河邊的國境中介地帶可以見到戴草帽的農夫在耕作，兩名婦女倦怠地站在小橋上，說不定是在看著你的車經過。不過大致上來說，這是個空蕩蕩的地方，你從這個籠中通道經過，就跟走過遊獵公園卻沒見到野獸一樣，又或者如同經過遭到大災難而沒有了生命的風景一樣。中方的混凝土崗哨東一座、西一座位於大地上，有時就在鐵絲網外面；而你也總是會感到英方哨兵的存在，從視野之外的某個山洞碉堡裡居高臨下監視著。

你這感覺也沒錯，因為這邊界長期有人處於「伏擊狀態」，而且他們有一套名為「維護者」的電子系統連結，可以記錄下這整條走廊裡所有聲音，包括剪斷鐵絲網、最小心放輕的腳步聲。在過邊界的關卡則依然保有邊界必備的那套，警察、海關，一邊有中方絲製國旗在微風中優雅飄揚，另一邊是用普通旗幟布製成的英國米字旗，了無生氣垮垂著[10]。

如果說邊界大部分地區看來都是荒涼無人，那麼全面來看，可以越過邊境的通行地方則令人感到像是半個中國川流不息擠過這裡的海關關卡。香港通往廣州的火車在羅湖經過一座鐵橋，直通快車不在這裡停站，但是慢車乘客就要在這裡下車通關再換車，於是幾千名乘客人潮湧向一堆建築，在那裡通關，要是置身其中跟他們一起通關的話，會感覺那堆建築像極了牛棚。貨運卡車車隊則在文錦渡這裡駛過一道陸橋入境大陸。沙頭角的中英街畫分了一八九八年以來的國界，有點像個沒有拆掉圍牆之前的小柏林。這條街中央有一排界石，明確標出中英領域的界線，只有住在這裡的村民可以越過此線，然而卻不斷有外國記者、訪港的議會議員或眾議院議員、不同國籍的各種頭臉人物，在政府新聞處的安排下來到這裡，在附近屋頂天台上窺望街對面，並有長褲燙得筆直的警方督察簡報當地情況。

不過我認為，英方這邊的邊界守衛頗懷舊地抱著從前的態度不放，彷彿什麼也沒有改變過，甚至到現在，他們之中很少人越過邊境去過中國，而且他們也很懷念從前重重驚險的神秘感。那時沙頭角有種刺激冒險性，突然之間瘋狂的革命分子會狙擊警哨，或者大批饑民驟然從他們祖國跑出來，但你卻永遠不知道對面那邊究竟發生了什麼事。然而隨著中英雙方都在為了一九九七做準備之際，也就越來越沒有必要有個很實質存在的邊界了，因此整套配備設施如鐵絲網、警哨、安全區、簡報、諜報式要塞以及電子偵查系統等，都顯得落伍過時不合時宜。除了像直布羅陀，跟西班牙的邊界就只有一條街那麼寬，還有北愛爾蘭的邊界是抽象的之外，香港的邊界是大英帝國裡的最後一條陸地邊界，而那些位於前門迪普丘陵上無法防禦的崗哨，俯臨前恆河，則是阿托克和吉爾吉特[11]的最後後代。

8 — 中英雙方對回歸的態度

在香港一百五十年的歷史中，只有過一次看起來中方有可能以武力取回香港。那是在一九四五年，二次世界大戰結束，兩支國民黨軍隊經過九龍登上美國軍艦前往滿洲國，那是不久前才從日本人手中解放的。一天接一天，縱隊接縱隊，他們行軍過香港街上走向等候在碼頭的部隊運輸船，全香港屏息觀望，一如五年前看著日軍抵達時一樣。港英政府已經同意讓他們經由香港，但即便如此，也永遠有可能他們來了就不走了，起碼人們心中會這樣想。

想必當時這念頭也閃過蔣介石腦中，不過時機不利於這念頭，這位委員長也承認：這樣可能會引起「同盟國的誤會」。但事實上，香港從來沒有受到中方武力攫取的威脅；十九世紀期間是因為中國人無能為力，二十世紀則是因為他們認為無此必要。自從共產黨革命之後，他們想要拿下香港的話，隨時都可以做到，不需要動用武力，只消截斷供水或者讓香港沒得吃而挨餓就行了；多年以來，英國人定期向泰國輸入一定比例的香港耗米量，部分是以防萬一中方鬧饑荒，部分也是為提防中方封鎖。一九四九年，英國駐軍增援，以防中方可能入侵，當時駐軍是前所未有之多的程度——高達三萬人，比抵抗日軍時期多一倍；但始終不曾出現最壞情況，於是駐軍又逐漸減少到平時人數，而陸海軍最常派上用場的服務則是追捕永遠阻斷不了的非法移民。

他們反正也不會真的很認真抵抗，不管那些將軍怎麼想，國內的政治意見是永遠不會允許抵抗的。即使最熱烈支持邱吉爾作風的保守政府也不會為香港而打仗的，他們才不會像柴契爾夫人的政府，會去為那個遙遠又無用的福克蘭群島出兵打仗。一則因為勝算不大，再則這關鍵原則也不清不楚。因為不僅中國人認為那些條約是不平等的；很多英國人在想到香港的存在時，不管說到英國人的大業如何輝煌，甚至英國人的善意，但私心裡總免不掉有幾分心虛。大部分英國人對香港所知很少，但他們卻知道占領香港牽涉到一些很不光彩的事情。那是跟鴉片有關嗎？那裡的警察不是很易被收買嗎？他們不是在《衛報》上讀到過說香港很丟人地缺乏民主權利？

的確，在香港整個歷史上，一直有英國人建議把它還給中國，有時是出於道德上的考量，有時純基於實際理由。當然，格萊斯頓派的自由黨人認為當初就根本不應該要求割讓香港的，後來到了十九世紀有時更出現爭論，認為不值得費這麼大的勁來占領它。一九一八年英國駐北京的公使卓登爵士認為起碼歸還新界給中國是為上策（當時出任英國外交大臣的寇松批文說「利他主義的考量，不予考慮」）。一九二〇年代，外交部有一派意見主張中英聯合控制這個殖民地。二次大戰期間，殖民部以最佳白廳口吻建議過，國王陛下的政府應該做好準備，和中國政府共商香港未來地位，而且「切勿認為維護英國在這個殖民地的主權是不在此協商範圍之內的」。

戰後的歲月裡，英國社會主義人士一再促請政府主動把這個殖民地歸還給中國人，尤其以威爾斯國會議員安瑞斯．休斯為最，想要以此來交換在中國的貿易特權，這些想法在《南華早報》上激起一場典型的韻文筆戰：

休斯先生的餿點子
激起了幾許噁心事
哈，拿香港去換你欠的借據？
門兒都沒，咱們不同意！

至於中方那邊，反而不曾直接要求歸還香港。當然不用說，我們知道讓英國人占領香港是很慘痛的——從一八四二年以來就已經慘痛了。我們也知道皇帝簽字割讓它的，蓋了硃砂印，倒還不知是真是假表示過傷心。朝廷大臣左宗棠寫了四首詩悲悼中國失去了香港，而且還真的為此事心灰意冷，考慮退隱到山上去度過餘生——這是個愛國者心目中的國恥。

然而，相繼而來那些世代裡的中國統治者明白了香港只能靠耍詐和耐心拿回來，他們的苦痛感情對於鐵拳西方一點意義都沒有，而他們的震怒西方也一點都不怕。他們學會了跟大英帝國打交道要謹慎從事，《南京條約》規定他們不得再在正式公文上稱呼英方為「蠻夷」，他們的一般態度也從當面的傲慢自負轉為慍怒默認，再轉為察言觀色算計——一如耆英在一八四三年向他的皇帝的吐露，「對付這種化外之民，要用圓滑手腕懾服他們，安撫他們」。

中國人很清楚表態香港是他們的，晚至一九三〇年代，他們還在提出聲明認為新界的採礦權是他們的，一九六七年有位中國發言人形容香港是「中國領土不可分割的部分」，一九七二年另一位又宣布香港前途「完全操之於中國主權」。不管他們怎樣抗議過香港地位，但都沒有像對條約口岸那麼強力，而且還逐漸跟英國建立起相當良好的關係；但話說回來，除非你把一九五〇年的韓戰算進去，因為那時英國部隊是聯合國軍隊的部分，因韓戰而跟中國打過仗，否則從一九〇〇年義和拳之亂以來，大英與中國之間就不曾交惡過。

因此即使北京出現了共產政府（對香港人來說，它似乎很不祥），也沒有琢磨出這個殖民地的結局。中國人沒有要求要回它，英國人也沒有主動送上，香港如常經歷了各種搖擺，由充滿信心到驚惶失措，從慘澹到鼓起希望，香港就這樣一步步走過了一九六〇年代，而在一九七〇年代，則盡量能不想它前途就不想。所以既不是毛主席當政時目光狹窄的敵意，也不是文化大革命的瘋狂失常，而是務實又明顯充滿善意的鄧小平在一九八〇年代的興起，才把香港命運帶到了明確最後焦點。

9 終於達成協議

那時離新界租約期滿已不到二十年了，沒有了新界，除了少數怪人和死腦筋的人之外，大家都看得出香港島根本無法再繼續做為英國殖民地。中方對於香港前途並未比以前表現得更咄咄逼人，然而香港本地的資本家卻都令人驚奇地很專注此事，由於更新土地租約有困難，因此這事就提早端到檯面上了；開啟談判的是英國，談判的雙方是倫敦柴契爾夫人的政府以及在北京的鄧小平。他們半秘密拖拖拉拉談了兩年，時而在英國談，時而在北京談。荒誕不經的謠言不時在這個殖民地滿天飛，金融信心輪流上升又下跌，怡和洋行突如其來把總行遷往百慕達，使得人心惶惶；半數人口極力設法忘掉九七，另外半數則只談九七，其他什麼都不談。

歷史佳話上再沒有比這些談判更糾纏不清的了。由於香港本身並沒有代表，所以這場談判實際上是由原來的兩大帝國在談，也就是一個半世紀之前曾為這個議題首次發生衝突者。自從那時以來，所有曾在中國你爭我奪者都已經來了又去了；法國人、俄國人、日本人、德國人全都放棄了他們在沿海的立腳處，條約口岸、勢力範圍、國際租界以及域內特權等等所有這套權利全部都解除了。只有這兩個古老帝國，很久以前曾在這裡面對面，而今又再度上到談判桌上角力——一個從一八四一年以來越來越強大可畏，一個每況愈下地衰弱。

中國人拒絕承認香港三個條約的效力，因此他們是難以用索性延長新界租約來解決問題的——在他們眼中，根本就沒有租約存在。另一方面，英國則聲稱三個條約全部是合法的，根本就不是不平等條約；他們有權隨他們高興要保有香港多久就多久，而且柴契爾夫人還公開尖銳指出，不尊重一個條約的人也不會尊重另一個的。談判幾乎是在有預謀地保密之下進行，而且也有理由；因為有關雙方意見不合的最輕微耳語都有可能讓香港股價大跌，這卻是中英雙方同樣不喜見的事，任何僵局暗示都可能導致資金外流到其他比較明確可斷的投資市場去。中英雙方都戰戰兢兢謹慎從事，出現在等著拍照的傳媒眼前時，必然露出陰陰的笑容。

他們的目標不言而喻；英國人明知他們不可能真的指望延長他們在香港的主權，但卻想要保障它的資本主義體制存留，維護和中國的利益關係。中方一方面想要收回香港，卻又不想要殺掉這隻已經幫他們生下很多金蛋的資本家鵝，可能還希望藉由大方的協議，以便誘使台灣那些頑抗的主政者回歸中國。

至於香港人，可能極少人知道該要什麼。生意圈的人當然害怕在共產主義統治下會被消滅。從大陸逃難出來的人可能害怕遭到秋後算帳，當然更是想到要回到從前共產黨方式的生活就驚恐萬分。還有很多支持國民黨的人則寧願香港加入台灣成為反共聯盟島，另有些人則夢想香港成為獨立的城邦國家，像新加坡一樣。有些要求公民投票，或建立完全民主的制度，但如果說的是真相，那麼可能絕大多數的人只會很單純希望維持原狀就好。

就這樣，一個月一個月地過去了，香港時而上了世界頭條——每當刊登了另一項謎樣進展的報導或者變化而捲起了另一項謠言時。中國更加對世界和金錢大開其門戶歡迎，鄧小平用安撫方式講話，柴契爾夫人用柴契爾方式講話。倫敦的下議院討論大英帝國最後這個了不起的殖民地只用了整整三十分鐘。新華社社長經常接受專訪，並帶同他半數職員出席了全新而且香豔的大富豪夜總會——「全球最大日式夜總會」[12]的開幕典禮，令民心大受鼓舞。香港總督則閉嘴不言。這個殖民地的英文報紙大肆辯論這個議題，中文報紙由於大部分受共產黨控制，幾乎根本不辯論此事。

最後，在一九八四年，還有十三年新界租約就期滿時，終於達成協議，於是一切轉變了，不僅柴契爾夫人出現在北京人民大會堂裡，去簽第四次、也是最後一次中英為香港而簽的條約，還有香港總督本人，這麼長的時間裡在共產中國被忽視的人，現在站在柴契爾夫人身旁。大家都露出笑容、出席盛宴、彼此恭維、說說外交笑話。照片上可以看到大多數雙方助手互相鞠躬、言笑晏晏，但不時可以留意到即使在這樣場合也有一種中國式的超然冷漠和撲克臉孔，讓人想到耆英向皇帝說的；要讓蠻夷高興。

10 — 一國兩制

在整個外交史上，從來沒有一宗條約是像有關香港前途的中英協議這樣的。所有的牌幾乎都在中方手上，無論政治上的或甚至士氣上的。英方只能基本上爭辯說香港現狀原本就已經對中國大為有利，毀掉它對誰都沒有好處。這番爭辯出乎意料地奏效了。英方同意在一九九七交還整個香港，中方同意九七之後香港繼續維持現有社會與經濟體系以及「生活方式」五十年，直到二〇四七年。九七回歸之後香港會併入人民共和國，但卻是半自治區，稱為中國香港行政特區，居民會轉而成為中國公民，人民解放軍會進駐香港，不過有需要的話，外僑官員可以繼續留任，至於香港的商業、金融、證券交易、銀行、保險公司、地產發展計畫等結構——香港整個興旺熱鬧的各行各業全部都可享有這五十年的恩惠。這個相當棘手的問題解決了，鄧小平稱這解決方法為「一國兩制」。

對於中方來說，在本質上這幾乎就像特許租界，就跟當初香港的轉讓差不多。人民共和國裡已經有四個特別行政區了，卻沒有一個是經由國際談判而取得自治權的，起碼其中之一的西藏，更似乎在理論上的自治多於實際上的自治。香港已經透過中國跟一個外國政權的協議而取得了它的特別地位，而人民共和國也破例首次在它自己疆域之內遵守獨特行徑，而且是屬於意識形態上的行徑。不免令人感到要是毛澤東還在的話，大概會像他之前的左宗棠，也會寫下一兩首哀嘆的詩。

對於英方來說，這協議也是有些很破例的地方。那時常有人說英國以前從來沒有把一個占領地交給另一個外國政權，其實不完全真確；他們以前曾經把梅諾卡島（Minorca）交還給西班牙人，把愛奧尼亞群島交還給希臘人，海姑蘭島交給德國人，但英國人從來不曾交出實際上由他們建設出來的領域給別人，但重點或許更在於，他們以前也絕對不曾如此一直拒予這般先進發達殖民地民主自治政府。當初他們占領香港時，並沒有徵求過香港島上五千名漁民的意見，而今他們同意交出這地方時，也沒有徵詢過這個城邦的五百六十萬人。

總之要徵詢也在事情敲定之後，達成協議、但還沒有正式簽約之前，好歹做做樣子來個徵詢民意，於是香港政府成立了評估辦公室，來查明香港大眾究竟對此有何看法。牛津聖凱撒琳學院的院長內恩爵士出差來香港監督辦公室的運作（住在希爾頓酒店而非文華，以免被認為花的是英國人的錢），並有香港法官李福善跟他搭檔。所蒐集的各方民意，其中包括以下這些機構：漢華中學校友會、蔬菜食物與雜貨小販福利聯誼會、新界詩詞會、西義造船總工會、沙田沙角村美雁樓互助委員會。各種意見全都記錄下來，由立法局那些可想而知幾乎全無異議為此協議背書的成員，到中山學會，該會聲稱談判不應該是跟北京談，而應該跟在台灣的國民黨政府談才對。紡織漂染職工總會則認為應該全民公投。「我其實並不真的放心。」有位不透露姓名的人士說。

內恩爵士和大法官李先生發現調查結果反映出「表示接受的意見占了壓倒性部分」，不過他們其實更清楚箇中涵義。他們知道民眾是兩面下注，而他們也很聰明地避免明確下結論。因此在報告的最後那段又補充說，「這個接受的斷定，並非指民眾積極熱中也非指消極默從。民眾對於評估辦公室的回應顯示出香港人的講究實際作風。」

的確就是這樣。就像當初開始那樣，如今這個不同凡響的邊遠前哨也接近了尾聲。兩個帝國在過去幾十年裡小心翼翼看著對方，眼見一個逐漸興起強大，一個逐漸衰落，而一百五十年裡這個殖民地從雙方衝突中盡量自求多福，靠的也的確就是一貫的講究實際。

11 — 門裡門外

走筆之際，是個星期四早上，我人在中環一家酒店的空調客房裡，窗外景象猶如默片畫面，我看得到、但聽不到窗外這城邦周中日子裡的一切活動。

難以避免的手持式風鑽正朝著一條新的地下人行道無聲無息打著洞，一輛工程車正在擺動著，三部推土機在工地周圍緩緩沉重推著土，有不少戴硬殼帽、穿西裝的人正在專心研讀著一份地圖。如常的人潮湧向天星碼頭，如常川流不息的交通緩緩沿著干諾道行進，警察摩托車閃著藍燈，不時沿著這車陣中穿梭前進。

馬路對面寫字樓大廈每個亮著日光燈的窗口裡，可以看到不同的景象：有個只穿了襯衫沒有西裝外套的年輕經紀坐在辦公桌前，有個秘書在打電話，三、四個人彎著腰全神貫注看著桌上的東西，一名經理獨自眺望著窗外市景。大會堂遠處的散步大道上，三三兩兩的人坐在陽光下，成千上萬的路人行色匆匆走過天橋、進入地下鐵、走在行人道上、進出麥當勞、走向通往港外線碼頭的走道。我數數視野範圍內的海面，總共停泊了三十五艘貨船，有些周圍停滿了駁船，乍看之下到像是水上碼頭似的。海運大廈外面停泊了一艘白色郵輪，船尾停泊了另一艘運載水果的船，海港裡更絡繹不絕有大批汽艇、駁船、拖船和舢舨來來往往。

在這片水面之上，我彷彿見到一層蒸騰熱氣，也可能是廢氣，升起在九龍之上，隔著它可以隱約看到灰藍色的九龍山[13]。一架波音七四七飛機消失在建築物後方，稍後接著又出現在啟德機場跑道上。

遠方窗口反射著陽光，我暫時丟下打字機，拉開了玻璃門走到陽台上；拋下了酒店裡面與外界隔離的寂靜，猛然間，外面香港緊張紛亂的噪音像歷史本身般迎面轟然襲來，怒吼的交通聲、風鑽的敲擊聲、下方整個城市幾百萬喋喋不休的人語聲；我再度嗅到了從中國傳來使人興奮頭暈的油膩鴨子以及汽油的氣息。

---

01 大約有四千五百名居民提交不實的申請賠償，許多都是為此目的而刻意搬進城寨裡的。

02 當時《泰晤士報》這樣報導，村民哀求英國政府，「等到時機比較好時才歸還這地方」。

03 火船（lorchas）：十九世紀澳門的一種三桅快速帆船，船身是歐洲式，而船帆則是中國式（適與作者所言相反）。當時這種帆船航行於澳門和東南亞以及日本、朝鮮之間。二十世紀蒸汽輪船興起，該種帆船逐漸消失。

04 其中的「亞羅號」（Arrow）是在香港登記，但船主是中國人，後來卻很巧地成為一八五六年引起西方軍隊攻入城寨的導火線。

05 見《香港》（Fragrant Harbour），一九六二年倫敦出版。

06 原文為 Wang Zuaxian，疑拼音有誤，無從查到原出處，亦無從查 Wang Dao 為何人，故此處整段引用無法獲知中文原文為何，皆用音譯與意譯。

07 有封該名刺客未來女房東寫的信，被警方截獲，信上附帶提到她的未來房客意圖行刺總督，「可惜失手了」。

08 早在一九三〇年代，貝聿銘的父親就曾出任香港中國銀行的經理。

09 有資料顯示，一九三七年抗日戰爭爆發後，陳策任虎門要塞司令，負責廣東沿海防，主力防守虎門，數次擊退日海軍攻擊。一九三八年與當時居住香港的李福林合演反間計，誘使日軍登陸虎門，在海上擊斃日軍數百人。陳策亦在這次戰役中被日軍炮火擊中受傷，左腿被截掉。故並非長江而應該是珠江。

10 不過有人特別指出，一八九八年英國人在新界升起國旗時，那國旗是絲製的。

11 此處所提皆為印度與巴基斯坦邊境地帶城鎮。

12 該夜總會雇用了一千名小姐，用二百幅裸女像裝潢，而且遭瑞典富豪汽車公司斷然否認。（譯按：該夜總會英文名用「Volvo Club」，後來被瑞典富豪車廠告上法庭，因而不再沿用該英文名。）

13 原文為 Nine Hills，查香港並無此山名，應為九龍山，亦即今日獅子山郊野公園一帶。

第十二章

過渡期

INTERIM

香港正以史上最快的速度邁向下一個化身。對於終章結果——現在說終章的時機還太早，我僅能提供一個暫定的過渡期的版本。

一九八四年的《中英聯合聲明》以中、英文兩種語言在聯合國註冊，至少賦予它一件國際認可的外衣。世人確實普遍認為這是個和平外交的勝利，尤其可說是英國人的凱歌，看起來他們能以不遭羞辱的方式從手中最後一片偉大的殖民地中撤退，甚至或許還占了上風。一如那些監督者所發現般，香港的大多數市民認為這可能是在不樂觀的局勢中所設法取得的最好結果。看起來鄧小平相當誠實，又具善意。他所宣布的「門戶開放」政策聽起來與盲目的愛國主義截然相反，中國顯然正邁向自由市場經濟。二〇四七年，《中英聯合聲明》就會全面失效，當英國在簽定《展拓香港界址專條》（Second Convention of Peking）時，一九九七年就如同二〇四七年般，看起來同樣十分遙遠。

不過沒人知道，當英國交出殖民地時，會是誰接手早已是耄耋之年的鄧小平大位，中國當權的政府又會是何種形式。如果文化大革命是中國史上最後一次的瘋狂爆發，另一個十年或二十年內，意識形態狂熱分子或許不會把中國拉回至仇外的孤立之中——但這些都無人知曉。我想大可以這麼說，中國人自己並不知道他們要拿香港怎麼辦。雙方都很清楚明瞭「生活方式」或「特別行政區」的意涵，或者是《中英聯合聲明》中安慰人心的其他字眼和說法。當中國承諾會有民選的立法機關時，他們是意味著要以英方的模式，還是以北京的方法來進行選舉？當他們承諾立法機構的職責時，他們想到的是要服從的義務，抑或只是要呈報的責任？中方是要草擬一份特別行政區的憲章《基本法》，加入至中華人民共和國的憲法之內；可是無人知曉究竟是以西方人所認知的憲法來保障人民的權利，還是以中國人眼中的憲法來鞏固國家的權力。正如某位美國漢學家跟我所說的，在中國的外交辭令中，「用字的彈性空間就如同延展性極佳的橡膠」，尤其是以兩種語言來表達這些用字時，越是去了解條約中條款，它的彈性似乎也就越大。

—

依據香港坎坷的在地標準來看，前四年的發展還算相當順利。畢竟，事件的發展還是有相當大程度的必然性，彷彿香港回歸其祖國是命定之事，又無可避免。誠如我們所見，殖民地從來不曾真正地脫離中國，也從來沒有喪失與中國統一的基本性質。即使以最為驚人的現代主義角度來看，香港的內心深處還是中國的——或許當其自由放任的哲學思想是屬於亞當·斯密（Adam Smith）與傑洛米·邊沁（Jeremy Bentham）的時候，可以將此與深信獨善其身的孔子當成異曲同工之事——雖然香港對中國這個想法還保留某種的政治忠誠度以抗拒現實狀況。我認為任何英國總督都不可能被香港的道教殿堂給予神格化地位，但是在新界與土地公、媽祖和天神等一起供奉的神明中，有兩位是廣東省巡撫，他們曾在十九世紀時協助沿海居民重返家園。

到了一九八八年，香港許多權貴要人與馬克思主義的中國和平相處。英國上議院議員嘉道理爵士便參與了位於邊界地區大亞灣的中國首座核電廠工程，提供電力給中華人民共和國本土和香港特區。典型的香港億萬富豪包玉剛爵士，其家族還是從共產主義地區逃到香港的難民，當還在殖民地時期，他很快地就在北京享有了相當程度的影響力。當他開始以包玉剛爵士的名稱出現在報紙之上時，長久以來都是眾人所熟悉的切切實實的帝國口語 Y. K. 爵士。人們不禁會想，還有多久他就會忘卻他的帝國稱呼以及那些榮銜，並巧妙地回到他原本那來自浙江省公民包玉剛的角色。

毫無疑義地，他預見了中國大陸上的龐大新財富。當中國追尋經濟自由化以及和外國合作的政策時，這些香港大亨的前景似乎還是很好，且在本書起始的部分檢視了他們的同化水平，似乎他們很輕易就能渡過一九九七年的移交。在北京正在調整為資本主義模式的合資企業之中，可以見到香港資金的主要體現，某些目光遠大的人認為唯有現在才是香港實現當初承諾的時機，要為香港貿易商提供龐大的中國市場，這是他們一開始所抱持的期望。

兩個經濟體緊緊相扣早就是顯而易見之事，且此過程絕非是由單面來進行。一跨過中國邊境，那裡過去曾經是水田和草地——在我看來是一片誠摯純樸，現在興起了中國的經濟特區「深圳」，鼓勵外國投資，且某種半資本主義已然大為盛行。深圳看起來簡直和香港難分軒輊。不會再有一面全都是田園般的單純，而另外一面是全然的現代性。現在，邊界的北側同樣矗立著高樓大廈，深圳摩天大樓的頂樓也有旋轉餐廳，它和香港島上那棟有著旋轉餐廳的摩天大樓的資金來源正是同一位百萬富豪。許多香港公司已經把工廠遷移至薪資更低、且未來可能性看似無可限量的經濟特區之內。

深圳當然還不是香港。這裡有一種無法界定不滿的氛圍，還加上某種骯髒或消極的氣氛，減弱了進取心的優勢，而這讓你知道，你現在在中華人民共和國的國境內。僅管深圳感覺像是香港的延伸地帶，甚至可以說非常像是香港的郊區，彷彿是殖民地正在掌管中華人民共和國，而非共和國在接管著殖民地。經濟特區與未來的特別行政區之間的界限早就萎縮（每天都有數百輛卡車來往穿梭其間），真正的邊界已經更進一步往中國內部推進，是以警方檢查哨和帶刺鐵網把半個資本主義的深圳與深圳身後「比較不」貪污腐敗的鄉村地帶區給隔開來。

之所以我說「比較不」，是因為鄧小平將農業地區開放為市場力量的經濟改革，實際上是要逐步把整個廣東省變成一個自由企業區。廣東省的民眾擁有著這份活力、精明、渴望的眼界，知道邊界外、殖民地內的親戚是主要的機會，他們正傾全力在發財致富；且廣東與北京和中國北方——自從還隸屬於滿洲人的時期起，在許多方面依然與這些活潑的南方省分相距甚遠——荒涼廣袤大地相比，在精神上是與香港來得更為親近許多。

當過了一九八〇年代中期，殖民地內的生活顯然與過去一樣，是以誇張搖擺、俯衝和出乎意外的方式照常地進行著。這塊地熬住各種不同的金融風暴，且在外表上至少是和以往同樣地暢旺蓬勃。一系列新穎的辦公大樓恢復了皇后像廣場的不朽尊嚴，在建築與象徵性兩方面目前都被巨大的中銀大廈給主

導，其墩座看起來隱約與長城有關，但是其閃亮的建築架構往上高聳，遠超過中產階級地挑戰太平山頂的最高位置，散發出一種富裕的現代權勢感——尤其是有天晚上我看到它的冷卻系統從尚未竣工的頂層流落下一大串的流水，在夜間閃爍發亮，分灑在城市街道上時。

尋常的宏大計畫成了新聞標題。提出啟德機場戲劇化的替代品，這涉及修建一條跨越港口的堤道、一條世上最長的吊橋，以及在大嶼山外島上的機場。開通了第二條海底隧道，山頂纜車裝配了瑞士製造的新穎纜車，還有激增的新旅館。開往中國的新渡輪總站裝上了金色玻璃。渣打銀行以一副小資本家資態虛張聲勢，在緊鄰著滙豐總行大廈的旁邊興建起新的辦公大樓，僅僅比霍朗明的這棟傑作要高上幾呎。店家、廚師和郵輪來來去去。傑若麥亞．陶爾斯（Jeremiah Tower）這位著名的加州餐館業者買下原本太平山纜車站旁的餐廳，並規劃進行精美的改建計劃。文華酒店外的擦鞋匠擦亮一個公事包依然是索價十五元港幣，還有一位高等法院法官被抓到在開庭聽證時讀小說而辭職。簡而言之，隨著這十年接近其尾聲，毫無疑問地香港依然是香港。

然而對外人而言，這一切並非如表面那樣。當人們想起一九九七年的這個事實，它便會縈繞在人們心中。即便在是在香港最為心滿意足的年代，僅管是在物價暴漲的年代，在摩天大樓彼此爭相競高的年代——那時大家內心背後也都抱持著香港會在共產主下沮喪與退化的形象：退化到像是上海那樣骯髒無

能，交易廣場變得腐朽又單調，干諾道上毫無車流，宜人、受歡迎的餐館暗淡無光，以及九龍活力十足的商店也因官僚體制而變得單調乏味。

事實上，許多極其聰明的香港公民已經決定要離開這塊殖民地。中國的財閥早在其他國家的銀行開了戶頭、買房、安排護照和簽證，並採取一切預防措施來避免不幸。現在就連那些沒那麼有錢的中國人也開始尋找前往澳洲、加拿大或是美國的出路——在缺乏官方數據下，單單是在一九八八年據信就有五萬人出走。甚至那些薪資優渥的歐洲人和美國人認為離去的時間已然來到。（「我們無法離開亞洲，」其中有個人這麼告訴我：「因此我們在泰國北部買了棟退休後要住的房子，不過，我們在倫敦也有一間公寓……」）

令人悲傷的是，當香港接近一九九七年的迷咒時，那時它只是逃脫了一九四九年的陰影而已。一直到最近，它依然還是座難民的城市，難民努力以該有的樣貌在香港謀生。當香港於一九八一年進行首次的人口普查，這個城市國家終於走到正軌，它發展成一個真正完成建構的社區、一個全面性的社區。就社會面而言，它越來越人性化與開明；就歷史上來說，它取得了自己的身分認同（雖然在建築層面，它似乎經歷過最糟的局面）；且一直到前幾年，受過良好教育的年輕中產階級才成為皇家殖民地的真正驕傲，對於任何國家而言，這些年輕中產階級也代表了一種國家的聲譽。

鄧小平與柴契爾夫人所簽署的香港未來幾乎是無法達到的目標。在我看來，在大英帝國的故事中，沒有什麼能比此重大事件的結合來得更為動容。設想所有的能量，包含中國共產黨陰暗面的所有希望，抑或為了中國傳統中渺無希望的僵化。這一代受教育的年輕人學習快速又吸收力強，是自由派帝國內真正受監護之人，他們長大成人時或許會譴責極權思維的束縛，或那五千年智慧蓄積的重擔！[01]

一九八八年，第二十七任總督衛奕信爵士（David Wilson）抵達香港，要帶領香港渡過這些疑慮，或許他是所有總督中最理解中國的學者。儘管當時無法證明他是否會成為末代總督，但是一般都認為他是最後一任仍掌有實權的總督——在他之後就任的，全都只像是行禮如儀、而未有作為的總督。

諷刺的是他根本不是個帝國分子，他的公職生涯全在外交部服務，從來沒有一位大英帝國的總督扮演過比他更為諷刺的角色。英屬印度的初期統治者就像是憤怒的天使，帶著自身對於新天堂和新樂土的願景在全亞洲橫衝直撞。巴勒斯坦高級專員有許多是彼拉多（Pilate）[02]之流的人物，洗掉他們雙手上的責任；後期的印度總督則是年邁與權力式微的象徵。不過，落到外交部衛奕信身上的責任是要為帝國最後的聲譽做好準備。香港所留下的風味將會是大英盛世中最後一道滋味，且在他的任期中將把英國傳奇交由中國來決定——不論那會是個令人感到可恥、還是令人讚揚的傳奇，不論是會被當成維護者而心懷感激、或是歷史風水的破壞者而被引以為恥地記憶著。

衛奕信曾經參與《中英聯合聲明》的談判，我問過他，怎麼看待自己在香港的歷史責任，他說就是要確保這塊領土以完整的狀態移交給中國。雖然我懷疑他的說法是刻意有所矛盾——當然許多人認為他的責任要比那一點來得更為深遠些。越來越多的人受到大膽直言的立法局議員李柱銘律師的驅使，認為衛奕信有愧於英國人的良知、有愧於他們逝去的帝國，也有愧於落實香港成為一個港人的政府——由港人組成、由港人選舉，一個能在一九九七年正式來到時，力量與歷練足以面對中國共產黨的政府。

整體而言，犯下許多小錯和爭議的港英政府還是個良善政府。它正如帝國本身一般，因本身的時機而興起，透過它巔峰的擴張榮景來到了大眾能過得相當體面的境界。它確保了個人自由，提供了穩定性，甚至在近幾年它大膽地啟動了社會福利機制，還試圖堅持大英帝國最純正的道德情操——那就是公平競爭的倫理。它展示了帝國主義極其罕見的情況，其不必然進行壓迫舉措，而是一種夥伴關係，抑或是種技術服務。冷漠的外國觀察家也必定會承認，這塊荒蕪的岩塊在過去是極其幸運地躲開了中國大陸的多災多難與耗損，且當地民眾當然也如此認為——透過一九八二年調查，有百分之九十五的人希望維持政治上的現狀，便能得知。

可是在很大的一方面來說，英國未能在香港遵守其自身最佳之價值。他們不斷拒絕給予當地人政治權力，甚至不讓他們獲得完整的資訊。秘密的、家長制的、通常還是明顯地事不關己，並且擺出高高在上的姿態，甚至到了二十世紀最後的二十五年間，他們還維持著那種善意帝國主義的模式。一如我們所見，政府依然維持著形式最傳統的皇家殖民地政府，是個幾乎沒有任何民意代表調和其中的寡頭政治制度。

這並非帝國的典範。當英國從其領地撤退時，幾乎都在全球各地把議會民主制度留給承續的政府。即使最落後、最未開化的部落國家，選民只能識別以青蛙或鱷魚做為候選政黨象徵的照片，還是引進了一人一票的複雜制度——封建酋長發覺自己轉型成了議長，戴著假髮還握有權杖；在赤道高溫地區高速旋轉的電風扇下，旁徵博引地引用厄斯金．梅（Erskine May）的話語，並遵守著所有西敏寺方面的慣例。

這也不是常例。其他的政治形式從格瑞那達到辛巴威很快就接手過去。不過，這是離去的英國人極光榮的嘗試，要把他們自己十分珍惜的政治權利留給它昔日的臣民——就某種意義上來說，在歷經如此多的霸凌和剝削之後，這是種和平的貢獻。其臣民旋即拒絕這份禮物，部分來說是種跡象，或許是因為它來得太晚。不過至少部分反映了性情或是歷史環境，並非所有人都從民主中得到最大的幫助。

在世界最遙遠的東方，英國人已然建立一個比那些熱帶殖民地更為先進洗鍊的共同社會——或許這還是英國最輝煌燦爛的一塊殖民地——可是在這塊殖民地上卻還保持著專制帝國的古老形式。一九八七年，英國政府承諾要公布對香港從那時起直至一九九七年的政治想法；一直到當時，此種帝國主義古體的完整意義才達到效果。這是香港首度投入狂熱的政治活動之中。許多人認為激進的改革終將玩火上身，那不僅會和北京作對，也是政治對抗的痛苦交換，或許還混和了貪污以及很可能遭到共產黨親自的操弄，這會削弱對香港的信心並嚇走投資——綜觀整個殖民地歷史來看，主要的爭論是一事無成的。[03]其他人斷言香港大眾反正就是單純不關心政治。不過，還包括中國人與外國人在內的其他人則相信，在這個殖民地上建立起適當的代議制政府並不算為時太晚；相反地，只有香港曾經落實過自治，如此方能在一九九七年之後維持其人身自由。

因此，在香港看到了新的事物：一個飽受政治爭論折磨的社會。香港成立了幾十個政治團體，報紙上出現了粗暴的政治漫畫，立法局出現了真正的政治辯論。李柱銘成了最為知名的人物之一，很多人把他視為像是新加坡李光耀般的人物，能帶領著香港進入繁榮的自治。不過，英國人在還沒有先度量北京方面的回應之前，已然是沒有任何作為了。外交關係和商業前景要比殖民地理念來得更為重要，且當這份企盼已久的白皮書概述了政府的規劃時，它僅僅是提出增加十名直選議員加入立法局，來取代由地方政府機關所挑選的議員，而且還要到一九九二年之後才會實施。五十七位議員中有十位是公開選舉產生，通往西敏寺之路還會是條漫漫長路。

對於那些與北京、倫敦以及殖民地政府所宣稱的目標不再趨同的計畫，中華人民共和國毫無疑問地會提出制裁，香港或多或少都只能宿命般地接受這項決定，這是英國主權衰落的另外一個徵兆。政客暫時都噤聲不語，靜待看著中國在一九九〇年春時，全國人民代表大會所頒布的《中華人民共和國香港特別行政區基本法》會提出何種條款。

然後一切都中斷下來，直到一九八九年六月，鄧小平政府幾乎改變了所有人的觀點。當學生示威要求更多的民主以及更少的貪腐而遭到人民解放軍鎮壓時，在北京天安門廣場上發生了屠殺事件，這使得香港陷入前所未有的情緒騷動之中——依據《中英聯合聲明》的條款，同一支軍隊有權於八年內在香港駐防。

這場學生示威行動歷時甚長，英勇的行為激發出香港迄今都始料未及的熱情，數十萬計的群眾以激昂但井然有序的方式走上了街頭——或許至少在學生運動中看到一個真正新中國的希望，一個從絕望的壓抑中釋放出來的中國，以及一個能以相當可行的方式去和民主的香港趨合的中國。然而，天安門廣場上連續的屠戮把香港丟入了絕望之中，畢竟中國看起來依然是舊中國。突然之間，步步逼近的一九九七年令人害怕，其背後所隱藏的力量也是相當嚇人。

理論上，若說壓抑自由運動並未改變太多香港局勢，恐怕沒人會真的感到訝異。如果鄧小平和他的政權自認行為合理，那麼這只不過是背叛了他們自己的名聲，而且他們的行為真的只有在自己的燈光下時才會顯得合理。一種混合了共產黨與傳統道德的深奧方式依然在統治著他們的司法體系、生活制度；中國每年處決了數以千計的人民（這些處決的罪名實情換成了世界上其他地方都稱不上是死罪），就連殘酷地鎮壓西藏的民族運動也是全球皆知的事。至於北京學生所抗議的官員貪腐，其中一大部分又是為香港出類拔萃的自由市場力量所引起。所有人也都深知《中英共同聲明》充其量就是場賭博，且當時間點到臨之際，如果中國人認為忽視其條款是有利他們，他們將會自行其事。這是聲明中最為脆弱的部分，其根基在微妙平衡的利益以及歷史的態勢之上，沒有人會假裝這份聲明是否包含了慷慨或是憐憫。

在理智上，包含這些中國人和移居至國外的香港人在內都了解這一切；但是在情感上，他們還是希望能有最好的結果，而同時做好最壞的準備以逃離最糟的狀況。那些已經在海外安頓好住所之人通常會回到香港工作，這是出自於算計，而非恐慌地要移居海外。財政上來說，香港以相當良好的狀況熬過《中英聯合聲明》，且如果有許多投資者透過分散不利條件或流出多餘的貨物，還是有錢會流入這塊殖民地，資本主義的動能看似依然鋒利。

天安門廣場事件改變了這一切。這片殖民地首次被一連串的歇斯底里所奪佔。起初香港表現出嫌惡的態度。大量的群眾示威抗議中國政府，這是在這片殖民地歷史中從來不曾發生過的事，整個地區都在哀悼那些在北京死去的行動派青年。

「香港市民支援愛國民主運動聯合會」組織抗議活動與遊行隊伍，狠狠地羞辱了中國共產黨的尊嚴與權威。逃離中國的異議分子就像昔日的孫中山和周恩來一樣，庇居於此，他們在香港豎立起一個模仿北京學生所製作的民主女神雕像；計程車司機們按下他們的喇叭整整一分鐘表示致哀；在維多利亞公園內，有位藝術家儀式性地脫下他的褲子放在代表中國共產黨「四個基本原則」[04]的四個痰盂上，並邀請旁觀者任意選擇容器吐痰、排尿或是排便；反共口號出現在尚未竣工的中國銀行的窗戶上，而這棟大樓也正是共產黨身處於香港的象徵；其建築師貝聿銘是最為傑出的華裔美國人，受到了鄧小平改革姿態的說服而在中國工作，他還公開表示懷疑是否自己會再回到那裡去工作；[05]共產黨資助的報紙《文匯報》四十年來一直忠誠地追隨黨的路線，此時它稱鄧小平與其同僚是「一幫罪犯」——這使得它的流通量迅速地增加了三倍，且當它的諸位編輯遭到開除時，大約有三十名員工一同辭職以表同情；皇后像廣場上和平紀念碑原本是紀念兩次世界大戰中的死難者，此時成為六四事件受難者的祭壇，每天都有人掛上新的鮮花、中文文章、布條和詩歌。[06]

香港之前從來不曾展現出此種面貌，如此坦率地表現出它那被壓抑的恐懼和怨恨，宣示其有此種強烈的政治意識；甚至港督也公開顯露自己對於北京屠戮的震驚和悲傷。那古老與嚴格非政治性的皇家亞洲學會香港分會要求英國對中國要採取更為堅定的態度——協會表示，天安門事件「已經對來自現今中國政府的任何保證都失去了信心」。當時的情況是，無人去干擾蓄意攻擊北京方面的大規模抗議活動，且當維多利亞公園內的藝術家玷污「四個基本原則」的痰盂時，警方就站在一旁。原本在皇后像廣場上高高升起的英國國旗，每天都會被降半旗以哀悼和平紀念碑所代表的象徵。

所有的看法都為之改觀，且與過去想像香港會在共產主義下的虛擲與消沉相比，人民解放軍哪天在皇后像廣場上隨意掃射的景象似乎顯得更為生動，這顯示天安門廣場開槍蔑視中華人民共和國憲法一事，並未被忽視。有人為這片殖民地的未來提出新的計畫，表示應該廢除《中英聯合聲明》，並重啟談判——少數幾名狂熱分子表示或者單純廢除該聲明就好，應該撤離這塊殖民地的人口，改成在其他地方重新來過：在福克蘭群島、在安達曼群島、蘇格蘭高地——抱持資本主義意識形態的亞當・斯密研究所（Adam Smith Institute）支持這樣的想法，在澳洲北領地的土地部長也歡迎這個想法，他表示此種移民很快就能取代原本作為澳洲經濟中心的雪梨和墨爾本，「他們能讓維多利亞省或新南威爾斯省倒閉」。香港島和九龍並不包含在一八九七年的租借條約之內，是可以排除在《中英聯合聲明》之外，還能像是私人公司般流動，應該透過與北京方面的安排來展延該份租借。

還有些人堅持英國依舊有替香港人民安排至其他地區定居的責任，尤其是對那些擁有英國殖民地護照的三百萬人。在「我是英國公民」（civis Britannicus sum）的日子裡，這些文件等於聯合王國的護照，不過，他們的權利早被削弱了；而且多年以來他們一直都沒有在英國定居的權利。好幾個星期以來，「居留權」成為當時最重大的政治需求，並為各種壓力團體所追求——香港太平門出入自由及居留權有限公司、救助香港人、香港榮譽委員會（由好幾個大商行所支持）、香港英國公民（由相關外移人士所發起）、新香港聯盟（想要控告英國政府剝奪公民權）。它們全都主張（在我看來是過於樂觀）其所需的不過就是個預防措施，要給予人民留在香港的信心，且只有非常少數的香港公民會真傻到想要住在英國。甚至在英國國內，這個運動還能找到許多支持者；這是多年以來首度有直接涉及到國家光榮的政治議題，且許多人認為拒絕香港將給英國帶來羞辱——《旁觀者》（Spectator）周刊有期封面描繪著英國獅和大不列顛把盾、三叉戟都置於一旁，從香港朝著北京方向磕頭叩首。

然而，沒有任何的英國主要政黨會認為授予普遍的居留權是對保有國家自尊的必要措施。位於倫敦的政府不過就是保證會對移民安排做出某種彈性，實際上是確保部分對其能有所助益的香港公民，他們知道自己最後還是會平安無虞，也同時能保住工作。在該地區，有股急於要取得其他國家簽證的浪潮，有幾十個厲害的機構與法律專家，雨後春筍般地冒出來提供意見。資金充裕的人還是有辦法輕易地就把事情給安排妥當——只要有十五萬英鎊的資產，你就是英國會歡迎的移民；沒有這筆數目的人，就會在加拿大、澳洲與美國領事館外大排長龍。多年來，半數的香港人間間斷斷地在討論移民；現在，每個人通常看起來像是真的在辦移民——幾乎原本有多國籍員工的辦公室全都失去經驗老道的人手；且幾乎每個富裕的中國家庭，即便是那些努力在奉承著北京政權的中國家庭，都在安排移民。香港至少當下是以其反覆無常的方式做出了決定，一九九七年會是其特別文明的終結點。

總而言之，對於我而言，一九九八年夏末的香港更像是座遭到圍城的城市——在遺棄、妥協或投降等謠言四起的惡劣時間點上，沮喪的婦女首度拒絕為城牆上的男人們烹調食物，這圍城的解圍希望正在消退，冒險犯難的本事也正在失去，突圍而出看起來不再是英勇行徑。從各個面相來看，這座城市與以往沒什麼兩樣，只是增加了危機的痛苦感。在天安門事件之前，我注意到出現一種我在香港從來不曾感受過的特質——心酸的特質。現在對我而言，新的抽象概念似乎浮現而出，那便是恐懼。

對於整個英國官方最後一塊偉大的海外領地來說，英國似乎已經表明了態度，幾乎就像是早已降下了英國國旗。殖民地政府的體制似乎逐漸地在自我解散，港督的公開露面的次數越來越少、也不公開發言，在富豪的招待會上也不再那麼常見到布政司長——只有駐軍還維持著全部的軍力，以防公眾的不安事件惡化成公眾暴力。

到目前為止，中國政府彷彿自己已然是主權當局一般，確實正直接向香港人民以及當地的領袖發言。對於支持或協助異議分子逃亡的香港人民，獵捕中國境內的異議分子伴隨著一層蒙上面紗的威脅。中華人民共和國譴責「香港民主同盟」創辦人之一李柱銘顛覆共和國，並對一九九七年之前殖民地內來勢洶洶的民主進程，提出不斷的警告。對於香港公眾的情緒力量（尤其還帶著理性），北京方面顯然感到相當吃驚。在天安門事件後，據估計約有六十萬人走上街頭抗議，這是香港公民數的十分之一；如果在中國有同樣的比例人口走上街頭，那就會是一億一千萬人。

——

不過，這都還沒結束。英國國旗依然在香港上空飄揚，帝國還要持續運作八年，什麼事都可能發生。或許會出現更具有自由派氣息的人來取代鄧小平那幫老人，急迫的移民熱潮或許會放緩下來。香港的情緒是以多變無常的特質為人所熟知，或許隨著一九八九年六月的憤恨退縮至歷史回憶中時，也輕易地就恢復了平靜。在更廣泛的意義上來說，香港畢竟是站在二十世紀末的勝利一方：資本主義這一方與政治自由良好合作，並正目睹著馬克思—列寧主義的宿敵在其面前，一路從愛沙尼亞開始崩解（這崩解至少也是來到北京的大門口）。

除此之外，沒有什麼能比九七那日凌晨的交接來得更讓人集中精神。起因於北京屠戮的巨大危機感肯定讓香港意識、以及甚至有可能是造成長久以來就握有此種意識的英方，都變得更為敏銳。現在這種危機感卻是交付給命運之神——對過去時代最後的確認就是目睹了大英帝國已然「適應了缺乏心智」。現在，英國大眾首次關心香港的命運，且不論是在香港還是在倫敦的英國官方都找到明確的新行動方向。

看起來英國已經規劃要讓香港在趨合的原則下步向一九九七——逐漸融合英國和中國雙方對此地區的意圖，這有時會以「鏡映」為替代性的說法。依照《中英聯合聲明》的條款，英中雙方的官員們會定期會晤以檢視進程。英國會收到《基本法》發展狀況的訊息，並策畫自己的民主改革計畫以能最終相互吻合。雖然在香港一切順利之時，且在法律上也完全符合《中英聯合聲明》的條款，不過或許在英國外交部看來，做出單邊大幅度的改革這個想法是有挑釁意味，並違反了該項協議的精神。現在突然之間對於最為靦腆的英國談判者們而言，要與一個會在大街上屠殺自己公民的系統進行趨合的概念，這必定看起來像是個可恥的期望。趨合本身成了一個污穢的字眼，雖然只有少數人會認真考量到可以片面廢止這份聲明，可是在面對需要更大膽作為的需求時，英國人卻猶豫不決。

當然他們可以鐵了心不顧香港的浮沉。對於許多持有英國護照卻未取得居留權的人來說，似乎這就是英國人的決定，且還有人認為環顧歷史，這是個正確的決定。不論是哪一種方式，香港不管成為中國好的還是壞的那一部分，都注定得重新納入中國。以長遠來看，不去抵抗勢不可免之事或許才是明智之舉，也不過就是迫使其人民去自謀出路。這片殖民地並非是個慈善組織，順著這條思路走，香港對於英國本身的福祉是無關宏旨，且其居民對於奉獻英國方面也沒什麼好說的。英國已經盡力安排香港人民的未來，而他們現在必須順從中方存在的現實。

或者他們可以像以前一樣，或多或少地務實應付北京方面，同時確保香港會成為某個越來越國際化的責任。一方面，在道義與實務上他們能提供為數相當於二十五萬人的移民庇護量，同時試著說服其他國家在一九九七年時，如有必要將承諾給予庇護；另一方面，他們能匯集特別有興趣的國家，如日本、美國的支持，以向中國施壓要他們維持該項聲明的精神。維持住香港的信心與能力，是所有人的利益所在，尤其是中國人本身的利益，他們根本不會想要在一九九七年接手一座洩了氣的城市空殼。

或者英國人能大膽又慷慨地冒一次險，去承諾如果需求上升的話，會給所有人庇護，並在一九九七年之前給予香港政府自治。從一個已然喪失所有道德判斷或監護權主張的政權來說，中國人反對民主改革所提出的警告純然是傲慢之舉。在一九九七年之前，英國方面完全能以他們認為對香港最有利的方式來自由行事，這點經常遭到遺忘，尤其是來自北京方面的遺忘。在《中英聯合聲明》於二〇四七年失效之前，他們完全有權去監督是否適當地運用了該份聲明。發生在北京的事件強力地推動了香港的民主遊說行動，要求在北京有個真正的代議政府長期以來都被視為異端邪說，現在則幾乎成為廣為接受的看法。一九八九年夏，下議院外交事務專責委員會（Foreign Affairs Select Committee）走訪香港，建議一個全面的民主體制，到了一九九七年時要落實所有的立法局議員都是透過普選產生：立法局的非官方指派議員幾乎是一致性全員贊成，這似乎有可能走出天安門廣場的悲劇，走出大英帝國明顯的膽怯，大英帝國或許尚未抓住一個重大結論。

——

對於我自己而言，正如大多數的香港觀察家一般，發覺到自己的判斷每個月都有著不同變化——這已經是本書最後一章所做的第二次修定，我希望在一九九七年之前還能多寫一些。我有時會感到絕望，尤其是當我感受到中國在我們的年代中永遠都不會從其地方性又惡意的混亂中抽離時，或是當英國看起來比平常更為冷血時。然而即使到現在已然太遲的時刻，還有那麼多難以克服的不合，有時候我還是會覺得英屬香港或許會有個幸福的結局。假設現在根據他們自己的寬宏大量的政策，憑藉聚集了國際的支持，英國設法說服香港人民維持殖民地會是符合港人的利益，同時港人還擁有前往它處的權利。因此，假設恢復了財政信心以及維持住外國投資；假設擁有真正的民主，一九九〇年代中期擁有由香港掌控的普選政府；以及我們也能假設到了一九九七年，有更年輕、較不反動的政權在統治中國，試圖導引著腐敗變質的共和國邁向更為現代與自由的狀況。

那麼想像一下那個局面！香港會是中國進程的北極星，啟蒙的象徵！接著這片土地的故事或許最終能證明是所有帝國故事中最美好的篇章。在不可能的土地上、在異國人群之間、遠離家園建立起一個不只是安穩、有教養、繁榮又自由的社會，也不僅是透過帝國主義者自身的高原則來自治，也是代表著其中國母國的一種模範與靈感——這或許是帝國主義理念的最後一個說法。即使那種成就只能供應給一代之人，會遭到其他新的野蠻形式摧毀，至少它會對帝國美學增添一種悲哀的尊嚴——當要關閉這片曾經朝氣勃勃的殖民地時，這是個對過往的回憶。對於香港一直以來所欠缺的特質，英國人應該抓住賦予他們最後一次的機會：高尚，風水師所致力爭取在效用與比例上的平衡。

這會比英國人近來在香港所展現出的，更需要膽識、技巧、自信以及更強健的態度，這會意味著敢於面對北京與其一切傲慢無禮的行徑所承擔之後的風險，向香港人說服其成功的可能性是值得一搏，向民主世界勸說這片土地現在確實是個國際化的城邦國家，應該是個國際性的責任。但是如果英國能順利完成他們最後的帝國使命，他們便能把香港視為其對驚人的歷史冒險做出光榮的告別。很久之前的中國詩人就預見此城市會像是天上的星宿般地光彩奪目，而他的預言已然實現。從位於遠處的中國或是海上，人們就能看到碩大的紅色光芒，像熔爐的漿流一樣強勁。在香港土地上，人們討論著財富、幹勁和娛樂，以及英國人抵達一百五十年以來在這片不可能的土地上所燃起的活力與進取。如果他們最終能在反思中闡明出一個重大訊息的話，那會對本書做出一個好的結論，對帝國亦是如此。07

01 原註：知名作家柏楊將此比做「腐臭的醬缸」。

02 龐提烏斯．彼拉多是羅馬帝國猶太行省的第五任總督。他最出名的事蹟是判處耶穌釘十字架。

03 原註：「別跟我談民主，」香港交易及結算所主席李福兆曾經說過：「那是該從字典上抹滅掉的字眼。」

04 四個基本原則是「必須堅持社會主義道路；必須堅持人民民主專政；必須堅持中國共產黨的領導；必須堅持馬克思列寧主義、毛澤東思想。」

05 原註：從頂端流下的壯觀水花據說是個秘密破壞的行動——憤怒的建築工人打開了水龍頭，他們或許有意要讓它看起來像是有人在尿尿。

06 原註：我恰巧注意到其中一個上面寫著在天安門廣場上遇難十五歲大男童的遺言，卻以真正本地的突降法來收尾：翻譯版權一九八九年。

07 原註：看起來至少有個香港旅館提供帝國統治下最後一晚的整套組合（我替自己訂了一個房間）。報價也是非常香港——港幣一九九七元。

附錄

參考書單

READING LIST

香港已經被人鉅細靡遺寫遍了，從貨幣到電車的主題書都有，但卻沒有一本很明確的總論。以下列出的書籍大部分是當代的，起碼在香港很容易找到這些書，還包括了我自己常用到的書在內；其他有的則在內文的註腳裡提到過。

最完整的歷史書是：《A History of Hong Kong》，Frank Welsh，一九九三年，於倫敦出版；《A History of Hong Kong》，G.B. Endacott，一九五八年，倫敦；《An Illustrated History of Hong Kong》，Nigel Cameron，一九九一年，倫敦；Alan Birch 所著的《Hong Kong: The Colong that Never Was》，這是本學術性的圖文評論，一九九一年，香港；兩本早期的著作，但仍然合用而且細節豐富的《Europe in China》E. J. Eitel，一八九五年，香港；以及兩冊的《Hong Kong》，G. R. Sayer，分別出版於一九三七年與一九七五年，香港；Nigel Cameron 所著的《Hong Kong: The Cultured Pear》，有助於大體上了解這個殖民地及其過去，一九七八年，香港。

關於香港歷史淵源的書籍則有：《Foreign Mud》，Maurice Collis，一九四六年，倫敦；講述取得新界過程的書則有：《Unequal Treaty》，Peter Wesley-Smith，一九八〇年，香港；講述兩次大戰之間時期的香港：《At The Peak》，Panl Gillingham，有插圖的大畫冊，一九八三年，香港；講香港二次大戰期間情況的最佳書籍大概要算以下這幾本了：《Hong Kong Eolipse》，G. B. Endacott 著，並附有

Alan Birch所寫資料，一九七八年，香港；《The Lasting Honour》，Oliver Linsay，一九七八年，倫敦；《The Royal Navy in Hong Kong》記錄了一八四一年以來皇家海軍和香港的關係，Kathleen Harland，一九八五年，加拿大利斯克德。

以中國為背景的書有兩本非常珍貴，都是James Haye的作品：《The Hong Kong Region 1850-1911》，一九七七年，香港；《The Rural Communities of Hong Kong》，一九八三年，香港；此外，以下這三冊一套的書也很有啟發性和娛樂性：《Ancestral Images》，Hugh Baker，一九七九至一九八一年出齊三冊，香港；這本是關於香港古董的導覽：《In Search of The Past》，Solomon Bard，一九八八年，香港。

我也從H.J.Lethdridge寫的兩本社會研究學的書讀到很多，一是隨筆系列：《Hong Kong: Stability and Change》，一九七八年，香港；一本談貪污的書：《Hard Grafi in Hong Kong》，一九八五年於香港出版；學院研究行政體系的書則有：《The Government and Ploicies of Hong Kong》，Noman Miner：一九七五年，香港；Austin Coate所寫一位行政官員的回憶錄《Myself a Mandarin》，深受人喜愛，一九六八年，倫敦。

追溯生意圈的則有：《The Taipans》，Colin N. Crisswell，一九八一年，香港；香港與滙豐銀行的故事在Frank H. H. King的四冊書中可以見到，一九九一年，劍橋；還有一冊是Maurice Collis寫的《Wayfoong》一九六五年，倫敦出版；渣甸和馬地臣的故事則在《The Thistle and the Jade》裡有非常豐富的描寫，由Maggie Keswick編輯，一九八二年倫敦出版；講述太古集團故事的有：《Taikoo》，

Charles Drage，一九七〇年，倫敦；談嘉道理家族以及中華電力公司的有：《Power》，Nigel Cameron，一九八二年，香港；講國泰航空公司歷史的有：《Beyond Lion Rock》，Gavin Young。

研究香港整體建築的書倒是沒有，不過Malcolm Purvis寫的《Tall Storeys》對這範圍倒是談了很多，這是本很輕鬆談建築公司公和洋行歷史的書，一九八五年於香港出版；《Building Hong Kong》，Frank Fischbeck攝影，一九九六年於香港出版，有一系列建築照片；記錄當代建築的書有：《Hong Kong Architecture: Aesthetics of Density》Vittorio Magnago Lampugnani編輯，一九九三年，慕尼黑；香港政府出版過三本關於建築的書：《Temples》，Joyce Savidge，一九七七年；《The Story of Goverument House》，Katherine Mattock，一九七八年；《Rural Architecture in Hong Kong》，一九七八年出版的彙編；滙豐銀行出版了一本書，講該銀行本身歷來的建築：《One Queen's Rood Central》，Ian Lambot與Gillian Chambers合著，紀念一九八六年新的總行大廈落成；第三版的《The World Cities》裡面有很寶貴的一章講香港，作者是Peter Hall，一九八四年於倫敦出版。

最佳香港導覽是一再重新出版的《Insight Guide to Hong Kong》，以及《Travel Survival Kitfor Hong Kong，Macau and Canton》，Lonely Planet，一九八九年。最佳地圖是香港政府出版的：《Hong Kong Streets and Places》。任何人要認真研究香港的人，就必須閱讀官方出版的《Annual Report》，還有皇家亞洲協會香港分會出版的年報。眾多圖片書之中，最出色的有：《Fragrant Harbour》，John Warner，一九七六年，香港；《The Hong Kong Album》，香港歷史博物館出版，一九八二年；《Old Hong Kong》，撰文：Trea Wiltshire，一九八七年，香港。

相對於曇花一現的虛構小說而言，英文文學裡不怎麼著墨於香港，我只能想到五本書，提供如下：《The Painted Veil》，毛姆，一九二五年；《榮譽學生》，勒卡雷，一九七七年；兩本是毛翔青寫的：《The Monkey King》，一九七八年；《An Insular Possession》，一九八六年。以及Martin Booth的回憶錄《The Dragon And the Pearl》，一九九四年。

最後，有心研究收場的人不妨參考下列書籍：《Mouldering Pearl》，Felix patrikeeff，一九八九年，倫敦；《City on the Rock》，Kevin Raffetry，一九八五年，倫敦。以及兩本由David Bonavia寫的書：《The Chinese》，一九八五年，倫敦出版；《Hong Kong 1997: the final Settlement》，同年出版，而且謹以此書敬以緬懷義律艦長——造成這一切起頭的人。

香港：大英帝國的終章【精裝典藏版】
Hong Kong: Epilogue to an Empire

作者｜珍・莫里斯（Jan Morris）　譯者｜黃芳田
主編｜洪源鴻　責任編輯｜洪源鴻　行銷企劃總監｜蔡慧華　行銷企劃專員｜張意婷
封面設計｜虎稿・薛偉成　內頁排版｜萬亞雰

出版｜八旗文化／遠足文化事業股份有限公司
發行｜遠足文化事業股份有限公司（讀書共和國出版集團）
地址｜新北市新店區民權路 108-2 號 9 樓　電話｜02-22181417
傳真｜02-22188057　客服專線｜0800-221029　信箱｜gusa0601@gmail.com
Facebook｜facebook.com/gusapublishing　Blog｜gusapublishing.blogspot.com
法律顧問｜華洋法律事務所／蘇文生律師　印刷｜成陽印刷股份有限公司

出版｜2023 年 8 月（二版 1 刷）
定價｜550 元
ISBN｜978-626-7234-60-0（精裝版）
978-626-7234-59-4（EPUB）
978-626-7234-58-7（PDF）

國家圖書館出版品預行編目（CIP）資料

香港：大英帝國的終章
珍・莫里斯（Jan Morris）著／黃芳田譯
二版／新北市／八旗文化／遠足文化事業股份有限公司／ 2023.08
譯自：Hong Kong: Epilogue to an Empire
ISBN：978-626-7234-60-0（精裝）

1.CST：歷史　2.CST：香港特別行政區
673.82　112011638